U1071240

逍遥在有无之间

庄大钧儒道论集

庄大钧 著

中华书局

图书在版编目(CIP)数据

逍遥在有无之间:庄大钧儒道论集/庄大钧著. —北京:中华书局,2017.9
ISBN 978-7-101-12716-4

Ⅰ.逍…　Ⅱ.庄…　Ⅲ.①儒家-研究②道家-研究　Ⅳ.B22

中国版本图书馆 CIP 数据核字(2017)第 183092 号

书　　名	逍遥在有无之间——庄大钧儒道论集
著　　者	庄大钧
责任编辑	石　玉
出版发行	中华书局 (北京市丰台区太平桥西里 38 号　100073) http://www.zhbc.com.cn E-mail:zhbc@ zhbc.com.cn
印　　刷	北京新华印刷有限公司
版　　次	2017 年 9 月北京第 1 版 2017 年 9 月北京第 1 次印刷
规　　格	开本/889×1194 毫米　1/32 印张 9⅜　字数 170 千字
印　　数	1-1500 册
国际书号	ISBN 978-7-101-12716-4
定　　价	35.00 元

本书编委会

主　　编:庄庭兰

副 主 编:马晓乐　孙照海

编　　委:王长红　王　震　续晓琼　石　静　孙晓英
梁瑞霞　吕兆厂　王旭艳　刘　劼　林　琳
葛立丽　吕莎莎　王绪福　李　林　王倩倩
马　菲

序

正今之世，文明缉熙，儒说不可以持世，道术不可以隐身，其致用之功息矣。虽然，撷精华以泽国性，撢幽眇以致玄思，其为学之义也大矣。

余友庄君大钧，山东师范大学名师庄公维石之哲嗣也。徇敏初耀，庭训是承。时遘屯蹇，佣运清河，艰阻备尝，心志愈固。于困顿之中，犹不废研读，举凡历代名篇诗文，咸克成诵。“文革”既歇，国运复明，乃入山东师范大学，与《汉语大词典》之役。复深造于山东大学，成硕士。卒业，执教于校，收朋勤诲，底究儒玄，该综丘坟。厌饫既久，卓然有声誉。

君外清雅而内孤傲，不欲抗尘走俗，悃愊不得发舒，又勿能得大林丘山以养志，乃耽宅思以拒氛埃。循六经分处之教，合庄周致意之辞，著文述学，探赜发微。所论多方，不专一事，要之，不离儒道之旨者也。虽道不可以言显，学不可以文尽，而观其所论，于细密处时见孤明，是皆有禆学术之作也。然君结辖既久，益郁邑，才逾耳顺，遽捐馆舍，悲夫。

方今寒燠云替，逝水不还；日月载驰，秋蓬又转。君之殁既朞，诸弟子思慕师恩，惧幽光之长閟，忧懿学之莫宣，遂汇辑遗文，诠次篇目，得若干通，都为一集。既成，属余为之弁言。君之尊人庄公，余尝得其指授，而君女公子庭兰，又曾从余学者也，情理俱系，辞谢不容，而余以老至，徒忆南皮之游，愧无秣陵之答，乃略述君之学行，以为序云。丙申刘晓东。

目 录

《庄子》的道论与文论 / 1
《庄子》文学探源 / 27
论庄子学派与商宋特定环境
——兼论庄周之本邑问题 / 40
简论《老子》与史官文化之关系 / 62
《老子》文学成就探析 / 73
简论《淮南子》思想的矛盾现象 / 84
大壑神话考论
——大壑、归墟、沃焦辨 / 96
战国宋末世三君考 / 111
白圭考辨 / 118
试论《左传》的崇霸尚战思想 / 132
《诗》学与中国古代诗学传统 / 144

王充经学观论略 / 173
浅谈西汉文学的经学特质 / 191
哀乐之心感歌咏之声发 / 199
汉晋之际学术现象探析 / 205
易学提要七种 / 219

附　录

马晓乐　怀念恩师庄大钧先生 / 257
王　震　追念恩师 / 264
石　静　谦谦君子,温其如玉
——追忆恩师庄大钧先生 / 267
续晓琼　师恩如山,恩师如父
——忆恩师庄大钧先生 / 270
孙晓英　人世几回伤往事,山形依旧枕寒流
——深痛悼念我最敬爱的庄老师 / 274
吕兆厂　怀念恩师 / 277
石　玉　回忆我与老师的最初相识 / 280
李　林　读庄的日子 / 283
王绪福　老师的酒道 / 286
马　菲　回忆恩师庄大钧先生 / 288

《庄子》的道论与文论

“道家”之名，始见于西汉初年，文帝之前，《史记》当中有记载，但较全面地总结和论述道家思想的特点而与阴阳、儒、墨、名、法诸家并列和比较，则当推司马谈《论六家之要指》为最早。然而，汉代所谓道家，主要是指黄老之学，和今天所谓道家的含义不尽相同。如胡适所云：“‘道家’乃是秦以后的名词，司马谈所指乃是那集众家之长的道家。老子、庄子的时代并无人称他们为道家。”（《与冯友兰先生论〈老子〉问题书》）老、庄并称，诸多前贤以为始于东汉以后，或云最早见于马融之言（《后汉书·马融传》载马融谓其友人曰：“生贵于天下也。今以曲俗咫尺之羞，灭无赀之躯，殆非老庄所谓也。”），实际上，老、庄并称早在西汉便开始了。《淮南子·要略》：“《道应》者，揽掇遂事之踪，追观往古之迹，察祸福利害之反，考验乎老庄之术，而以合得失之势者也。”这应是老、庄并称的最早记载。此外,《汉书·叙传上》曰:“嗣(班嗣)虽修儒学,然贵老庄之术。桓生(桓谭)欲借其书,嗣报曰:‘若夫庄子者,绝圣弃智,修生保真,清虚澹泊,归之自然,独师友造化,而不为世俗所役者也。渔钓于一壑,则万物不奸其志;栖迟于一丘,则天下不易其乐。不绖圣人之罔,不嗅骄君之饵,荡然肆志,谈者不得而名焉,故可贵也。今吾子已贯仁谊之羁绊,系名声之缰锁,伏周、孔之轨躅,驰颜、闵之极挚,既系挛于世教矣,何用大道为自眩曜?……故不进。’”班嗣是班固之父班彪之从兄,生活于西汉末至东汉初,年代早于马融。即使所谓“老庄之术”为班固行文之辞,亦较马融为早。魏晋之时,老庄之学大兴于世,自此而成为道家的主要代表。“然而从庄子的思想上看来,他只采取了关尹、老聃清静无为的一面,而把他们的关于权变的主张扬弃了。庄子这一派或许可以称为纯粹的道家吧……道家本身如没有庄子的出现,可能是已经归于消灭了。然而就因为有他的出现,他从稷下三派吸收他们的精华,而维系了老聃的正统,从此便与儒、墨两家鼎足而三了。”(郭沫若《十批判书·庄子的批判》)

《史记·老子韩非列传》云:庄子之学无所不窥,“然其要本归于老子之言”,最早指明了庄子学派的思想渊源在于老子。可以说,庄学对于老子思想的继承表现为体系上的继承。庄子学派思想学说体系的核心,即自然无为的理论,便是从老子那里传下来的,即与老子天道自然无为的学说有着直接的渊源传承关系。但庄子之学又是独立的，这是因为庄子学派在继承的基础上进行了很大的加工和发展，从而建立起自己独特的理论体系，而与老子思想学说有着某些明显的不同。

一

老子的哲学是自然哲学，老子是自然学说的创始人。他通过对天地万物的发展变化等自然规律以及古往今来的成败兴亡等社会现象的观察与思考，创造了自然无为的理论体系。老子的自然无为理论同宗教神学相对立，在中国思想史上，老子是最先对崇拜上帝、信奉天命的观念予以理论性的否定和批判的思想家。天与人、天道与人道或者说自然界与人类社会的关系是先秦时期思想界的核心问题，天道观是人们认识世界和社会的出发点，老子的自然无为主张也是从他的天道观开始的。

老子把自然万物的运行生灭看作是纯然遵循自然规律，而并非受着什么人格化的上帝神明的主宰。万物在天地之间自然而然地生长，而大自然则依其自身的规律在运行，对一切事物都平等对待，无偏无私，而不横加干预和强制划一。天地的这种根本属性，不是别的，正是自然。所谓自然，即是纯任事物按其本身的自然趋向自我发展，丝毫不加制约和人为的改变。而所谓无为，实际上是对于自然观念的补充和说明，即自然是从正面说，无为是从反面说，自然与无为是一个概念在表达上的两个方面。“道常无为而无不为”，道以自然为原则，并不故意有所作为，而天下万物莫非道之所为，只有自然无为才能做到无不为。这便是老子天道自然无为理论的基本精神。

作为道家的创始人，老子最先使道具有了客观实体的意义，而成为世界的本原。他以其独创的道的理论否定了殷周传统的天命神鬼观念，使无神论以及天道自然的思想观念进入了理论化的历史阶段，其后诸子都不同程度地受到老子思想的影响。庄学对于老子的继承表现在对其自然无为的思想核心的继承，亦即在于对“道”这个中心观念以及道的理论的继承，这是庄学之要本归于老子之言的主要标志。在《庄子》当中，“道”所表现的意义虽然不是单一和固定的，但却是一致和相通的。“夫道，有情有信，无为无形；可传而不可受，可得而不可见；自本自根，未有天地，自古以固存；神鬼神帝，生天生地；在太极之先而不为高，在六极之下而不为深，先天地生而不为久，长于上古而不为老。”（《庄子·大宗师》。下文引《庄子》均只注篇名）这段话表明，道具有时间和空间上的无限性，其状态是无形，其性质是无为，其根本就在于其自身，天地万物都是由它产生出来的，它是一切事物的根本和本原。

《庄子》关于天地万物生成的理论，直接继承了老子的观点。道之为物，视之不见，听之不闻，窈兮冥兮，惟恍惟惚，没有具体的形象和确定的形体，这个无形无名看不见摸不着的东西也就是“无”。而这个“无”却又是实际存在的，是一个唯一的绝对的浑然一体的实际存在物。道隐无名，不见其形，为天地之始，是万物之宗，故称之曰“无”。《天地》云：“泰初有无，无有无名；一之所起，有一而未形。”在最原始的泰初之时，没有有形的东西，只有一个“无”，这就是天地万物从“一”的开始。“一”是天地万物产生的根源和开始，但它本身不是有，老庄所谓有，是有形物的存在，所谓无，是无形物的存在。无的境界并非什么都没有，只是没有有形物而已。而无形物的存在实际上也是有，有“无”就是“无”的存在。

那么这个无形的“一”是怎样形成的呢？《老子》讲得很清楚。如十四章中说：“视之不见，名曰夷；听之不闻，名曰希；搏之不得，名曰微。此三者，不可致诘，故混而为一。”所谓夷、希、微，不过是根据道的不可视、不可听、不可搏三个方面而对道的称谓，此三者都是希微之极的意思。所谓混而为一，不过是说道极幽隐而超越感官。混而为一之“一”即有物混成之物，亦即道，即泰初之时浑沌一体之气，同时又是万物之所然之理。由此可见，道是气，是自然总体，又是理，是自然界的规律，即是气与理的统一，亦即物质性与规律性的统一。道的这种性质，早在《韩非子·解老》中就已有所解释了。“一”作为宇宙万物之始，就是“无”或“道”本身，亦即那个“有物混成”、“混而为一”的具有物质性的浑沌一体的气。它具有时间和空间的无限性，泰初之时只有它一个，它是天地万物之始，故称为一。道之为数，既是第一，又是唯一。所以古书当中既有就其前者即其为形变之始而论者，又有就其后者即其绝对、唯一、莫得其偶的性质而论者。而就其无形无象、超越感官来说，它就又是无了。

总之，无、道、一都是道，即兼气理为一而立足于气的物质性与规律性的统一。其所以生天生地生万物而为天地万物之本原，就在于它的物质性；其所以支配天地万物的发生和发展，天地万物无所逃于道，就在于它的规律性。道非先物而出，其本身即寓于混成物之中。道不单独存在于事物之外，而是存在于一切事物之内。所谓道生万物，亦不过是万物遵循着道自然而然地以形相生而已。所以，归根结底，自然界一切事物都是在按照其自身固有的规律自然和自发地运行、发展、变化的。我们说，庄子道论与老子道论有着明显的不同，这表现为老子侧重于表达道作为本原的物质性特点，而庄子则更多地强调了道作为天地万物内部的最本质、最普遍的联系及其产生发展的必然趋势的规律性特征。

二

天地万物皆得道而生，故道存在于一切事物之中。道之总体曰“道”，万物得而生者曰“德”，德是道在具体事物上的具体体现，是寓于具体事物之中的道。存在于蝼蚁、稊稗、瓦甓、屎尿及其他一切具体事物之中的道即是德。山之所以高，地之所以广，日月之所以行，万物之所以昌，蝼蚁之所以成为蝼蚁，屎尿之所以成为屎尿，都在于道所赋予它们的德，是德使之然耳。那么，这个德究竟是什么呢？显然，德即是事物的本然性、固然性、自然性。听任万物依其自然性而自化，亦即任凭天地万物根据自身的特性自发地、自然而然地产生和发展，这就是道。道使天地万物自然而然，万物莫不得道而后自然而然，这便是道与德的关系。

总之，道和德说的都是天地万物的自然性、固然性、自发性和必然性。我们说，在全部《庄子》当中，主要强调的是道的规律性，即将道作为自然界万事万物所依从的规律，因此德不过是这个规律在具体事物中的具体体现。

《庄子》所论述的规律性的“道”，其基本特性大致表现在以下几个方面：一、道是超越感官的，但是不依赖于人的意识而客观存在。二、道支配着一切事物的产生和发展，决定着事物产生和发展的必然趋势，具有客观必然性。三、道不是独立于事物之外去推动事物的发展，而是存在于一切事物之中，是一切事物本身所固有的。人们不能根据自己的意志来创造道，也不能改变和消灭道。不仅如此，道并不因某种具体事物的始终而始终，它并不随着某种具体事物的消失而消失。四、道之支配万物，并非根据自己的意志、违反事物的意愿而加以强制性的主宰，而是万物一任其自然而然。由于道对于万物无所偏私，无所干涉，从而使万物各依其自身的特性自然而然地发展或呈现出某种特征和面貌。上述《庄子》为道所作的种种规定，都表现了道的规律性特征①。

如前所述，道具有物质性和规律性两个方面，既是天地万物产生的本原，又是天地万物运行的规律，是物质性与规律性的统一，道的规律性寓于其物质性之中。道对于天地万物的存在与发展的决定性作用确有普遍规律的意义，但这种规律又是实体化了的，所以道并非完全等同于我们今天哲学意义上的规律。《庄子》主要论述和强调道的规律性特征，有时甚至于无视或忽视了道的物质性方面。例如《庄子》当中曾经不止一次地表达过“物物者非物”的意思，如《知北游》：“有先天地生者物邪？物物者非物。物出不得先物也，犹其有物也。犹其有物也，无已。”这就是说，先天地而生、化生万物的道不是物。我们知道，所谓规律是不能产生于物之前而独立存在于物之外的，并且规律本身也不能生出天地万物，而《庄子》的话则似乎取消了道的物质性，无怪乎有些以黑格尔解老庄者将老庄之道与黑氏的绝对观念联系起来。但是实际上，《庄子》的意思不过是就道之无形的特征而强调其规律性方面而已，并非以其规律性排斥其物质性，更非像某些人所认为的神秘主义的故弄玄虚，只是对于道之规律性的着重论述掩盖了道的物质性方面，以至于显得道既失去

① 《庄子》有关这四个方面的原文，见郭庆藩《庄子集释》，中华书局1961年版，第246—247、411、741—747、754—758、916—917、1035、406—407、83、486、739、749—752、70、577、909页，此不引。

了规律性又失去了物质性，而成为非规律非物质的绝对观念了。如果我们立足和着眼于《庄子》道论的全部，而不是只抓其只言片语而孤立片面地看问题，这个道理是不言而喻的。

《庄子》着重申明道的规律性，而不主要强调其物质性，这是由于道的自然无为纯任万物自生自化的特性主要在于道的规律性方面。由于《庄子》强调自然无为，所以较多地表现了道的规律性特征。这与庄子学派抨击现实、倡导自由的宗旨是一致的，也是建立其自由学说的需要。

《庄子》的道论，不是宇宙论，其目的和意义不在于从自然科学的角度研究宇宙的起源及其演化发展的历史等等宇宙现象和规律，也不是从哲学研究的角度出发进行关于人类认识等问题的探讨，而是在于通过论述大自然的无限和自由论证其社会人生理想和主张。所以《庄子》论道，只是意在说明道和天地万物本身所具有的自发性、必然性以及自然而然的基本属性，将道的基本属性和天地万物的自然性、自发性引向社会人生。至于宇宙的本体和天地万物的始原问题以及各种具体的规律，《庄子》的作者们是无意去探索、分析研究和掌握的，而且限于当时的条件，他们对这些科学问题也无法弄清，所以他们对此的基本态度是不可知而不求知，若有人问则报之以不知。对于这些问题的回避不谈而不随意胡说八道，正表现了庄子学派的科学态度，当然，这也是由其学说宗旨在于“人生”而不在于“宇宙”这一基本性质所决定的。

虽然《庄子》的目的不在于掌握和利用多少具体规律，也不在于探讨和研究自然科学和宇宙本体，但它详细充分地阐述和论证了自然规律的客观存在及其无时不在无所不在等等基本的性质，在哲学史上，这本身便具有不可否认的进步和积极意义。而另一方面，《庄子》所论证的大自然一切事物中都存在着一种看不见摸不着的不以人们的意志为转移的客观规律，一切事物都是依其本身所固有的特性（即道或规律）自发地必然地而又是自然而然地产生和发展，没有强制，没有主宰等等自然现象，正是《庄子》作者所渴望的自由，也是其自由学说的理论基础。他们向往只按自然规律去生活，要把自然规律运用于社会人生，使人们都享受着自然人（理想化的）的自由。他们看不到人类社会具有自身的发展规律，与自然界有着本质的区别，所以他们抹杀和混淆了自然规律与社会规律的界限，从而希图使人类的社会生活同自然界一样，服从于自然规律（当然也是理想化的），这当然是荒谬和不切实际的。但是也应当看到，庄子学派的设想纯然是理想主义的，他们的目的在于否定不合理的黑暗现实人生和追求一种美好的自由理想和境界。

三

在《庄子》当中，蕴涵着对于大自然的无限热爱之情和对于自然现象的浓厚兴趣。《庄子》的作者将自己的精神寄托于广阔的大自然，对于天地万物及其生成变化的规律进行了细致的观察和思考，从而对大自然运行的基本特性做出了自己理论性的总结。大自然和谐、安宁、静谧、充满生机，与当时动乱黑暗的社会人生形成尖锐的对比。在社会现实中看不到希望、找不到自由的庄子学派面对大自然的启发，在大自然的怀抱中发现了自己的理想自由。放眼于大自然的无限与自由，这是形成庄学思想理论基础的最重要的因素。庄子学派把自己放在“道”的高度，从无限的时空着眼，仰观宇宙，俯察万物，从而看到世间万物对于无穷的宇宙来说，不过是一些极小的存在。“天下之水，莫大于海。……而吾未尝以此自多者，自以比形于天地而受气于阴阳，吾在天地之间，犹小石小木之在大山也。方存乎见少，又奚以自多！计四海之在天地之间也，不似礨空之在大泽乎？计中国之在海内，不似稊米之在大仓乎？号物之数谓之万，人处一焉；人卒九州，谷食之所生，舟车之所通，人处一焉；此其比万物也，不似豪末之在于马体乎？”（《秋水》）他们认为，从无限的时空和道的立场看，万物的存在本身就是微乎其微的，而它们彼此间的差别则是更加微不足道的。所以虽有差别，“相去几何”（《知北游》）？根本不值一谈，又奚足以分别其中的优劣高下呢？严复在《则阳篇》评点中说：“今科学中有天文、地质两科，少年治之，乃有以实知宇宙之博大而悠久，回视大地与历史所著之数千年，真若一吷。庄生未尝治此两学也，而所言如此，则其心虑之超越常人真万万也，所谓大人者非欤！”在中国历史上，是《庄子》最先系统地论述了人类与大自然的矛盾对立关系，从而赞美大自然的伟大，叹息人类社会的渺小，主张保持大自然的素朴纯洁，反对对大自然的自然状态进行人为的干扰和破坏。庄子从无限大处着眼，而反对斤斤计较于人世间微小的利害得失，这既是对社会现实的厌倦与批判，又是对其无限、自由的“大美”的追求。

黄侃先生说：“大抵吾土玄学，多论人生，而少谈宇宙。”（《汉唐玄学论》）老庄之谈宇宙也是为了论人生。庄子正是在接受了老子学说的基础上，从观察大自然入手，对大自然的自然无为化生万物的特性进行了进一步的详细论证和发明，并继承了老子的传统，将天道自然无为的理论运用到社会人事上来，因此，庄子的人生和治世之道的基本精神便是以“天道”来代替“人道”，企图将人的有意识有目的的生存活动改变为大自然那样的无意识无目的的自然运行。

道的精神被作为宇宙万物最普遍最基本和最本质的属性与联系而加以论证并引向社会政治的时候，道存在于天地万事万物之中；而当“道”被作为远离尘世的自由境界的时候，道便彻底超脱于一切事物之外，实即泰初之无的状态。因此，庄子的绝对自由的理想境界不过是“无”的境界，在这里，庄子所强调的不是无的物质实在性，而只是一种理想的主观的境界。这种境界被庄子赋予了客观的意义，而与世界本原的理论一致起来并互为补充。以“天道”代替“人道”，作为社会政治理想，在现实中无法实现，于是不得不最终落脚于绝对的精神自由，所以上述道的主观性质在《庄子》道论和庄子自由理论体系中有时显得特别突出。

与以“天道”代替“人道”这一带根本性的谬误相应，庄子学派宣扬了一系列唯心的观点。例如：

一、抹杀事物存在的绝对性和相对稳定性。《庄子》强调道在时间和空间上是无限的，自本自根，生天生地，是绝对存在，而世间事物在时间和空间上则都是极为有限的，是绝对相对的，因而是不真实的，以道的绝对性否定了世间事物的客观实在性。

二、抹杀事物质的界限和差异。《庄子》认为世间事物质的差异是由视者立场、角度的不同造成的，这些质的差别，从道的立场看，都通而为一。庄子学派以主观的道去规范客观事物，他们的“以道观之”便是否认事物的矛盾，也就是否认一切。在这里，这个“道”实际是个绝对的“无”，以“无”看待事物，一切都是虚无。

三、抹杀是非，否认真理的客观性。《庄子》强调“道”是绝对的“全”，人的任何作为，包括思虑、认识、见解、议论等等，都是“偏”，是对道的损伤，是非观念即产生于“偏”。人们各持一端，以偏对偏，是非莫辨，越辨越乱，所以世间对于是非的辩论和评定是毫无意义的。《庄子》既把对于是非的判断和证明局限于个人的主观领域，又完全否定了人类理性和逻辑证明对于判定是非的作用，同时否认真理性的认识中包含着不依人的意志为转移的客观内容,因而世间对于是非的判断便没有什么客观的共同标准了。那么,《庄子》是否否认了真理的存在呢?不是,它有其自认为的真理,那便是那个主观的绝对的“道”。唯“道”为是,其余皆非,以道观之,是非齐一。可见,庄子学派把真理看作纯主观范围的东西。

四、怀疑和否定一切。在庄子学派眼中,世间事物随生随灭,随灭随生,浮游无定,变幻无常,“方可方不可,方不可方可”(《齐物论》),它们是存在的呢,还是不存在的呢?人能认识它们,还是不能?他们认为这一切都可怀疑,最终得出结论:人世间没有任何确实可靠的东西,人对世间事物不可能有任何确实的知识。再者,万物无其所同是,人要获取确实的知识是不可能的,《齐物论》“齧缺问乎王倪”一段就企图说明这一观点。

五、庄子学派所追求的“道”的理想境界最终不过是一种精神的幻象。达到他们所说的那种绝对自由的理想境界即道的境界,根本条件便是忘怀一切,其中关键在于忘怀自身。自身一忘,一切皆无,物我同一,道我一体,获得个人精神的绝对自由。物也好,道也好,只在我心中;忘也好,合也好,其妙存乎一心;说到底,不过是要使自己的精神进入一种自觉神秘玄妙的绝对的“无”的境界。

总而言之,庄子学派告诉人们,世间一切具体事物都是不确定和无意义的,人没有认识客观世界的可能性,人生在世一场梦，“有大觉而后知此其大梦也。而愚者自以为觉，窃窃然知之。君乎，牧乎，固哉！丘（孔丘）也与女（瞿鹊子），皆梦也；予（长梧子）谓女梦，亦梦也”（《齐物论》）。因此，人类一切作为应当彻底取消，应当像大自然的运行那样无意识无目的地生活。这当然是荒唐的。但是，应当看到，庄子学派宣扬这些观点的主要目的，在于根本否定和彻底取消君主专制的制度和观念，从根本上推翻一切维护等级、宗法、专制主义制度的观点学说，引导人们在与现实社会彻底决裂的基础上，超脱现实，从而改变现实。而且，他们的宣扬和提倡无意识无目的，有希望达到合规律合目的的因素。庄子有改造社会的要求，并且有实际的政治主张和尝试，虽然庄子向往在那“无何有之乡，广莫之野”“彷徨乎无为”、“逍遥乎寝卧”的生活（《逍遥游》），甚至说：“忘亲易，使亲忘我难；使亲忘我易，兼忘天下难；兼忘天下易，使天下忘我难。”（《天运》）希望彻底与人世隔绝，但在实际生活上，庄子并没有一个人隐遁山林；虽然他要追求精神上的超凡脱俗，“独与天地精神往来”，但他在内心深处并没有忘怀世情和遗弃世人，仍然自觉地将改变现实作为一己之任，他的“著书十余万言”本身便说明了这一点。“其为书，辩多而情激，岂真忘是非者哉！”（《齐物论》王先谦集解）“要不然，一部《庄子》，只要‘今天天气哈哈哈……’七个字就写完了。”（鲁迅《且介亭杂文二集·“文人相轻”》）庄子学派以“天道”代替“人道”的学说出于对黑暗现实的憎恶和对自由生活的憧憬，其中所蕴涵的反对等级、宗法、专制主义制度，反对剥削压迫的不平等社会，主张人人自由，要求个性解放以及希望实现和平安宁的理想社会等民主性思想，在中国思想史上具有开创和先驱的意义。

四

《庄子》道论的实质是颂扬道的精神即道的自由和无限的本质特征，《庄子》学说所致力的也正是道的精神在人生的实现。全部《庄子》社会人生思想主张都是由其道论伸展而成。先秦学术没有分工，《庄子》的文学思想即融于其哲学思想之中，是其道的学说在文学方面的体现和延伸。

（一）《庄子》之道自由和无限的特性生发出《庄子》文论纯任自然、法天贵真的基调。

庄子学派认为，天地万物的存在发展变化的基本规律是自然无为而无不为，即一切出自天然，自然而然，没有有意识有目的的造作，而一切又都在合规律合目的地实现。“天无为以之清，地无为以之宁……故曰天地无为也而无不为也。”（《至乐》）“至阴肃肃，至阳赫赫……始终相反乎无端而莫知乎其所穷。”（《田子方》）四时的更替，万物的生长，各自依其自身的规律，完全出于自然，无意识，无目的，不需要任何外物的干涉，然而各适其性，各得其所，无一不合于目的。自然界这种一切事物纯任自然、合乎规律的自身运动，自我发展及其结果就是其目的的实现。自然现象的自然无为、无拘无束、无意识无目的而又合规律合目的的自然运行，在庄子学派看来，就是天地之大美，就是自由。他们将自然界和人类社会看作是道通为一的浑然统一体，从而企图将"天道"原则运用于社会人生，在文艺思想上便以随顺自然、无拘无束、自得其得、自适其适、纯任性命之情为基本精神。

《天下》云："黄帝有《咸池》，尧有《大章》，舜有《大韶》，禹有《大夏》，汤有《大濩》，文王有《辟雍》之乐，武王、周公作《武》。"这些先王的古乐，被庄子学派赋予了自己的审美理想，从而成为其所谓道的体现。《天运》"北门成问于黄帝"一段，便集中表现了这一点：第一，演奏音乐必须将人事与自然天理联系起来，以天理指导人事，以人事体现天理，表现自然。"奏之以人，征之以天，行之以礼义，建之以太清。夫至乐者，先应之以人事，顺之以天理，行之以五德，应之以自然，然后调理四时，太和万物"。第二，纯任自然，充分自由，使音乐按其本身的自然规律发展变化，不做作，不横加制约。"其声能短能长，能柔能刚；变化齐一，不主故常；在谷满谷，在坑满坑；涂郤守神，以物为量"。"止之于有穷，流之于无止"。第三，变化莫测，深闳高远，超越时空和感官，充分体现绝对自由的理想境界。"奏之以无怠之声，调之以自然之命，故若混逐丛生，林乐而无形；布挥而不曳，幽昏而无声。动于无方，居于窈冥……故有焱氏为之颂曰：'听之不闻其声，视之不见其形，充满天地，苞裹六极。'"总之，这段音乐理论正体现了《庄子》之“道”的精神，即道所具有的自由和无限的本质特征。

庄子学派崇尚和提倡自然之美，亦即朴素之美，认为“朴素而天下莫能与之争美”（《天道》），进行创作必须顺天理，应自然，“以天合天”（《达生》），做到“天”与“人”的统一。他们认为，人的天然性情是合于道的，具备纯真自然的天性，即“真”，是观照和把握道的首要条件。“真者，精诚之至也。不精不诚，不能动人。故强哭者虽悲不哀，强怒者虽严不威，强亲者虽笑不和。真悲无声而哀，真怒未发而威，真亲未笑而和。真在内者，神动于外，是所以贵真也。……礼者，世俗之所为也；真者，所以受于天也，自然不可易也。故圣人法天贵真，不拘于俗。愚者反此。不能法天而恤于人，不知贵真，禄禄而受变于俗，故不足。”（《渔父》）这里表明，人应效法自然，抒发真实的性情感受，而只有真实情感的自然流露，才最富有感染力。庄子学派既反对儒家的繁饰礼乐，又反对墨家的非乐，就是因为这二者的主张都使人不能充分抒发真实性情。

从道和世界的整体性出发，《庄子》论证了万物的莫不平等，不仅人与人是平等的，人类与自然界的万物也都是平等的。它认为物之不齐出于自然，凫胫短而鹤胫长，天鹅的羽毛自然洁白而乌鸦的羽毛天生乌黑，都是自然而然。它所倡导的绝对平等观念是“不齐之齐”，即所谓立足点的平等，对于千差万别的万事万物一概认可，同样看待，而不厚此薄彼，厚长薄短。基于这种原始的平等观念，庄子学派极力强调尊重个性。“《咸池》、《九韶》之乐，张之洞庭之野，鸟闻之而飞，兽闻之而走，鱼闻之而下入，人卒闻之，相与还而观之。鱼处水而生，人处水而死，彼必相与异，其好恶故异也。故先圣不一其能，不同其事。名止于实，义设于适，是之谓条达而福持。”（《至乐》）他们认为，世间万物各有其自然之性，不可强制性地整齐划一。人应自闻自见，发扬自己的个性。“属其性乎五声，虽通如师旷，非吾所谓聪也；属其性乎五色，虽通如离朱，非吾所谓明也。……吾所谓聪者，非谓其闻彼也，自闻而已矣；吾所谓明者，非谓其见彼也，自见而已矣。”（《骈拇》）自得其得、自适其适、纯任性命之情的观点，体现在散文创作上，就是“洸洋自恣以适己”，亦即不为外物束缚，充分地表现自己的思想情感。

（二）使精神进入道的理想境界的理论生发出关于“虚静”等审美和艺术创作心态的理论。道被作为远离尘世的自由境界时，是一种理想的主观的境界，进入这一绝对自由的理想境界的途径是“一志，无听之以耳而听之以心，无听之以心而听之以气！听止于耳，心止于符。气也者，虚而待物者也。唯道集虚。虚者，心斋也”（《人间世》）。“堕肢体，黜聪明，离形去知，同于大通，此谓坐忘”（《大宗师》）。“心斋”、“坐忘”的基本要求和特征是心志高度地集中，摆脱一切由外物引起的感情情绪的干扰，由此而形成物我一体、与道同一的心理状态。将这种进入精神上与道同体的理想境界的方法运用到创作等具体实践活动中，便产生了虚静、物化等著名理论。

《庄子》的“虚静”说，强调了审美的超功利性和艺术创作所需要的自由心态，它认为，进行创作活动之前必须静心，摒除庆赏爵禄、非誉巧拙等一切世俗观念的干扰，乃至忘怀自己形体的存在，在精神上彻底处于虚空澄明的状态，这样才能创造出使“见者惊犹鬼神”的作品来。《达生》中“梓庆削木为鐻”和《田子方》中“宋元君将画图”等故事都充分表现了虚静对于创作的重要意义。《庄子》的虚静说出于对绝对自由的精神境界的追求，也是对天道的效法，如《天道》说：“圣人之静也，非曰静也善，故静也；万物无足以铙心者，故静也。水静则明，烛须眉，平中准，大匠取法焉。水静犹明，而况精神！圣人之心静乎！天地之鉴也，万物之镜也。夫虚静恬淡、寂漠无为者，天地之平而道德之至，故帝王圣人休焉。……夫虚静恬淡寂漠无为者，万物之本也。”“虚静”说并不开始于《庄子》，《老子》中就曾表达过这样的意思，如“致虚极，守静笃”（十六章）、“涤除玄览”（十章）等，但对这一认识进行充分论述并加以发展从而使之对于后世文艺创作和理论产生很大的影响，则主要是庄子学派的功劳和成就。

“天地与我并生，而万物与我为一”（《齐物论》），从道的精神出发，庄子学派主张和追求物、我的同一。《齐物论》“昔者庄周梦为胡蝶”一节所描述的“物化”，便是一种消除了物我界线、物我统一交融的境界。实现物我一体,便可取得精神上的自由。这里实际接触到进行创作所需具备的一种将精神融化于事物的心态。作者保持内心的虚静,将精神专注于所要表现的事物,进入一种自身与心中所形成的具体物象相融为一的境界,为鸟则厉乎天,为鱼则没于渊,不识今之作者,其人乎,其物乎?这是创作出表现作者个性的生动形象的必要精神状态。

精神上的物化,通过长期的实践,可以转变为技艺上的物化。《养生主》中庖丁解牛的技艺达到了高度自由的极境,其原因,庖丁自言:“臣之所好者道也,进乎技矣。”再如《天道》中“得之于手而应于心”的轮扁、《达生》中“操舟若神”的觞深之渊津人以及“旋而盖规矩,指与物化而不以心稽”的工倕等等,他们的技艺都达到凭直觉准确把握对象的炉火纯青的境界。《庄子》所表现的这种艺术创作中的非自觉性,便是一种“物化”的表现。

《庄子》强调,达到“物化”的高超艺术境界,要靠长期艰苦的实践锻炼和创作时精力的高度集中。只有长期专心致力于某种技艺活动的实践锻炼,才能掌握这种活动的规律,并进而认识事物的普遍规律,也就是认识和掌握道。在此基础上,进行具体创作时精力高度集中,如《达生》中承蜩之痀偻者所言,“虽天地之大,万物之多,而唯蜩翼之知。吾不反不侧,不以万物易蜩之翼”,才能进入“物化”的艺术和审美境界。“痀偻者承蜩犹掇之”以及“大马之捶钩者,年八十矣，而不失豪芒”（《知北游》）等故事，都典型充分地阐明了这一道理。可见，《庄子》所谓的“物化”，确与文艺创作相联系并符合文艺创作的实际。

（三）《庄子》之道的绝对同一性生发出关于言、意关系的理论。《庄子》强调，覆载万物之道，洋洋乎大哉。它是一个整体，没有分界，没有差别，一切人为的区别都是对它的违背和损伤。“古之所谓道术者”，“无乎不在”，对于道作全面和整体性的把握，后“天下大乱，贤圣不明，道德不一，天下多得一察焉以自好。……不该不遍，一曲之士也。判天地之美，析万物之理，察古人之全，寡能备于天地之美，称神明之容。……悲夫，百家往而不反，必不合矣！后世之学者，不幸不见天地之纯，古人之大体，道术将为天下裂”（《天下》）。“道隐于小成，言隐于荣华”（《齐物论》），诸家各执一隅之见，“以是其所非而非其所是”，“是非之彰也，道之所以亏也”（同上）；“不言则齐，齐与言不齐，言与齐不齐也”（《寓言》）。诸家的小成都是局部、相对和有限的，不合于大道，“大道不称，大辩不言”，“道昭而不道，言辩而不及”（《齐物论》）。道不可言，言则亏之，“知者不言，言者不知，故圣人行不言之教”（《知北游》）。

庄子学派强调道不能以语言表达，“道不可闻，闻而非也；道不可见，见而非也；道不可言，言而非也”（同上）。这种观点是从《老子》那里继承下来的。《老子》一章：“道可道，非常道；名可名，非常名。”在强调道的博大精深、恍惚玄妙的同时，指出语言表达作用的局限性。庄子学派将道不可道之说进一步发展而得出“言不尽意”的观点。他们认为，“语之所贵者意也，意有所随。意之所随者，不可以言传也”(《天道》)。轮扁斫轮之道存乎其心，他不能用以喻其子，其子亦不能受之于他。至于书面语言则更有所限，古人的著作不可能表达出作者全部内心活动，读者从书籍中不可能了解作者完整的精神世界，“古之人与其不可传也死矣”，所以后人之所读者，不过是古人的“糟魄”而已(同上)。

庄子学派不仅从语言文辞的局限性，而且从认识思维的局限性和客观世界的无限性等方面揭示了言不尽意的道理。如《秋水》中阐述了这样的意思：物之粗者，可以言论，物之精者，可以意致，而不期精粗者，则是言之所不能论、意之所不能察致的了。

“筌者所以在鱼，得鱼而忘筌；蹄者所以在兔，得兔而忘蹄；言者所以在意，得意而忘言。吾安得夫忘言之人而与之言哉!”(《外物》)庄子学派认为，尽管语言不能完全达意，但意的传达需要语言这个工具。因此，他们提出“得意忘言”的主张，要求超越言辞本身而充分、深入领会言者之意。这种解决言、意矛盾的方法，是言传与意会的统一，通过言传的形式取得意会的效果。所谓“寓言十九，重言十七，卮言日出，和以天倪”(《寓言》)，便是这一主张在创作上的具体体现。

“寓言”，其特点是“藉外论之”，意在于此而寄言于彼，亦即寄托己意于虚构的故事之中。“寓言十九”，是由于“亲父不为其子媒。亲父誉之，不若非其父者也”（同上）；是由于“以天下为沉浊，不可与庄语”（《天下》）；也是由于要表示自己“终日言而未尝言”，使“无言而不妨于有言”（《寓言》王夫之解），即要以“大抵率寓言”来免除以不言为宗而又“著书十余万言”（《史记·老子韩非列传》）的矛盾；更是由于“道不可言”，即无法以直言表达，只能“藉外”寓意，使人从中领悟。“言”并不是“意”，若得其中之“意”，那为意而设之“言”自然便可忘掉了。“重言”，其特点是托己说于为人所重者以自重，即假托言足为世重者，如神农、黄帝、尧、舜、孔、颜之类，言己之意。“重言”、“寓言”虽有所别，其为虚构之言则一。“卮言”，其特点是情与意的自然流露，即非有意造言，为言而言，而是意满于胸，自然倾吐，具体表现为“洸洋自恣以适己”。卮言蔓衍，浮想联翩，恍惚芒昧，来去无端，恣纵不傥，正言若反，读者常须透过其文字表面去考察领悟其思想观点。总之，“三言”的表现方法直接体现了《庄子》作者对于“意”与“言”、“书”关系的见解，即“言不尽意”，“得意忘言”。

《庄子》文论直接促成了《庄子》特异的文学性，并对后世创作给予了多方面的深刻启发和影响。即以汉赋为例，汉赋作家追求弘大之美的观念直接受《庄子》以大为美、崇尚“大美”（道便意味着“大”）的美学思想影响。汉赋虚辞滥说、靡丽多夸的特色与《庄子》谬悠荒唐无端崖、时恣纵而不傥的特色相通。汉赋之"假设问对,《庄》《列》寓言之遗也"(清章学诚《校雠通义·汉志诗赋》)。至于《庄子》思想对魏晋南北朝文学的影响,则更是人所共知的。从曹植、阮籍、嵇康、陶潜等作家的创作思想,玄学家王弼对《庄子》"得意忘言"观点的继承发展(王弼有"得意忘言"说,见其《周易略例·明象》),到山水诗的兴起等等,无不带有《庄子》的遗风。《庄子》文论的许多观点,经后人发挥,成为艺术创作的方法、准则和衡量作品文学成就的尺度。例如,中国艺术史和古代文论中的形神理论,其源头便是《庄子》寓言以形丑神美、形残神全的人物形象所表现的重神轻形、爱其神而忘其形的思想。中国美学史和古典诗歌批评中的"芙蓉出水"倾向便渊源于《庄子》对自然之美即朴素之美的崇尚和提倡。苏轼提出的"随物赋形"的艺术创作原则和明代公安派的"独抒性灵说",从不同的角度,有本于《庄子》法天贵真的主张。《庄子》文论对后世文学的影响是深远广泛的,历代大作家都曾从《庄子》文论中汲取创作和文学批评的营养,从历代文学作品和文学理论当中都可以发现《庄子》文论的遗传因子。

以"道"为中心观念的《庄子》理论学说中有不少结论是错误的,但是这些结论往往出于作者深邃奇特的创造性思维,其中闪动着作者智慧的火花。有的结论虽然不对,但问题的提出对于古代学术思想的发展却有着启发和借鉴的作用。《庄子》文论是由其道论生发出来的,对于其中那些玄虚的成分也应作如是观。以历史观点去考察和分析，不论是其文论还是其道论，都曾以其深邃的思维、峥嵘的高论、浩荡的奇言启迪历代人们深思，开拓了古人的思路和眼界，它们在中国古代思想界和文坛上闪烁着特异的光彩。

（《古籍整理研究论丛》第二辑，
山东文艺出版社 1993 年）

《庄子》文学探源

庄子学派诞生于宋而成长于楚。如果说宋国的社会文化气候和土壤孕育出庄子学派思想个性及文学倾向的幼苗，那么楚文化的雨露阳光则使它们成长壮大并趋向成熟。《庄子》是一部阐发思想学说的理论著作，其作者的目的不在创作文学作品，但他们却写出了中国古代第一流的文学杰作；不在阐述文学理论，但他们却对中国古代文论予以极大的启示，这不能不主要归功于宋楚文化的作用。《庄子》散文从思维方式、题材内容、神话寓言、想象意境、形象塑造、抒情风格以及章法结构等等文学性因素直到审美意识、观点、情趣和理论，无不带有宋楚文化的鲜明特征。宋楚文化对《庄子》散文文学性的本质和决定性作用，使《庄子》成为宋楚文学的主要代表著作之一。

宋在齐、晋、楚三大万乘之间（语本《吕氏春秋·召类》

及高注），是中原文化与荆楚文化的交汇之处。而且从文化传统上考察，作为殷商后裔的宋人与作为祝融后裔的楚人有着悠久的文化联系和共同的文化心理。《诗经·商颂·殷武》："挞彼殷武，奋伐荆楚。深入其阻，裒荆之旅。有截其所，汤孙之绪。"殷人统一祝融部落集团，促进了殷、荆文化的交融与合流。周王朝建立之后，相似的历史命运和特殊的文化关系使宋、楚两国的文化交流十分融洽。刘师培《南北文学不同论》云："荆楚之地，僻处南方。故老子之书，其说杳冥而深远。及庄、列之徒承之，其旨远，其义隐，其为文也，纵而后反；寓实于虚，肆以荒唐谲怪之词，渊乎其有思，茫乎其不可测矣。"对庄子思想有着深刻影响的老子学说，产生于楚，庄子学派与楚国也有着密切的关系，江淮一带是庄子学派的主要活动地区。《庄子·秋水》（下文引《庄子》只标篇名）云："庄子钓于濮水，楚王使大夫二人往先焉，曰：'愿以境内累矣！'庄子持竿不顾，曰：'吾闻楚有神龟，死已三千岁矣……'"这些记载虽未必可信，但《秋水》的作者将庄子与楚王联系起来，不是没有原因的。王国维在《国朝汉学派戴阮二家之哲学说》中云："庄子，楚人，虽生于宋而钓于濮水。陆德明《经典释文》曰：'陈地水也。'此时陈已为楚灭，则亦楚地也，故楚王欲以为相。"（《静庵文集》五，上海古籍书店，1983年）这可以说明庄子学派在楚地是比较活跃而其学说是颇有影响的。庄子学派的思想意识当中原本便具有楚文化的因素，而庄子在楚地的游历，其门徒后学在楚地的活动，以及宋亡之后楚势力的深入等等，更加强了楚文化对庄子学派思想文风的作用。从主观上看，宋国特定的社会政治现实，使庄子学派深刻地认识到统治者的虚伪和凶残本质以及等级、宗法、专制主义制度下的社会人生的黑暗。同时，他们对于西周正统文化中那些禁锢人心压抑个性等等不合理因素和现象十分厌恶与反感，于是很自然地接受了相对自由开放的荆楚文化的影响。

宋楚文化深深地启发了庄学的思想，同时作为这种思想的表现方式，其文学性也具有了宋楚文化的鲜明特征。在此，本文即专就宋楚文化对庄子学派文学倾向的影响和作用进行一番考察和论证，从而探讨《庄子》文学特性之来源。

一

王国维在《屈子文学之精神》中云："南人想象力之伟大丰富，胜于北人远甚。彼等巧于比类，而善于滑稽，故言大则有若北溟之鱼，语小则有若蜗角之国，语久则大椿冥灵，语短则蟪蛄朝菌。至于襄城之野，七圣皆迷，汾水之阳，四子独往，此种想象，决不能于北方文学中发见之。"(《静庵文集续编》，上海古籍书店，1983 年)北方中原文化主要继承了西周以来重人事、务实际的现实精神，体现在诸子的散文创作方法和文学倾向上，也主要是以理性化地表现现实生活和人间事物为主的现实主义。与此不同，属于南方文化体系的《庄子》，其作者则由于殷楚文化传统的影响和学术上的承传关系，在创作实践中表现出强烈的浪漫主义精神。

宋是殷商的后裔，仍自称商。“自天下言之，则侯服于周也；自其国人言之，则以商之臣事商之君，无变于其初也。”（《皇清经解·潜邱劄记》）《养生主》描写庖丁为文惠君解牛，云“合于《桑林》之舞”，《桑林》是殷天子和宋君的乐舞。宋人在重大场合使用《桑林》之舞，其场面声势是相当宏大壮观的。《左传·襄公十年》记载，宋国使用殷商礼仪，鲁国使用周天子礼仪，分别代表着两种不同的文化传统。宋公宴享晋侯，使用了《桑林》之乐舞，当乐队首领举旌夏之旗率乐队进场时，晋侯竟被吓得躲进厢房里不敢看，以至于回国途中害了一场病，一占卜，原来是桑林之神在降灾惩罚。由此可见，殷商文化传统在宋国是根深蒂固且被发扬光大的。

宋国作为庄子学派的诞生地，对于庄子学派思想主张和文学风格的形成都具有重要的意义。郭沫若称：“殷人的气质和周人的颇有不同。殷人是比较爱好艺术的氏族。殷墟所发掘出的古物，无论是铜器、石器、骨器、白陶，乃至甲骨上所刻的文字，都富有艺术的风味；又因时代关系，殷人最崇信鬼神，故其文化色彩充分地带着超现实的气韵。”（《屈原研究》，见《郭沫若全集·历史编》，人民出版社，1982 年）殷商文化是中国浪漫主义的最早标志之一，在宋国超现实的浪漫文化氛围中诞生的庄子学派受殷商文化的熏陶，在文学艺术上自然趋向于浪漫主义。富有艺术的风格，是殷商文化的普遍和基本特征，《庄子》成为先秦诸子著作中最富艺术性的作品，不能不说与其先天因素有着重要关系。“殷人尊神，率民以事神，先鬼而后礼。”（《礼记·表记》）与周人不同，宗教职能是殷人统治机构的重要组成部分，巫风神事的兴盛和普及成为殷商文化的一大特点，宋国保留的具有神秘色彩和超现实气韵的殷文化遗风的熏陶以及学术上的承传关系使庄子学派的气质很自然地与楚国的浪漫文艺合拍。楚国是一个原始宗教巫风弥漫的世界，巫风是楚文化的首要内容，对此，古书中有大量的记载，“宋之衰也，作为千钟……楚之衰也，作为巫音”（《吕氏春秋·侈乐》），“荆人畏鬼，而越人信禨”（《吕乐春秋·异宝》），“楚……信巫鬼，重淫祀”（《汉书·地理志下》）。重巫的观念在《庄子》当中也有所反映，巫咸祒就是以最高理想人格——至人的身份出现的。

楚地浓郁的原始宗教气氛，不仅是滋生大量瑰奇神话的肥田沃土，而且为各地神话广泛传播提供了良好气候，因此楚地成了神话，包括本地神话和外来神话聚集的场所。巫风与神话的融合，使楚人沉浸于对现实生活以外的神奇境界的无限联想与向往之中，这就决定了楚文化的艺术传统必然是浪漫主义的，而不可能是现实主义的。楚文化的浪漫主义传统对《庄子》的文学倾向具有决定性的作用，它不仅启发了庄子之徒那葱茏的想象力，而且，《庄子》散文独特的寓言表现手法就是在楚地神话传统的启发和培育下形成的，而对神话世界的吸收、加工和改造则构成了《庄子》寓言的重要内容。

二

庄子认为神存在于自然万物之中，自然万物都具有神的性质。这种泛神论的观念使《庄子》寓言中形象的创造和刻画表现出奇幻瑰丽的神话色彩。郭沫若在《庄子与鲁迅》中说：“我爱我国的庄子，因为我爱他的 Pantheism（泛神论）。”庄子的泛神论思想及与之相适应的富有创造性想象的神奇的寓言艺术风格，都深深得益于楚地宗教巫风神事的影响。《国语·楚语》说，楚地风俗“民神杂糅，不可方物，夫人作享，家为巫史”，“蒸享无度，民神同位”，人与神没有截然划分的界限。这种人神相通、人神杂糅的现象，今天看来，本身就带有一种艺术的浪漫气息，它不仅给庄子学派寓言创作以极大的启示，而且有助于其理想人格和绝对自由境界的理想的形成。

宗教巫风对庄子学派文学倾向的影响不仅在于神话，而且在于其伴随巫术活动的声乐歌舞。《尚书·伊训》：“敢有恒舞于宫，酣歌于室，时谓巫风。”孔疏：“巫以歌舞事神，故歌舞为巫见之风俗也。”巫风与歌舞密切联系在一起，楚地的巫风昌盛使声乐鼓舞大行于世。《楚辞》王逸注称：“昔楚国南郢之邑，沅湘之间，其俗信鬼而好祠，其祠必作歌乐鼓舞以乐诸神。”流行于民间的宗教巫风歌舞直接影响了士大夫们的创作，屈原《九歌》就是对南楚沅湘之间宗教祭祀歌词的更定和加工，而且上达于宫廷，“昔楚灵王骄逸轻下……信巫祝之道……起舞坛前。吴人来攻，其国人告急，而灵王鼓舞自若”（桓谭《新论》）。由此可见，巫术性质的歌乐鼓舞已经成为楚国全社会的正宗的文化习俗，并且随着楚国势力的扩展而广泛传播。

弥漫于楚地的宗教巫风歌舞对于庄子学派的思想气质的影响是显而易见的。众所周知，《庄子》与北方系统的诸子散文不同，它不是将自己的思想言论限定在某种规范或政见的小圈子里，以理性的说教为主，克制感情的表现，而是“以谬悠之说，荒唐之言，无端崖之辞，时恣纵而不傥，不以觭见之也”（《庄子·天下》）。用司马迁的话说，庄子之言“洸洋自恣以适己”（《史记·老子韩非列传》），即不为外物束缚，充分地表现自己的思想情感。因此在诸子散文当中，《庄子》与其他子书风格绝不相同，这种风格不会产生于偏重理性和现实的中原，而只能是受楚文化影响的产物。其中宗教巫风歌舞有着独特的作用。

楚人希望通过宗教祭祀活动中的恒舞酣歌来实现自己的某种愿望和理想，或企图得到神明的某种启示，这就使这种活动具有两个特征，一是充分表达自己的理想，二是充分抒发内心的情感，也就是说，理想和情感是这种活动的第一要素。近来研究成果表明，当时楚地的宗教巫术歌舞远非中原地区祭祀活动中表现的那样庄严肃穆，人们在热烈宏大的宗教祭祀活动中高歌酣舞，使全身心都融合在迷狂的神的气氛之中，从而使自己的内心世界、个性意志和愿望理想得到极为充分的宣泄与表现。人们常将庄周与屈原、《庄子》与屈作相提并论或进行比较，这是很自然的，因为二者确有很多相同相类和相通之处。陈子龙《谭子庄骚二学序》云："予尝谓二子皆才高而善怨者，或至于死，或遁于无乎有之乡，随其所遇而成耳。故二子所著之书，用心恢奇，逞辞荒诞，其岩逸变幻，亦有相类。"巫歌巫舞与屈原的创作有很大的关系，屈原放逐，窜伏于沅湘之间，"出见俗人祭祀之礼，歌舞之乐，其词鄙陋，因为作《九歌》之曲"（《楚辞》王逸注）。同样，庄子之徒活动于江淮汉水之间，楚地宗教祭祀的歌乐鼓舞所表现的自然情趣和充分抒情、高扬个人意志的气氛对其思想气质和浪漫主义文学倾向的形成具有重要的影响。这也是《庄子》被归于南方文化系统并常与屈作相提并论的主要原因之一。

三

宗教巫风歌舞对庄子学派的文艺观有直接的影响。人们常说庄子学派是非乐的，常举例如《骈拇》中说"多于聪者，乱五声，淫六律，金石丝竹黄钟大吕之声非乎？而师旷是已"，《胠箧》中说"擢乱六律，铄绝竽瑟，塞瞽旷之耳"，但实际上，庄子学派所反对的只是西周以来中原正统的音乐制度，以及人为的种种音律限制。所谓乐，历来被统治者和儒家用作教化民众的手段，而与礼联系在一起。《论语·子路》云："礼乐不兴，则刑罚不中。"《礼记·乐记》云："乐者，通伦理者也。"庄子学派反对这种体现统治者的伦理道德而束缚人心的乐制，所谓"澶漫为乐，摘僻为礼"（《庄子·马蹄》）、"屈折礼乐，呴俞仁义"（《庄子·骈拇》）、"退仁义，宾礼乐"（《庄子·天道》）以及"钟鼓之音，羽旄之容，乐之末也"（《庄子·天道》）等等，都是对礼乐教化手段的批判。在庄子学派看来，礼乐制度，五音六律，是对自然之音的破坏。庄子学派所提倡的是出于真实性情的自然音声。他们是从抒发真情和审美的角度来考察和肯定音乐，而不是从统治者所赋予音乐的道德属性和社会功能的角度来提倡音乐，这与楚文化重自然而轻人伦的特点是一致和相通的。"属其性乎五声，虽通如师旷，非吾所谓聪也；属其性乎五色，虽通如离朱，非吾所谓明也。……吾所谓聪者，非谓其闻彼也，自闻而已矣；吾所谓明者，非谓其见彼也，自见而已矣。"（《庄子·骈拇》）这实际上是对传统文艺观念、文艺标准的否定和对个性自由以及抒发自然性情的提倡。庄子学派的这种艺术观明显受到楚地歌舞的启示。

不仅楚地宗教巫术性质的歌乐鼓舞不同于中原，楚国的地方音乐歌曲的风格也与北方不同。古时音乐南北不同，古书中多有记载。例如《左传·成公九年》记有楚囚钟仪为晋景公操南音事，又《襄公十八年》载："晋人闻有楚师，师旷曰：'不害。吾骤歌北风，又歌南风，南风不竞，多死声。楚必无功。'"《说苑·修文》云："南者，生育之乡；北者，杀伐之域。……昔舜造《南风》之声(《南风歌》是战国时的楚歌，后人托为舜作，实际是楚国地方歌曲)，其兴也勃焉，至今王公述而不释；纣为北鄙之声，其废也忽焉，至今王公以为笑。"这也反映了南北音乐风格有所不同。再从现存的古时南北民歌来看，其格调浪漫与现实的区别也是不言而喻的。同北音相比，南方地方歌舞和其巫术歌舞一样，偏重于表现人的情感和内心世界，具有轻快舒展的情调和浪漫的气息，与《庄子》散文一样，也具有"洸洋自恣以适己"的特点。所谓"竽瑟狂会，搷鸣鼓些。宫庭震惊，发激楚些"(《楚辞·招魂》)，正表现了楚国乐舞充分抒情的风格特点。庄子学派赞扬自然、真情、超现实的楚地歌舞，而反对撄人之心的乐教和矜持造作的声律，也就是说，赞成楚国乐舞而反对西周以来正统的北方乐制。正是在这个意义上，庄子学派反对墨子的非乐而推崇先王之乐。《天下》云："黄帝有《咸池》，尧有《大章》，舜有《大韶》，禹有《大夏》，汤有《大濩》，文王有《辟雍》之乐，武王、周公作《武》。"实际上，这些先王古乐都被赋予了庄子学派自己的审美理想。所谓黄帝作的《咸池》，本来面目究竟如何，庄子之徒是无从考证的，而他们却将它纳入了楚声的体系。《天运》云："帝(黄帝)张《咸池》之乐于洞庭之野。"《至乐》云："《咸池》《九韶》之乐，张之洞庭之野……人卒闻之，相与还而观之。”成玄英认为此洞庭非太湖之洞庭，而应训为“天地之间”。其实洞庭为楚地名由来已久。《淮南子·本经训》云：“尧乃使羿……断修蛇于洞庭。”高诱注：“洞庭，南方泽名。”《山海经·中山经》：“洞庭之山……帝之二女居之，是常游于江渊。”《战国策·秦策一》云：“秦与荆人大战，大破荆，袭郢，取洞庭、五都、江南。荆王亡奔走，东伏于陈。”高诱注：“郢，楚都也。洞庭、五都、江南，皆楚邑也。”又《楚策一》：“楚，天下之强国也。大王，天下之贤王也。楚地西有黔中、巫郡，东有夏州、海阳，南有洞庭、苍梧，北有汾陉之塞、郇阳。地方五千里，带甲百万，车千乘，骑万匹，粟支十年，此霸王之资也。”无论洞庭为山为湖抑或为地名，皆在楚地是毫无问题的。可见庄子之徒心目中的先王之乐应当是楚地的自然音声。因此，《咸池》之类的先王之乐正是庄子所谓道的体现：“奏之以无怠之声，调之以自然之命，故若混逐丛生，林乐而无形；布挥而不曳，幽昏而无声。动于无方……此之谓天乐。故有焱氏为之颂曰：‘听之不闻其声，视之不见其形，充满天地，苞裹六极。’”（《庄子·天运》）将自己的理论主张托之于古，是古人建立学说常用的手段，庄子学派推崇先王之乐，实际上是赞美南音率性自然的精神和浪漫自由的情调。有人说庄子学派既竭力主张摈弃礼乐、擢乱六律，又欣赏先王之乐，这是自相矛盾的，从而认为这种“自相矛盾”的现象说明庄子的“文艺否定论”不过是一种自欺欺人之谈而已，我认为，这是由于没有弄清庄子学派所反对的和所赞成的音乐不是一回事所致。

四

除上文所论述的之外,我们还可以发现,宗教巫术活动中的声乐歌舞场面和气氛影响到了《庄子》散文具体的文学性表现手法。古今学人中以音乐形容庄文笔法的不乏其人,《庄子》散文中所蕴含的音乐性的艺术气质,不能说不与楚乐楚舞,尤其是宗教巫术活动的乐舞有着极大的关系。

不仅《庄子》文气极富诗乐性,如刘凤苞之评《养生主》“险语破空而来,如繁弦急管,凄人心脾”,或如陈荣选之论《至乐》“如看飞云断雁,如看孤峰断坂,愈读愈有味”,而且其文章的组织结构可以使人产生戏剧感。如宣颖评《德充符》说:“劈头出一个兀者,又一个兀者,又一个兀者,又一个恶人,又一个支离无脤,又一个瓮盎大瘿,令读者如登舞场,怪状错落,不知何故。盖深明德符全不是外边的事,先要抹去形骸一边,则德之所以为德,不言自见。却撰出如许傀儡,劈面翻来,真是以文为戏也!”为此,刘凤苞也有同样的看法:“凭空撰出几个形体不全之人,如傀儡登场,怪状错落,几乎以戏为文。”显而易见,与其说这是在以文为戏、以戏为文,不如说是这种文法得益于楚地的宗教巫术活动更为透彻,宣、刘所论庄文的形象性特色,不是与楚地宗教祭祀活动中的戏剧性场面极为相似吗?

总而言之，宋楚文化的陶染冶化是庄子学派浪漫主义文学倾向之形成的关键性因素，《庄子》成为中国古代第一流的文学杰作并对中国古代文论和美学思想发生重大影响，应主要归功于宋楚文化的作用。可以说，没有宋楚文化，便没有庄子学派如此杰出的浪漫主义文学成就，便没有《庄子》如此奇妙绝伦的文学特征。

（《管子学刊》，2003 年第 4 期）

论庄子学派与商宋特定环境

——兼论庄周之本邑问题

庄子学派是在宋国特定的思想文化环境和社会政治现实的孕育、培养下诞生的。宋国作为庄子学派的诞生地，其社会政治文化气候对于庄子学派思想及文学个性的形成具有根本性和决定性的影响。庄学实际上不是继承和维护等级、宗法、专制主义制度的正统思想意识，而是对这种传统的是非善恶观念进行彻底的否定；不是将自己的思维视野限制在某个功利性的狭小规范之中，纠缠于当时社会的人伦日用和功名利禄，而是超脱于现实，企图不受一切外物的干扰和束缚，从无限的高度来把握人生，追求其物我合一的理想境界；不是将改良社会、实现理想的希望寄托在统治者的身上，或充当王权政治的卫道士和代言人，而是主张彻底取消君主统治及其思想专制等等。这些，都与其诞生地特定环境的影响有着直接关系。本文拟结合庄周家乡情况、宋国的社会政治现实及宋国的文化传统和环境三个方面对庄子学派诞生地及其对庄子学派之影响作一简括的探讨和分析。

一

《史记·老子韩非列传》云:“庄子者,蒙人也,名周。周尝为蒙漆园吏。”这是我们今天见到的关于庄周家乡的最早和最有价值的记载。在历史上,庄子之名与蒙及漆园紧紧联系在一起。古人诗文中称庄子为蒙庄、蒙庄子、蒙吏、蒙叟、漆园吏、漆园人,称《庄子》作漆园书、漆园经,蒙邑和漆园也成了庄子的代称。这些,大多出于太史公的记载。然而,太史公不曾想到,其后世关于“庄周故里”的笔墨官司,也主要是由他这段记载而来的。

“蒙”在古代地名中很常见,例如,《左传》载,哀公十七年“公会齐侯盟于蒙”,杜注云:“蒙在东莞蒙阴县西。”鲁邑,在今山东蒙阴县境内。庄公十二年,“宋万弑闵公于蒙泽”。蒙泽,在今河南商丘东北故宋蒙城东北三十五里处。又襄公二十七年,“宋公及诸侯之大夫盟于蒙门之外”。蒙门即宋之蒙城门,一说为宋都朝向蒙城之门。清顾栋高《春秋大事表》卷七之二:“案侯国各以所向之地为名……宋有蒙邑,故有蒙门。今归德府治东北有蒙城,则亦东北门矣。”《尚书·禹贡》及《史记》、《汉书》、《后汉书》皆载蒙山,《水经注》更记蒙水、蒙亳、蒙城等等。此外尚有下文要多说一点的安徽蒙城县。北宋神宗元丰元年(1078)蒙城县令王兢建庄子祠于此,苏东坡为之作《庄子祠记》,今祠虽不存,祠记碑犹在。所谓“庄周故里”,今之安徽蒙城县城东门外与河南民权县城东北三十公里处皆有一处。至于漆园,今之河南商丘附近小蒙故城,山东菏泽以及安徽定远县东三十里皆有遗址(参见《广舆记》卷五、卷六,《读史方舆纪要》卷五十及《潜邱劄记》等),而以安徽蒙城县涡河北一点五公里处之漆园旧址较为出名,涡河南岸尚有一漆园街。那么,太史公所谓之蒙究系何处?纷纭聚讼之中,两种意见影响较大,一种认为蒙在今河南商丘东北,这是传统的讲法,具有广泛的代表性,另一种认为蒙即今安徽蒙城。我是倾向于前一种意见的。在这里简单谈三点理由。

第一,从《史记》有关记载来看。司马迁记述前代人的籍贯,大多用其时下之地名,其云“庄子者,蒙人也”,即如云“甘茂者,下蔡人也”、“白起者,郿人也”、“王翦者,频阳东乡人也”等等之类,下蔡、郿及频阳皆当时实有之县名。他所说之蒙,亦为当时县名,即先秦宋之蒙邑,蒙泽之所在,春秋时南宫万弑宋湣公于此。这一点,古人早就认识到了,例如《史记·老子韩非列传》“蒙”下之裴骃集解和司马贞索隐皆径云:“《地理志》:蒙县属梁国。”这种习惯于古常见,非独《史记》而已。再者,太史公笔下之蒙,皆系梁国蒙县。《史记》言蒙者三(《夏本纪》“蒙、羽其艺”,“蔡、蒙旅平”云云,本《尚书·禹贡》文,蒙皆山名,除外),除《老子韩非列传》之外，尚有两处。其一为《绛侯周勃世家》："攻蒙、虞，取之。"蒙、虞皆梁国之县，蒙西、虞东，二县相接，故勃于蒙、虞相继攻而取之。其二为《韩长孺列传》："安国坐法抵罪，蒙狱吏田甲辱安国。"韩安国，梁人，事梁孝王为中大夫，罪而入蒙狱，出而为梁内史，可知此蒙亦为梁国之蒙县无疑。

第二，从历代关于庄子家乡的记载来看。当庄子之时，蒙邑属宋国，故刘向《别录》云庄子为"宋之蒙人也"，成玄英《庄子序》云庄子"生宋国睢阳蒙县"。汉代及魏晋蒙县属梁国（见《汉书·地理志下》、《后汉书·郡国志二》及《晋书·地理志上》），故《隋书·经籍志》云"《庄子》二十卷，梁漆园吏庄周撰"，陆德明《经典释文序录》云庄子为"梁国蒙县人也"，二者是一致的。这里需要略加说明：钱穆认为战国时宋都彭城（学者多从此说），并疑睢阳为梁犹在宋亡之前（见其《先秦诸子系年考辨》卷三）。另有学者认为，在庄子出生时，蒙已属梁。对此，我的意见有所不同。《史记·宋世家》"子辟公辟兵立"司马贞索隐云："按：《纪年》作'桓侯璧兵'，则璧兵谥桓也。又《庄子》云：'桓侯行，未出城门，其前驱呼辟，蒙人止之，后为狂也。'司马彪云：'呼辟，使人避道。蒙人以桓侯名辟，而前驱呼"辟"，故为狂也。'""辟公"为桓公（侯）之误（春秋时宋有桓公，论者或将此桓侯亦称桓公。宋君而称侯者仅此），索隐所引《庄子》，今本《庄子》无。《庄子》文章散佚颇多，古书常见《庄子》佚文（清人黄奭、王仁俊及孙冯翼等皆有《庄子》及司马彪注辑佚，近人马叙伦先生亦辑有《庄子佚文》一卷，可参阅)，如宋人王应麟所说：“断圭碎璧，亦足为箧椟之珍，博识君子或有取焉。”(参阅翁元圻《困学纪闻注》卷十)庄子生于宋桓侯时期，据上引《庄子》佚文，宋桓侯时，蒙仍属宋。桓侯之后为宋君剔成，剔成自立三年而卒，其弟(或疑为其子)偃嗣立，偃共在位五十二年，宋灭而蒙地属魏，后世言“梁之蒙”亦或以此(参阅拙作《战国宋末世三君考》)。唐李吉甫《元和郡县图志·河南道三·宋州》：“宋城县……小蒙故城，县北二十二里，即庄周之故里。”《后汉书·光武帝纪上》“帝时幸蒙”唐李贤注：“县名，属梁国，故城在今宋州北。”与《元和郡县图志》所记是一致的(又《刘永传》同句王先谦集解云：“今归德府商丘县东北”)。自宋以后的地理著作，如北宋地理总志《太平寰宇记》等，也有一些关于庄子家乡即宋之蒙邑的地理位置的记载，这里就不一一征引了。《水经注·汳水》：“汳水又东径蒙县故城北(《永乐大典》本及明朱谋玮《水经注笺》作“又东径违县故城北”)，俗谓之小蒙城也。《西征记》：城在汳水南十五六里，即庄周之本邑也，为蒙之漆园吏，郭景纯所谓‘漆园有傲吏’者也，悼惠施之没，杜门于此邑矣。”如此，则庄子终老于蒙，至于后世所谓的“庄子墓”(如《新定九域志》卷五载濠州庄子墓之类)，则属纪念和象征性的了。

第三，从安徽蒙城的地名沿革情况来看。根据史书及古代地理志书的记载，今之安徽蒙城，西汉时为山桑县，属沛郡(见《汉书·地理志上》)，东汉改属汝南郡。初，横野大将军山桑侯王常封于此（见《后汉书》之《王常传》及《朱祐景丹等传论》）。魏晋时属谯郡，与梁国蒙县相去将近一百六十公里。南北朝至隋，政区设置变迁较大。梁于此地置北新安郡（初，梁置北新安郡于宋城，即原睢阳，原梁国蒙县故地属焉，寻废。复置郡于此地），东魏改置蒙郡。后齐废郡，置蒙县，后又置郡。此地称蒙始自此时，其"蒙"之名是由原梁国之蒙转化而来的。隋将此地复改为山桑县，属谯郡，原梁国蒙地即小蒙故城属梁郡（开皇三年罢梁郡，十六年置宋州，大业三年复改为梁郡，唐武德四年又为宋州）。可参阅《隋书·地理志中》及《通典·州郡七》。《元和郡县图志·河南道三·亳州》："蒙城县，本汉山桑县，属沛郡，后汉改属汝南郡。魏属谯郡。后魏孝文帝于此置涡州，理山桑城。其地后入于梁，梁于此置西徐州。后复入魏，改为谯州，改谯县为涡阳县。隋改涡阳为淝水县。武德四年，重立山桑县，属谯州。贞观十七年废谯州，割属亳州。天宝二年，改为蒙城县。"（又，《唐会要》卷七十："亳州……山桑县，贞观十七年六月十七日，废谯州来属。天宝元年八月二十四日，改为蒙城县。"与《元和郡县图志》所记时间略有出入）关于山桑，《水经注》之《阴沟水》、《淮水》、《瀖水》也有记述，可参阅。

司马迁身为汉人，其所说之蒙，自然不会是后世才得名的蒙城。《淮南子·齐俗训》："惠子从车百乘，以过孟诸，庄子见之，弃其余鱼。"《淮南子》多袭《庄子》之语，此事虽不必信，而庄子钓于孟诸却当不虚。孟诸泽在汉梁国睢阳东北，蒙、虞之间而接虞界，亦即今河南商丘东北。言庄子垂钓于此，正与言其故里为战国宋之蒙邑、汉之梁国蒙县相合。至于“漆园”，本非地名，而是种植漆树的园子，古今学人往往将太史公所谓漆园理解为地名，这是不妥当的。根据《诗经》、《尚书》、《周礼》等典籍的记载以及近年来的出土文物情况，我们知道春秋战国时期我国东西南北各地对于漆树的栽培种植已非常普遍。漆林或漆园既有官办的也有私营的，庄子为吏之蒙之漆园即是宋国官方开办的。日人泷川资言云：“中井积德曰：‘蒙有漆园，周为之吏，督漆事也。’愚按，漆园非地名，中说可从。”（《史记会注考证》卷六三）《庄子·人间世》末尾云：“桂可食，故伐之；漆可用，故割之。人皆知有用之用，而莫知无用之用也。”似也透露出了庄子管理漆树职业的信息。

西汉时的梁国蒙县，战国时为宋地。汉代沛郡之山桑县，即今之安徽蒙城，于战国时亦为宋地，宋灭后属楚。《汉书·地理志下》：“宋地，房、心之分野也。今之沛、梁、楚、山阳、济阴、东平及东郡之须昌、寿张，皆宋分也。”宋灭，“魏得其梁、陈留，齐得其济阴、东平，楚得其沛”，那是庄周身后之事了。高适《奉酬睢阳李太守》诗云：“地是蒙庄宅，城遗阏伯丘。孝王余井径，微子故田畴。”庄子学派诞生于宋，绝不是偶然的，而与宋国的社会历史环境和思想文化传统有着根本性的必然联系。

二

浪漫主义文学的基本特征是描写理想,《庄子》之所以成为中国文学史上的浪漫主义杰作,正在于它以从主观内心世界出发、用谬悠荒唐无端崖的艺术手法、在否定现实的基础上表现其自由理想为创作原则和基本内容。没有《庄子》的理想,便没有其浪漫主义文学。

关于道的学说是《庄子》思想的核心,而自由与无限是其道的本质特征,庄子学派将道引向社会人生采取了两种途径,一是道(其本质属性,规律)——自然无为——社会政治理想;一是道(世界本原,无)——彻底超越外物——绝对自由境界。因此,所谓《庄子》的自由理想,包括社会的与个体的(每个个人的)两个方面,前者是客观上的,其意主要在于追求现实人生的自由,力图现实的实现,后者是主观上的,其意主要在于绝对的精神自由,追求精神的超脱。二者实际上是互为补充、相辅相成的,目的在于使人间一切矛盾差别在道的原则上和境界里实现最大程度的统一,使人与人之间的关系得到最彻底的净化,即改变现实人生。简言之,所谓自由理想,即是在精神上摆脱一切由外物引起的感情情绪的干扰和束缚,离形去知,忘怀一切,芒然彷徨乎尘垢之外,而游乎天地之一气,达到绝对自由的道的境界。在现实中,向往自由平等、和谐安宁、自得其得、自适其适、纯任性命之情而无任何人为统治的理想社会。庄子学派这种独特的玄想加空想式的自由理想的产生,是对社会现实极端厌恶和灰心的结果。庄子生于宋桓侯时期,而其一生的主要生活和其思想学说的建立则在剔成、王偃二世,这两个君主统治下的宋国政治现实对于庄子学派思想学说特色的形成具有多方面的影响。

宋君剔成杀宋桓侯自立,对于庄子及其门人产生了很大的震动。《韩非子·忠孝》云:“田氏夺吕氏于齐,戴氏夺子氏于宋。”又《内储说下》云:“戴驩为宋太宰,皇喜重于君,二人争事而相害也,皇喜遂杀宋君而夺其政。”皇喜,即剔成肝、司城子罕,戴氏(非春秋时宋国贤臣司城子罕名乐喜者,前人往往将此二人混淆)。周显王二十九年(前340)剔成杀宋桓侯自立,这是宋国历史上的大事件。司城子罕,被古人作为篡国弑君的典型人物,与篡齐之田氏相提并论(可参阅《韩非子》之《二柄》、《喻老》、《内储说下》、《外储说右下》、《忠孝》、《难三》、《五蠹》、《说疑》、《人主》等篇及《史记·李斯列传》所载李斯上秦二世书等)。《庄子·胠箧》云:“田成子一旦杀齐君而盗其国。所盗者,岂独其国邪?并与其圣知之法而盗之。故田成子有乎盗贼之名,而身处尧舜之安,小国不敢非,大国不敢诛,十二世有齐国。则是不乃窃齐国并与其圣知之法,以守其盗贼之身乎?”虽然戴氏为宋公族,与子氏同姓,戴氏夺子氏与田氏篡齐性质尚有不同,但如前所说,古人是将戴氏篡宋与田氏篡齐相提并论的,《庄子》抨击田氏，其于戴氏，不言可知。“彼窃钩者诛，窃国者为诸侯，诸侯之门而仁义存焉，则是非窃仁义圣知邪？”(《骈拇》)这一事件使代表城乡小生产者利益和愿望的庄子学派认识到，仁义之名，圣知之法，为统治者所盗窃和利用，作为护身的手段和统治的工具，归根到底只对人民群众有害。他们坚决不与统治者合作，并对那种屈从君主统治的违心做法提出尖锐批评：“小盗者拘，大盗者为诸侯，诸侯之门，义士存焉。昔者桓公小白杀兄入嫂而管仲为臣，田成子常杀君窃国而孔子受币。论则贱之，行则下之，则是言行之情悖战于胸中也，不亦拂乎！”(《外物》)“戴氏篡宋”的事件与庄子学派批判圣知之法、反对君主统治的思想有极为明显的联系。根据戴氏篡宋的时间及其与《庄子》思想的相应的关系来看，即使激烈剽剥儒墨抨击君主制度的某些外杂篇文章的作者不是庄子本人，也当与庄子生活时间相当或相去不远。

宋王偃在其君主生涯中所走的政治道路，即其由行仁政到暴虐无道的统治过程，对于庄子学派社会政治思想的形成和特点具有重要的影响。

剔成死，君偃嗣立，年幼不能亲理国事，由太后和大尹主政，太后乃大尹之母，大尹为君偃之庶兄，即《孟子》所载为宋王进贤傅之戴不胜，亦即荀子所谓贤相戴子。《韩非子·说林下》：“白圭谓宋令尹曰：‘君长，自知政，公无事矣。今君少主也而务名，不如令荆贺君之孝也，则君不夺公位而大敬重公，则公常用宋矣。’”令尹，应作大尹，《左传·哀公二十六年》杜注云："大尹，近官有宠者。"大尹即戴不胜，少主即君偃。《战国策·宋卫策》有同样记载。周显王四十二年（前327），孟子到宋国，与戴不胜论使薛居州傅宋王，此年即宋王偃称王之年。《孟子·滕文公下》云："万章问曰：'宋，小国也；今将行王政，齐楚恶而伐之，则如之何？'孟子答之以汤武之事，并云：'不行王政云尔，苟行王政，四海之内皆举首而望之，欲以为君，齐楚虽大，何畏焉？'"可见宋王偃初年确是要推行仁政王道的。孟子在齐，齐威王馈兼金一百，孟子不受，在宋，宋王偃馈金七十镒，孟子受之（见《公孙丑下》），亦可证当时孟子对宋王偃没有反感。然而不久，戴子被逐，唐鞅为相，这标志着宋王偃仁政的夭折。宋王偃由亲小人逐贤臣开始，转而实行纯任刑杀的暴力政策，进而在唐鞅的怂恿下滥杀无辜，成为历史上一个著名的桀纣式的暴君，终致"国家残亡，身为刑戮，宗庙破灭，绝无后类，君臣离散，民人流亡"（《墨子·所染》），后世言恶，则必稽焉。《庄子·山木》称："庄子曰：'今处昏上乱相之间，而欲无惫，奚可得邪？此比干之见剖心征也夫！'"庄子是宋人，为宋吏，"昏上"当指宋王偃，"乱相"即唐鞅之流，其所举比干剖心，就表明宋王偃已经成为纣王式的暴君。

宋王偃在五十二年的君主生涯中所走的政治道路十分复杂曲折，而这五十二年是庄子之徒生活中的最主要时期。庄子之徒目睹了宋王偃由高唱仁义转向暴虐无道的全过程。宋王偃之所谓仁政王道的实质和结果使庄子之徒深切地领悟到:“夫仁义之行,唯且无诚,且假夫禽贪者器。”(《徐无鬼》)统治者绝不会真正推行仁政,希望统治者施行仁义只能是幻想而已。宋王偃施行一点“仁政”,那是因为他正在“睡觉”,当他醒来的时候,就要把人化为齑粉了。统治者所鼓吹的“仁政王道”不过是于昏睡中给人的几辆破车子,他们的本质是要吃人的。《人间世》“颜回见仲尼请行”一段,也正表达了庄子对宋君的态度:“其年壮,其行独;轻用其国,而不见其过;轻用民死,死者以国量乎泽若蕉,民其无如矣。”即有贤人在侧,若非缄口不言或屈己逢迎,便要像关龙逢、比干那样惨遭杀害,而君王还要以其如簧之巧言粉饰自己,使听者惑而视者昏。所以庄子之徒不但根本不相信古今君主统治者所谓的德行仁政,也根本不把治世的希望寄托在统治者身上,更从不要求统治者施行什么仁政王道,而且将世俗之所谓仁义、圣人(君主)之所谓礼法一概从根本上推翻,对维护统治者利益的儒者之“伪辞”、墨氏之“巧辩”予以猛烈的抨击,世俗传统的所谓是非善恶、义徒篡夫,都被他们划上了等号。这是庄子之徒对于统治者及其所宣扬的仁义道德极端灰心的结果。

庄子学派对于暴政和社会黑暗的揭露与宋王偃的后期统治有着直接的联系。后期的宋王偃被当时诸侯比作桀纣,其许多暴行与殷纣王等前世暴君之所为相类。《吕氏春秋》之《禁塞》、《过理》、《壅塞》,《战国策》之《燕策二》、《宋卫策》,《史记·宋世家》等等,对于宋王偃的种种暴行都有记载。《庄子·列御寇》称："今宋国之深，非直九重之渊也；宋王之猛，非直骊龙也。"《在宥》云："今世殊死者相枕也，桁杨者相推也，刑戮者相望也。"都是对当时社会的真实写照。

《庄子》一书写于战国中期，当时的现实人生，表现出甚于以往的黑暗和残酷性，统治者的无限之"大欲"和广大人民群众的悲惨境遇形成强烈的对比。"今夫天下之人牧，未有不嗜杀人者也"(《孟子·梁惠王上》)。"民之憔悴于虐政，未有甚于此时者也"(《孟子·公孙丑上》)。"庖有肥肉，厩有肥马，民有饥色，野有饿莩"(《孟子·梁惠王上》)。"争地以战，杀人盈野；争城以战，杀人盈城"(《孟子·离娄上》)。这些话都真实地反映并有力地抨击了当时的社会现实。抨击和反映社会黑暗与不平，是当时许多思想家的共同点。然而，虽然庄子学派与其他诸子同是"淑世主义"者，但庄子学派对现实的反抗性和批判精神最为强烈和彻底，庄子的整个思想学说都建立在批判现实的基础之上，他不仅反对暴政，也反对所谓仁政，总之反对一切人为的束缚、统治和压迫，并从社会历史的角度对全部世俗君主和整个君主专制的制度进行了全盘的否定。我们不能不说这与其特殊的生活环境和经历尤其是宋王偃统治的特点有着极大的关系。

总之，宋国的社会政治现实，使庄子学派深刻地认识到统治者的凶残和虚伪本质以及等级、宗法、专制主义制度下的社会人生的黑暗，造就了庄子学派对现实的强烈的批判精神和不与统治者合作的坚定意识，使他们彻底否定了体现统治者意志利益的是非观和思想专制，追求其无君于上、无臣于下、纯任自然性情、无拘无束、自由自在的理想生活。他们的理想自由在社会现实当中无法实现，于是便致力于谋求精神上的超脱，企求甩掉社会凡尘的系累，离形去知，使精神遨游于太虚，取得精神上的绝对自由。因此，否定现实人生与表现自由理想便成为《庄子》散文的创作基调，即其作者创作的一贯思想和作品所表现的基本精神。对于社会现实的强烈不满是形成庄子自由理想学说的感性基础，而对于理想人生的追求则从一个方面决定了其浪漫主义的创作方法。《庄子》的作者并非有意进行文学创作，而是阐发其人生哲学思想，但由于其思想学说主要以文学的手段形象地表现，这就使《庄子》带有极为浓郁的文学色彩，具有相对独立的文学性。庄子学派深刻表现理想自由与黑暗现实的尖锐矛盾，并将理想作为解决自身与外界现实矛盾的手段，对黑暗现实的批判与对理想境界的追求的统一直接导致了其浪漫主义的文学实践。

三

古今有些人认为庄子在当时社会上的声望与影响不大，例如朱熹曾说："庄子当时也无人宗之，他只在僻处自说。"（《朱子语类》卷一二五）今人或误以先秦著作中只有《荀子》等不多的典籍提到过庄子，则断言庄子当时无甚影响。

我认为这种见解似欠允妥。虽然庄子位止漆园小吏，生活艰苦，而身为百官之长，大权独揽的太宰却去向他请教，楚王欲聘庄子之事也并非全无来由，而且庄子根本不与统治者合作，其“偶寄一微官”（实际不算官）“多半是为糊口计”，“是让步到最高限度了”（“多半”以后引自闻一多《古典新义·庄子》），故庄子声望与影响不可以其地位论。再者，与庄子同时而稍后的屈原于今之先秦著作中未见一字，而其当时声望影响因其地位与功业似不可谓不高，故即使先秦著作记述庄子事迹不多，亦未见得其声望不高。况且，虽然当时隐居之士成为一股相当大的社会力量，这些人中多有老庄之徒及其同好，然而绝大多数隐者是没有流传后世的著作的。更能说明问题的是，先秦著作如《韩非子》、《吕氏春秋》当中不仅提到庄子之名，而且大量地引用了《庄子》的内容，或明显受到《庄子》文章的影响。那位三为祭酒、最为老师的荀子，不是也在为“庄周等滑稽乱俗”而伤脑筋吗（见《史记·孟子荀卿列传》）？因此，我认为，还是郭沫若说得好：“庄子的声望在当时是相当隆重的。”（《蒲剑集·庄子与鲁迅》）于此可知，庄子学派绝非“乡曲之士”，而与当时社会各种思想文化现象有着直接、广泛和密切的关联，其中，宋楚文化对于庄子学派个性的形成则起了决定性的作用。

宋是殷商的后裔，仍自称商，“自天下言之，则侯服于周也；自其国人言之，则以商之臣事商之君，无变于其初也”（顾炎武《日知录·武王伐纣》）。宋文化是殷商文化的嫡传,“是没有经过周民族的控制损益的”殷文化(见郭沫若《今昔集·论古代文学》),对周人的政治文化制度的抵触和敌视,是身为“亡国之余”的宋人的普遍深层心态,“昔尧作游成阳,舜渔雷泽,汤止于亳,故其民犹有先王遗风,重厚多君子”(《汉书·地理志下》),然而,如诸多前贤所指出的,先秦时人多以宋人为愚,举愚蠢可笑之事则归之于宋人,这与宋人不合时宜的文化习俗、思想作风有关,而往深远处看,也与周人“不断地仇视殷人,而殷民族也不断地仇视周民族”(郭沫若《蒲剑集·屈原的艺术与思想》)这一传统的对立心理和情绪有关。至晚周此风大盛,虽生于宋之《庄子》作者,亦不觉“同乎流俗”了。朱熹说:“当时南方多是异端。”(《朱子语类》卷一二五)他是就楚地而言的。而在文化传统上,宋楚都是殷商文化的直系嫡传。“儒家特别代表了北方式的现实主义,道家则代表着南方式的超现实的理想主义。道家中的主要人物庄子是宋人……是南方的人物”(郭沫若《历史人物·屈原研究》)。因此对于周王朝正统文化来说,宋亦可谓“异端文化”的代表,也是异端思想和浪漫文学的摇篮。《庄子·养生主》描写庖丁为文惠君解牛,云“合于《桑林》之舞”,据《吕氏春秋·精通》、《论衡·订鬼》及《太平御览》卷八二八引《淮南子》注,此庖丁为宋人,而《桑林》是殷天子和宋君的乐舞,宋人在重大场合使用《桑林》之舞,其场面声势是相当宏大壮观的。《左传·襄公十年》记载,宋国使用殷商礼仪,鲁国使用周天子礼仪,表现出两种不同的文化传统。宋公宴享晋侯，使用了《桑林》之乐舞，晋侯竟被吓得躲进厢房里不敢看，并被“桑林之神”降灾惩罚，害了一场病。由此可见，殷商文化传统在宋国之赫奕章灼。

郭沫若《历史人物·屈原研究》中说：“殷人的气质和周人的颇有不同。殷人是比较爱好艺术的氏族。殷墟所发掘出的古物，无论是铜器、石器、骨器、白陶，乃至甲骨上所刻的文字，都富有艺术的风味；又因时代关系，殷人最崇信鬼神，故其文化色彩充分地带着超现实的气韵。”殷商文化是中国浪漫主义的最早标志之一，“富有艺术的风味”是殷商文化的普遍和基本特征，庄子学派超现实的思想个性和其浪漫主义文学传统之形成，与其诞生地宋国那超现实的浪漫文化氛围的陶染冶化有着重要的关系。英国十八至十九世纪浪漫主义代表作家、作为湖畔诗人之一的柯勒律治曾断言：“一个人，如果同时不是一个深沉的哲学家，他决不会是个伟大的诗人。”（见伍蠡甫主编《西方文论选》下卷）《庄子》的作者们正兼备哲学家与文学家的两种才能。尽管总的说来，《庄子》作者的写作意图不在于进行文学创作，而在于阐发其思想学说，《庄子》的文学性特征是其哲学思想的直接体现，是展示其哲学思想的具体形态，然而我们不难看出《庄子》作者运用文学形式的自觉性，以及《庄子》寓言艺术的相对独立性。也就是说，《庄子》确乎表现了文学的自觉性与独立性。闻一多《古典新义·庄子》中说：“《南华》的文辞是千真万真的文学。”“寓言成为一种文艺，是从庄子起的。”至于说，到庄子手里，“辞令正式蜕化成文学了。他的文字不仅是表现思想的工具，似乎也是一种目的”，虽略显过分，但确也道出了上述特点。可以说，《庄子》成为先秦诸子著作中最富艺术性的作品，其作者诞生地特定的文化因素起了决定性的作用。

探讨庄子学派思想及文学个性之形成的特定文化因素，我们还必须注意宋国那得天独厚的文化地理环境和庄子学派对周围文化区的游历。宋国处于各种类型文化交汇融合的中心位置，这使庄子学派能够具有比较开阔的视野和开放的心灵，而使其学无所不窥，其学说包罗万象。庄子学派迥异于其他诸子的独特文风，与多方面丰富的文化成分的培育是分不开的。而庄子率弟子对当时几个主要文化区的游历，更增强和加深了这几个文化传统在其思想上的综合融会。《庄子》当中，于宋及周围国家，言鲁者最多，言楚、宋者次之，言魏、齐者又次。书中记载表明，庄子漫游的足迹也主要在这几个地区。先秦典籍之中，《荀子》、《吕氏春秋》、《韩非子》都提到过庄子其人，然而，《荀子》仅《解蔽》有“庄子蔽于天而不知人”一句，《吕氏春秋》之《去尤》、《必己》皆仅引《庄子》所载两段言行。《史记·老子韩非列传》，又称为《老庄申韩列传》，其所记庄子亦不过寥寥235字，且其中102字记庄子却楚相一事，古今学者多认为取材于《庄子》，合《秋水》、《列御寇》二篇所记为一。记述庄子事迹最为丰富的是《庄子》原书，从分析这些记载入手，结合上述两方面的材料,我们可以对庄子生平大致有所了解。

《庄子》全书出现“庄子”八十次(其中有《说剑》中之十一次,《说剑》不是庄子学派的作品,与庄子和庄子学派无关,本文所论《庄子》不包括《说剑》),“庄周”九次,“周”(庄周)十七次(其中有《说剑》中之五次),有关庄子的记载二十九则,除单纯记庄子之言四则及庄惠论辩、问答六则外,尚余十九则。从这些材料中,我们可以看到,庄子以宋国为中心,向北到过鲁、魏,向南到过楚,而其主要活动区域在于宋、楚。这些材料当中,表明庄子在宋、楚者各三,在魏者有二,在鲁者一。此处有四个问题须略做说明:

第一,关于庄子至鲁。《田子方》云“庄子见鲁哀公”固属乌有,《释文》云:“司马云:庄子与魏惠王、齐威王同时,在哀公后百二十年。”但本篇为庄子后学所著,如台湾学者张成秋《庄子篇目考》所云:“大体言之,此篇文句多与《齐物论》、《养生主》、《德充符》等篇有相同处,而其内容亦多申庄子之言。”张恒寿《庄子新探》亦云:《田子方》“为庄子嫡派作品……不论如何,这一篇是庄子派遗作的较好作品,是无可怀疑的”。所以这段寓言自当有庄子曾至鲁国这一事实为背景和依据。况蒙至曲阜三百余里(两地相距 171.5 公里),庄子之鲁,举步之劳。正如不能因为庄子并没见过魏文侯,就说庄子没到过魏国,庄子没见过鲁哀公,也不能说明他没到过鲁国,只是所见鲁君并非哀公而已。或如郭沫若所说:“哀公如系景公之误,则非寓言。庄周适当鲁景、平二公

时代。”(《十批判书·庄子的批判》自注二)

第二,关于庄子至齐。郭沫若《十批判书·庄子的批判》说庄子不曾到过齐国,而闻一多《古典新义·庄子》则说庄子在齐国待过一晌。我认为,齐宋毗邻,根据《庄子》对有关齐国的各种记载(《庄子》当中言及齐者不少于十八节,不含《说剑》),说庄子到过齐国,当不属臆测武断。《列御寇》“或聘于庄子”一事,嵇康《高士传》归之于齐宣王,“后齐宣王又以千金之币迎周为相,周曰:‘子不见郊祭之牺牛乎……’”云云(见《艺文类聚》卷三六),庄子与梁惠王、齐宣王同时,嵇康将庄子与齐宣王联系起来,不是没有道理的。至于庄子学派与稷下诸学的密切关系,则无须在此赘言了。

第三,关于庄子至赵。《说剑》一篇记庄子应太子悝之请劝说赵惠文王,古今学者多判为纵横家言,与庄子学派无关。钱穆《先秦诸子系年考辨》卷四有《庄子见赵惠文王论剑乃庄辛非庄周辨》,认为此本庄辛事,并云:“《抱朴子·钦士》谓:‘庄周未食而赵惠竦立。’不知是即据《说剑》,抑别有他据。若使别有他据,是庄周固曾至赵,然亦仍无以证《说剑篇》之真。”所以,庄子是否去过赵国,尚有待进一步考索。

第四,关于庄子学派在楚地的活动。虽然如顾栋高《春秋大事表》卷二七及卷四所言,“宋为中国门户,常倔强不肯即楚,以为东诸侯之卫”,“宋最喜事”而“楚最仇宋”,但在文化上,宋楚两国却都是殷商的直系文化传统。商代后期,殷王武丁的“奋伐荆楚”及其后商王朝的东南经营,进一步使殷商文化在南方根深蒂固，并避免了周人的控制损益而得葆其纯（参阅郭沫若《今昔集·论古代文学》及《青铜时代·驳“说儒”》等）。

楚文化作为一种独立的灿烂文化，是在继承了殷商文化的基础上建立起来的。宋楚特殊的文化关系，使庄子学派的思想意识本与楚文化有所相通，而庄子及其门徒后学在楚地的游历与活动更加强了楚文化对其思想文风的影响。《秋水》“庄子钓于濮水”一事，虽未必全信，而庄子曾钓于濮水却当不虚。《春秋·隐公四年》：“卫人杀州吁于濮。”杜预注：“濮，陈地水名。”《左传·昭公九年》：“然丹迁城父人于陈，以夷濮西田益之。”杜预注：“以夷田在濮水西者与城父人。”《水经注·淮水》：“濮水，即沙水之兼称。”为沙水之一部，故址在今安徽亳县境，今安徽蒙城在其北不远处，其地原属陈，陈为楚灭而属楚（别的濮水兹不讨论）。王国维《静庵文集·国朝汉学派戴阮二家之哲学说》“惟老庄之徒生于南方”自注：“庄子，楚人，虽生于宋而钓于濮水，陆德明《经典释文》曰：‘陈地水也。’此时陈已为楚灭，则亦楚地也，故楚王欲以为相。”《秋水》的作者将庄子与楚王联系起来，也可以说明庄子学派在楚地是比较活跃和颇有影响的。庄子学派对于等级、宗法、专制主义制度的深恶痛绝，也使他们在主观上极易接受相对自由开放的荆楚文化的影响，从而使其思想学说及文学倾向带上了荆楚文化的鲜明特征。在学术思想上，楚文化直接促成了庄子学派对老子思想学说的继承。

在接受老子天道自然无为的核心理论的基础上，庄子学派形成了自家独特的思想体系的核心即道的理论。总而言之，宋国“天下之枢”的文化地理环境和庄子学派在周围国家的游历，使庄子学派得以广闻博览、左右逢源、融会贯通，从而形成自家独特的开放胸怀和广阔视野。

宋国特定环境的孕育、楚文化的培养和在老子思想影响下建立起自家独特的理论学说体系，这是庄子学派思想及文学倾向之形成的三大因素，虽然它们在时间上不免有所交叉，但总的看来在程度上却是递升的三个阶段，本文所述即其中之一。

综上所述，可见宋国特定时代的特定环境的影响，对于庄子学派思想、文学独树一帜的鲜明个性之形成，的确起了重要的作用。庄子学派这一中国文化史上的“特异的存在”（郭沫若《庄子与鲁迅》），《庄子》一书卓诡独拔的思想和文学风貌，首先陶铸于这一特定的复杂而多彩的社会现实之中。

（《古籍整理研究论丛》第一辑，
山东大学出版社 1991 年）

简论《老子》与史官文化之关系

在中国思想史和文学史上，老子都是“特异的存在”（借用郭沫若《蒲剑集·庄子与鲁迅》中语），他不像儒、墨、法诸家那样把探讨和论述的范围局限于社会人生，而是纵目骋怀于无限的宇宙，系统深入地阐发宇宙的本体、生成、演化和支配物质世界、现实事物运动变化的普遍规律，并将“天道”自然无为的特性引向社会人生。他所独创的《老子》的体裁在中国古代作品之林中独树一帜。在现存先秦子书的作者中，老子的身份也是“特异”的，即他是一位史官。这一“特异”与上一“特异”之间有无必然的联系呢？我想是有的。研究老子及其《老子》，必须十分注意这两个特异性的关联，而这一点恰恰是为古今很多学人所忽略的。我认为，《老子》是史官文化的宁馨儿，其思想、文学的特异性即陶铸于其特定的史官文化母体之中。

一

老聃，章太炎先生称之为“史耽”（见《訄书·订文·附正名杂义》），是春秋时周之史官。《庄子·天道》中子路说他是“周之征藏史”。征即典，意思是掌或主；藏即藏室，指储藏书籍的藏府，所以《史记·老子韩非列传》易“征藏史”为“守藏室之史”。掌管书籍是太史的职司，《左传·昭公二年》所载晋韩宣子聘鲁“观书于大史氏”可证。老聃当是太史的属员。《左传·昭公十五年》载周景王对晋臣籍谈说：“昔而高祖孙伯黡司晋之典籍，以为大政，故曰籍氏……女，司典之后也。”所谓司典即老聃所作之征藏史。司典籍是史官的重要职责，《后汉书·班彪传》载班彪说：“唐虞三代，《诗》、《书》所及，世有史官，以司典籍。”径用“司典籍”来表示史官的职务。孙伯黡由司典籍而“为大政”，可见这一职位是较高的，其职责并非仅仅管管图书而已，而是还有协助政务、记录时事的责任。总之，其职责有类于太史，此职或往往即由太史兼任。因此，郑玄所谓“老聃，周之大史”（《礼记·曾子问》孔颖达疏引《论语》郑玄注）并非没有道理。

史官原出于巫。在母系氏族社会，巫就是神，这种观念一直持续到商代，今见甲骨卜辞所记之巫就是神名。史之从巫分化出来，是在商代，但商代的史官与巫、卜之间尚无明确的界限，都是掌握神权的宗教官，充当人与天、神、鬼的中介。

直到春秋时期，史与巫的职司仍多相类、相通之处。随着史官的产生和发展，史官文化逐渐形成自己的传统和特色，它包括史官所特有的思维方式和行为方式、精神生产能力和精神产品，它决定着史官精神生活和心理活动的基本特点。史官作为历史形成的有着共同经济、政治生活、共同文化和共同心理素质的职业群体，其具体成员的具体职掌虽或有所不同，但他们都是根据自身所处的特定共同文化即史官文化生活的，老聃也不能例外。我们在《老子》和《庄子》中可以发现，老聃身上明显体现着一种带有大巫色彩的史官风貌。他非常注意观察大自然，从天地日月到鸟兽虫鱼，自然界万物都是他观察的对象。他深谙相术，善于从人的状貌推测其精神世界（相术是巫、史之专长，如《左传·文公元年》载周内史叔服能相人，《庄子·应帝王》载郑巫季咸相人“若神”）。他使人感到像龙一样神秘莫测，这是修养很深的史官（自然兼有巫者成分）特有的精神面貌。这些，在先秦诸子当中都是“特异”的。

二

如汪中《述学·〈左氏春秋〉释疑》所云，司天、司鬼神、司灾祥、司卜筮、司梦是春秋时史官之职，而这些也都是巫官的职司。春秋史官的宗教性职司，其主要者为以下三项：

一，司占卜。例如，《左传·文公十三年》：“邾文公卜迁于绛，史曰：‘利于民而不利于君。’”又《成公十六年》：“公（晋厉公）筮之，史曰：‘吉。’”《国语·晋语一》：“献公卜伐骊戎，史苏占之，曰：‘胜而不吉。’”这些都是史官司占卜的典型例证。春秋史官之占卜，有龟卜者，如《左传·哀公九年》：“晋赵鞅卜救郑，遇水适火，占诸史赵、史墨、史龟。”有以《连山》、《归藏》或其他筮书占筮者，如上文引《左传·成公十六年》例中史官所引卦辞“《周易》中也没有，可能出自当时流传的《连山》、《归藏》或其它筮书”（刘大钧《周易概论·〈左传〉〈国语〉筮例》）。但更多的是用《周易》占筮。如《左传·庄公二十二年》：“周史有以《周易》见陈侯者，陈侯使筮之。”又《襄公二十五年》：“武子筮之，遇困䷮之大过䷛。史皆曰：‘吉。’”此外，还有星占。如《左传·文公十四年》：“有星孛入于北斗。周内史叔服曰：‘不出七年，宋、齐、晋之君皆将死乱。’”《吕氏春秋·制乐》：“宋景公之时，荧惑在心，公惧，召子韦而问焉。”高诱注：“子韦，宋之太史。”

二，司祭祀。如《逸周书·世俘》：周武王“俾史佚繇书于天号”。《左传·闵公二年》：“狄人囚史华龙滑与礼孔，以逐卫人。二人曰：‘我，大史也，实掌其祭。不先，国不可得也。’”《国语·周语上》载：周惠王十五年，有神降于莘。内史过对周惠王说：“使太宰以祝、史帅狸姓，奉牺牲、粢盛、玉帛往献焉。”

三，司灾祥。如《左传·僖公十六年》载：“陨石于宋五”，“六鹢退飞过宋都”，宋襄公问周内史叔兴曰：“是何祥也？吉凶焉在？”又《哀公六年》：“有云如众赤鸟，夹日以飞三日。楚子使问诸周大史。”此外，《春秋》对灾异的记载也可以说明史官司灾祥的职责。

上述史官的宗教性职司，集中到一点，就是沟通和考察天（包括神鬼）与人的关系。天人合一观念萌生于早期人类的原始思维，初步形成于巫文化，史官文化上承巫文化，从一开始便以考察“天人关系”为中心内容，并从而建立起天人合一的思维和理论模式。

西周末年，统治阶级当中兴起怀疑和批判天帝的思潮。春秋时期，“先民后神”成为很多官员包括史官的共识，在上帝、鬼神权威下降的同时，史官当中形成了以自然为本的思想倾向，其中周幽王二年史官伯阳父提出的阴阳说，上承史官文化典籍《易经》的原始阴阳观念，下开春秋史官之以阴阳从自然领域排斥神秘主义（如《左传·僖公十六年》所载周内史叔兴之以“陨石”和“六鹢退飞”为“阴阳之事”，“非吉凶所生”）。老聃作为博学而开明的史官，接受了这一学说，他的《老子》是说给执政者听的“君人南面之术”（参见后文），不需要“以神道设教”。由于这些原因，他把天人关系中的天还原为自然之天，运用天人合一的整体思维，对自然（包括人类社会）进行了高度概括和抽象，创造出其最高哲学范畴——道。他认为“道法自然”，“自然”是包括天、地、人在内的一切事物的根本法则。这一根本法则来自于天（大自然），是天（大自然）的特性亦即天道。老子要“人法地，地法天，天法道，道法自然”（《老子》二十五章，下文引《老子》省书名），就是要人听命于天道，以天道指导人事。这一模式是从史官文化传统那里照搬来的，所改变的是抽去了天的神性（但抽得并不彻底干净，如六十七章所谓“天将救之，以慈卫之”之“天”便不能说没有意志），使天道不再是上帝的意旨而是自然规律，从而改造和发展了史官传统的天人关系观念。这在囿于人事而很少关注大自然的儒、墨、法家那里是做不到的，他们对于“天”只能因袭传统观念或者回避。深化和改造对天人关系的认识并形成新的系统的理论，这一具有深远意义的工作要靠以交通天人之际为本分的史官中的哲人来完成，它历史地落在道家创始人老聃的肩上。

三

《国语·楚语下》载楚之王孙圉对晋之赵简子说：“楚之所宝者……有左史倚相，能道训典，以叙百物，以朝夕献善败于寡君，使寡君无忘先王之业，又能上下说于鬼神，顺道其欲恶，使神无有怨痛于楚国。”这段话表明，先秦史官的主要职司，一是充当人与天及神鬼的中介，二是向执政者提供历史经验教训，前者与巫、祝相同，后者则所以区别于巫、祝。

《汉书·艺文志》中说：“古之王者，世有史官，君举必书，所以慎言行、昭法式也。”商代便已如此，其中包含对君主诫谏的意义。到周代，史官具有了明确的诫谏职分。著名史官辛甲事纣时曾“七十五谏”，纣不听，遂去纣至周（见《史记·周本纪》集解引汉刘向《别录》）。他任周太史时曾命百官都诫谏天子的过失（见《左传·襄公四年》）。《国语·周语上》载邵公虎对周厉王说：“天子听政，使公卿至于列士献诗，瞽献曲，史献书……瞽、史教诲，耆艾修之，而后王斟酌焉，是以事行而不悖。”在诫谏天子的集团当中，史是非常重要的成员。诸侯史官也是如此。如《国语·楚语上》载楚左史倚相说：“昔卫武公年数九十有五矣……史不失书，矇不失诵，以训御之。”春秋时期，史官传统的诫谏职能保持不衰。上文所引之左史倚相“朝夕献善败”于楚君，使楚君“无忘先王之业”，便是诫谏职能的表现。史官诫谏的对象范围扩大，由诫谏君主扩展为诫谏统治阶级的主要成员。

史官的诫谏职能主要表现在四个方面：一，记言行。“王前巫而后史”（《礼记·礼运》），“动则左史书之，言则右史书之”（同上《玉藻》），使王不敢为非。二，献典籍。以书籍中所记载的历史经验教训训导君主。三，备咨度。四，进箴谏。“道家者流，盖出于史官，历记成败存亡祸福古今之道，然后知秉要执本，清虚以自守，卑弱以自持，此君人南面之术也”（《汉书·艺文志》）。史官的著作是为君主写的，是给君主看的，《老子》就是一部写给君主以及“佐人主”的重臣看的箴谏之书，是一部箴言集。

《老子》道论是讲给执政者（主要是君主）听的新型的天

人关系理论。《老子》论道，方式有二，一是专讲道，二是以道或由道论派生的其他基本原理论证为政之道。第一种，如一、四、六、三十四、四十、四十二、五十一章，为的是劝执政者"执古之道"，"知众甫之状"，"以御今之有"，"以为天下正"（分别见十四、二十一、三十九章）。第二种明确论述天人关系，主要论天道与执政者之道的关系。道之于《老子》，地位相当于传统观念中的天帝或天命的意旨。作为天人关系的中介，传统史官要求君主依照天帝的意旨行事，老子则要求君主依照"道"行事。老子抽去了天的神性，但对天人关系却不加改变，依然强调人服从和效法天。这是老子向执政者进的为政之本。"立天子，置三公，虽有拱璧以先驷马，不如坐进此道"（六十二章），不难看出，《老子》之"道"完全是讲给执政者（主要是君主）听的。"道"即万物之君，万物归焉，恃之以生。"道"的主要特性是"无为而无不为"（三十七章），"生而不有，为而不恃，长而不宰"（五十一章），"不自为大"，"衣养万物而不为主"（三十四章）。天之道"利而不害"（八十一章），"功遂身退"（九章）；天地无所亲爱，不自营其私。执政者应"以道莅天下"（六十章），效法道及天地，"处无为之事，行不言之教；万物作而弗始，生而弗有，为而弗恃，功成而弗居"（二章），无事无欲（见五十七章），无所偏爱（见五章），先人后己（见七章），为而不争（见八十一章），适可而止（见三十二章）。民"不知有之"，"功成事遂，百姓皆谓'我自然'"（十七章）。执政者还应当以"道"教化天下,“化而欲作,吾将镇之以无名之朴。镇之以无名之朴,夫将不欲。不欲以静,天下将自正”(三十七章)。效法道和天地的目的很清楚,那就是“成其私”(七章)、“成其大”(六十三章)。“侯王若能守之,万物将自宾”(三十二章)、“自化”(三十七章);佐人主者若能守之,则“不曰求以得,有罪以免”(六十二章)。由此可见,《老子》论“道”,不过是规劝执政者以“道”为政而已,显然,这出于史官交通天人的传统。

除以上所述之外,《老子》中的为政哲理和权术也是劝谏执政者的重要内容。向执政者提供为政经验和策略是作为君主智囊团的史官们的传统职分。周初著名的史官史佚,与周公、太公、召公一起辅翼成王(见《大戴礼记·保傅》引《明堂之位》),今见他的言论即多属此类。《老子》中所阐述的若水(如八、七十八、三十六章)、曲全(如二十二章)、贵言(如十七章、二十三章)、守信(如十七章)、愚民(如三、十九、六十五章)、自知自胜(如三十三章)、善用人物(如二十七章)、以柔克刚(如三十六、七十八章)、以退求进(如三十六章)、行事无迹(如二十七章)、适可而止(如三十二、三十三章)等等,都是向执政者提供的为政哲理和权术。

《老子》中还论述了执政者所需具备的仪容和精神面貌。当时君主多“望之不似人君”(借用《孟子·梁惠王上》中语),所以老子借鉴相术为执政者塑造标准形象(如十五章),并告诫他们应保持极端虚静的心态,“知常”,不“妄作”(如十六章)。

此外,《老子》中还有一些讥刺执政者缺失和向执政者提出警诫的内容。例如:“朝甚除,田甚芜,仓甚虚;服文彩,带利剑,厌饮食,财货有余,是谓盗竽。非道也哉!”(五十三章)“民之饥,以其上食税之多,是以饥。”(七十五章)即典型的讥刺缺失之辞。再如十二章针对执政者沉湎于声色犬马之乐而提出警诫,十章用提问的方式进行警诫,二章论证愚民政策,也针对现实提出警诫。当时史官所诫谏的对象主要是君主,也包括执政大臣,老子所诫谏的对象也是如此。二十章便纯粹是对执政大臣即“佐人主”之臣说的,其中的“我”是执政大臣之泛称,“美”与“恶”皆为动词,即提醒执政者对于君主(即“人之所畏”)要“唯”,要“美”,要“畏”。如其所言去做,则既可治理好国家,又可保住自身。十三章也是对执政大臣即“佐人主”之臣说的,其中之“吾”亦为执政大臣之泛称。

四

关于《老子》的体裁,历来众说纷纭:或称之为诗,或称之为文,或说它是文而其中有诗,或说它是诗而其中有文,或说它是散文诗,或说它是诗散文,如此等等,不一而足。这种分歧现象反映着《老子》艺术形式上的特异性和独创性。我认为,早在一千多年前,孔颖达便给我们提供了一条解决这一问题的线索:《左传·襄公十四年》“史为书,瞽为诗,工诵箴谏”孔颖达疏:“诗辞自是箴谏,而箴谏之辞,或有非诗者,如《虞箴》之类,其文似诗而别。”《老子》不正具有“似诗而别”的箴的性质吗?循此线索,再进一步,我们可以发现,《老子》还具有铭的特色。《金人铭》与《老子》有极为密切的关系,这是人所共知的,而《金人铭》同《老子》一样,也是史官的作品。由此可见,老子创作《老子》,用的是以箴为主兼采铭体的方法,《老子》的形式即是一种“似诗而别”的“箴铭融合体”。刘勰《文心雕龙·铭箴》:“夫箴诵于官,铭题于器,名目虽异,而警戒实同。箴全御过,故文资确切;铭兼褒赞,故体贵弘润;其取事也必核以辨,其摛文也必简而深,此其大要也。”这段话中不正有契合于《老子》的特点吗?总之,老子将作为史官传统的箴和铭的写法融合为一用于创作,其《老子》的形式直接出于史官传统文化。

《老子》与史官文化有直接的关系,史官文化对《老子》思想、文学特异性的形成有决定性的作用,对这种关系和作用,我们尚需进一步深入和具体地研究。

(《山东师范大学学报》,1994 年第 5 期)

《老子》文学成就探析

老子是哲学家，也是诗人，是中国哲理诗创作的先驱。一部《老子》，是哲理与诗歌的结合体。如果把《老子》整个算作“哲理诗”，那么在中国文学史上没有其他任何哲理诗作像它那样具有独创性，具有丰富深邃的内涵、广大深远的影响。《老子》又被看作诗歌与散文的结合体，人们或称之为诗，或称之为文，或说它文中有诗，或说它诗中有文。是诗、是文、是“散文诗”还是“诗散文”，从大处着眼，重要的不在于这称谓上的区别，而在于它们所共同揭示的《老子》艺术上的独创性和特异性。《老子》的体裁是春秋末年伟大哲人所独创的，所以我们不应以其后世的某些标准硬套它、苛求它，而不妨把它视为中国文人哲理诗作的开端和中国哲理诗的一种最早的、特殊的样式。

《老子》的文学成就在中国文学史上别具一格，我们可以从以下几个方面来探析、把握它。

一、创造性地运用了意象化和形象化的创作手法，这对于哲理作品来说，在中国文学史上具有创始的意义和地位。

《老子》十五章："古之善为士者，微妙玄通，深不可识。夫唯不可识，故强为之容：豫兮，若冬涉川；犹兮，若畏四邻；俨兮，其若客；涣兮，若冰之将释；敦兮，其若朴；旷兮，其若谷；混兮，其若浊。孰能浊以静之徐清？孰能安以久动之徐生？保此道者不欲盈，夫唯不盈，故能敝不新成。"作者以其创造性的想象构拟出鲜明生动的得道之士的意象。得道之士慎重、庄严、豁达、恬静、淳厚、浑朴、幽微玄妙、高深莫测。得道之士的人格形态难以拟议，只可意会，不可言传，即使是这个"强为之容"而构拟出的意象，也只是作者头脑中呈观念形态的幻影，可感而不可见，或者只是在想象中见到。作者正是要使读者以想象来接受这一包蕴哲理的艺术意象，并填充本文中的艺术想象空白。《老子》有些章节与《楚辞》相近，如这里具体形容得道者深不可测、微妙玄通的仪态和心境的几句，即被人们认为"似《楚辞》体者"（陈柱《老学八篇·老子之文学》）。

老子是创造朦胧美艺术的能手，看他对其"道"的描述："视之不见，名曰夷；听之不闻，名曰希；搏之不得，名曰微。此三者不可致诘，故混而为一。其上不皦，其下不昧，绳绳兮不可名，复归于无物，是谓无状之状、无物之象，是谓惚恍。迎之不见其首，随之不其见后。执古之道以御今之有。能知古始，是谓道纪”（十四章）。其所谓“道”，是超越感知而实际存在的“无”：“道冲，而用之或不盈。渊兮，似万物之宗；……湛兮，似或存。吾不知谁之子，象帝之先”（四章）。“道”空虚无形，而其作用却无尽无穷，不知它从哪里产生，只知它是万物（包括上帝）的祖宗。“道之为物，惟恍惟惚。惚兮恍兮，其中有象；恍兮惚兮，其中有物。窈兮冥兮，其中有精；其精甚真，其中有信。自今及古，其名不去，以阅众甫。吾何以知众甫之状哉？以此。”（二十一章）所谓“道”，虽然是真实存在的东西，但“窈兮冥兮”、“惟恍惟惚”。“有物混成，先天地生。寂兮寥兮，独立而不改，周行而不殆，可以为天地母。吾不知其名，字之曰‘道’，强为之名曰‘大’。大曰逝，逝曰远，远曰反”（二十五章）。“道”超越时空、绝对、永恒、无所不在、循环运行、产生万物、无声无形。“名以定形，混成无形，不可得而定”（二十五章王弼注），“字之曰‘道’，强为之名曰‘大’”；“大不足以尽之，故名之曰‘逝’……逝又不足以尽之，故又名曰‘远’……然有往必有反，故又曰‘返’也……返则周流不息矣”（二十五章朱谦之校释）。《周易·系辞上》：“子曰：‘书不尽言，言不尽意。’”此盖“言不尽意”字面的出处。然而早在《系辞传》写成之前，《老子》就已表述过这样的观点：“道可道，非常道；名可名，非常名。”在强调道的博大精深、恍惚玄妙的同时，指出语言表达作用的局限性。老子意识到“言不尽意”，认为其“道”不能以语言表达，于是他以含蓄蕴藉的表述在自己的作品中创造出“道”这样一种迷离恍惚的神秘美的朦胧形态。这种形态的不确定性、可以意会而难以言传的模糊含蓄的美，有激发人们的好奇心和探究心理的强大力量。老子用这种手法为读者驰骋想象、进行再创造开拓了广阔的空域。

“道”是《老子》的最高范畴，然而“老子对于道的理解，决不及我们今天有了科学的分析方法这样清楚”（《老子哲学讨论集》之任继愈、冯憬远《老子的研究》）。《老子》之“道”集物质性实体和总规律为一体，要把“道”说清楚，老子感到十分困难。“他没有一个现成名词可用，但又要打破天、帝的有神论的传统”（同上），他采用其朦胧手法创造这种朦胧艺术形象和境界，也是出于不得已，是由于他对其实体和规律混而为一的、无限的、绝对的道所作的直观把握使他无法将道确定和清晰地表述出来，而非全出于艺术上的考虑。

老子在其作品中生动地描写了自我形象。例如：“众人熙熙，如享太牢，如春登台。我独泊兮其未兆，如婴儿之未孩；傫傫兮，若无所归。众人皆有余，而我独若遗。”（二十章）这段文字，虽然“我”的内涵比较广泛，但仍是作者自身心灵世界的真挚表现。“老子便以这个‘我’做主词，盘坐在中国历史的山谷间，以自语著人的忧愁与欢喜。他的自语，正像山谷间的松涛，格调高越，也像夜海的荡音，清澈如诗”（二十章陈鼓应注译引福永光司言）。再如：“吾言甚易知，甚易行。天下莫能知，莫能行。言有宗，事有君。夫唯无知，是以不我知。知我者希，则我者贵。是以圣人被褐怀玉”。（七十章）“这一章表现了老子因其学说遭到冷遇而形成的内心世界的孤独和痛苦”，“既生动又深刻地把他那种既痛苦、孤独而又自信（自信他掌握着真理）的内心世界反映了出来，形象逼真，跃然纸上，说话的神态，也可以令人想见。老子确是一个善于为文作诗的高手”（七十章古棣等校诂）。我们以这一章对比一下屈原作品的某些相类内容。屈原曾写道：“謇吾法夫前修兮，非世俗之所服。”“不吾知其亦已兮，苟余情其信芳。”“惟兹佩之可贵兮，委厥美而历兹。”“国无人，莫我知。”（《离骚》）“世溷浊而莫余知。”（《九章·涉江》）“怀瑾握瑜兮，穷不知所示。”“世溷浊莫吾知，人心不可谓兮。怀质抱情，独无匹兮。”（《九章·怀沙》）可以看出，老子、屈子这两位楚文学家的艺术风格确是有相通之处的。

二、《老子》将哲理与情感完美地融合在一起，将情、理内容与诗歌形式完美地结合在一起，富有动人的音乐性。

《老子》寓情于理，情、理交融，在对哲理的阐发中浸透着抒情性，在中国文学史上最早为哲理性作品树立了理带情行、情理并至的榜样。

我们从上文所举的《老子》某些作品如“众人熙熙”一段等当中已经可以看出，《老子》有些文字所表现的哲理是感情化了的，哲理为感情所浸透，与感情相融合。作者以其蕴含哲理的感情感染读者，使读者在体验其感情的同时，接受其中的哲理。

《老子》阐述哲理,带有诗人的浓厚的感情色彩,在很多地方将情渗透于理。它说:“朝甚除,田甚芜,仓甚虚,服文彩,带利剑,厌饮食,财货有余,是谓盗竽。非道也哉!”(五十三章)显然,这是“不得其平”而发出的呐喊,是作者不平之气的物化。它还说:“大道泛兮,其可左右。万物恃之以生而不辞,功成而不有。衣养万物而不为主。常无欲,可名于小;万物归焉而不为主,可名为大;以其终不自为大,故能成其大。”(三十四章)在这里,作者满怀热情地歌颂了“道”的伟大:“道”无所不在,它生长、养育万物,使万物各得其所,而它从不自以为有功,从不以主宰者自居,对万物丝毫不加干涉。正因为它不自以为伟大,所以才成就其伟大。这富有情韵的议论使读者“可以呼吸到爱与温暖的空气”(三十章陈鼓应注译)。它又说:“天之道,不争而善胜,不言而善应,不召而自来,绰然而善谋。”(七十三章)“天之道”被人格化,被赋予鲜明的性格。“天之道,其犹张弓与!高者抑之,下者举之;有余者损之,不足者补之。天之道,损有余而补不足。”(七十七章)将“天之道”形象地比喻为“张弓”,以“天之道”来推论“人之道”,作者化虚为实,将理、形、情、趣融为一体,为后世哲理作品树立了“议论带情韵以行”的典范。

《老子》寓情、理于声,声韵和谐,抑扬顿挫,穆耳协心,富有韵律美,在中国文学史上最早充分显示了以哲理为灵魂的“诗”的风采。例如:“道可道,非常道;名可名,非常名。无名,天地之始;有名,万物之母。故常无欲,以观其妙;常有欲,以观其徼。此两者同出而异名,同谓之玄,玄之又玄,众妙之门。”(一章)“谷神不死,是谓玄牝。玄牝之门,是谓天地根。绵绵若存,用之不勤。”(六章)“致虚极,守静笃。万物并作,吾以观复。夫物芸芸,各复归其根。归根曰静,是谓复命。复命曰常,知常曰明。不知常,妄作,凶。知常容,容乃公,公乃王,王乃天,天乃道,道乃久,没身不殆。”(十六章)以上所引,皆整章句式规则,格律严整,韵味很浓。再如:“虚其心,实其腹,弱其志,强其骨。”(三章)“挫其锐,解其纷,和其光,同其尘。”(五十六章)“居善地,心善渊,与善仁,言善信,政善治,事善能,动善时。”(八章)“甘其食,美其服,安其居,乐其俗。”(八十章)“有无相生,难易相成,长短相形,高下相盈,音声相和,前后相随。”(二章)“五色令人盲目,五音令人耳聋,五味令人口爽,驰骋畋猎令人心发狂,难得之货令人行妨。”(十二章)以上所举数节,都排列整齐,音调和谐,节奏感很强。又如:“飘风不终朝,骤雨不终日。孰为此者?天地。天地尚不能久,而况于人乎?”(二十三章)“天之道,其犹张弓与……损有余而补不足;人之道则不然,损不足以奉有余。孰能有余以奉天下?唯有道者。”(七十七章)皆情调与音调契合协调,内在的韵律美跃然纸上。《老子》在音乐性上内容与形式统一,寓情、理于声,以集中意义,强调感情,具有强大的艺术感染力。

老子在其作品中大量运用重沓这一表现手法,以充分、深切地表意达情。如他写道:对于达到“玄同”境界的人,

“不可得而亲，不可得而疏；不可得而利，不可得而害；不可得而贵，不可得而贱”（五十六章），用这些排比句充分地表现其理想人格的特征。再如：“果而勿矜，果而勿伐，果而勿骄，果而不得已，果而勿强。”（三十章）以此充分阐述胜利之后应当具有的态度。又如：“上士闻道，勤而行之。中士闻道，若存若亡。下士闻道，大而笑之。”（四十一章）集中以不同人物对道的不同态度阐明其“道”的高深玄妙。“我无为而民自化，我好静而民自正，我无事而民自富，我无欲而民自朴。”（五十七章）强调其无为的政治主张。大量的复沓，使作品具有很强的音律美，也使作品便于流传和记忆。

三、洗练的艺术风格。

在中国文学史上，《老子》是最早以洗练的表现方式精练含蓄、言简意深地阐述哲理的作品。“所谓炼者，不在乎奇险诘曲、惊人耳目，而在乎言简意深，一语胜人千百，此真炼也”（清赵翼《瓯北诗话》卷六）。文字上的以少胜多，正是《老子》重要的艺术特色。如说：“不自见，故明；不自是，故彰；不自伐，故有功；不自矜，故长。”（二十二章）以精练的语言阐发了不争、曲全之道。“大成若缺，其用不弊。大盈若冲，其用不穷。大直若屈，大巧若拙，大辩若讷”（四十五章），简明深刻地阐发了实质与其恰好相反的表现形式的辩证关系，“说明一个完美的人格，不在外形上表露，而为内在生命的含藏内敛”（四十五章陈鼓应注译），即所谓“良贾深藏若虚，君子盛德，容貌若愚”（《史记·老子韩非列传》）。“信言不美，美言不信。善言不辩，辩言不善。知者不博，博者不知”（八十一章），简明、凝练地阐述了一系列矛盾对立的问题，包含着丰富的辩证法思想。

老子能用只言片语生动而完整地表现出别人用一堆文字都说不完的东西，这早已为历史所证明了。

语言洗练使《老子》犹如一部格言集。《老子》中很多语句，成为活跃在古人、今人口头、笔端的成语和格言。例如“玄之又玄”（一章）、“功成身退”（九章）、“果而勿骄”、“物壮则老”（三十章）、“将欲歙之，必固张之；将欲弱之，必固强之；将欲废之，必固兴之；将欲取之，必固与之”、“柔弱胜刚强”、“国之利器不可以示人”（三十六章）、“大器晚成”（四十一章）、“强梁者不得其死”（四十二章）、“甚爱必大费，多藏必厚亡”、“知足不辱，知止不殆”（四十四章）、“为学日益，为道日损”（四十八章）、“知者不言，言者不知”（五十六章）、“法令滋彰，盗贼多有”（五十七章）、“祸兮，福之所倚；福兮，祸之所伏”（五十八章）、“深根固柢”、“长生久视”（五十九章）、“合抱之木，生于毫末；九层之台，起于累土；千里之行，始于足下”（六十四章）、“被褐怀玉”（七十章）、“天网恢恢，疏而不失”（七十三章）、“民不畏死，奈何以死惧之”（七十四章）、“损有余而补不足”（七十七章）、“正言若反”（七十八章）、“天道无亲，常与善人”（七十九章）、“小国寡民”、“邻国相望，鸡犬之声相闻，民至老死不相往来”（八十章)等等,丰而不余一言,约而不失一辞。语言洗练,的确使《老子》获得了“一语以当千百”的创造效果。

说《老子》是诗者,不乏其人。如朱谦之云:“余以为《道德》五千言,古之哲学诗也。既曰诗,即必可以歌,可以诵;其疾徐之节,清浊之和,虽不必尽同于《三百篇》,而或韵或否,则固有合于诗之例焉为无疑。”(《老子校释·附录老子韵例》)又如古棣等《老子通论》第十章:“《老子》是诗,是谁也不能否认的。”“《老子》(新订)八十一章,除‘道生一’章之外全部有韵;《诗经》三百零五篇,无韵者七篇。《老子》无韵的一章,与《诗经》无韵的七篇一样,抑扬顿挫,音调谐和,依然是诗。”“老子继承《诗经·国风》,进一步突破四言格式,而创造了不拘一格的、因内容而异的杂言体诗歌。”张松如则云:“老子是在作诗吗?以其喜用韵语,也可以作如是观吧,故亦尝云:‘老文优美,多似包含哲理的诗篇。’(《老子校读》引言)但一不入乐,二少抒情,吾人只得于惊叹其超凡的智慧中,领悟出丰富的诗的乐趣,难以风雅、骚赋相比附也。”(《〈老子校诂〉商兑》,载《社会科学战线》1992年第4期)说《老子》似诗或部分篇章是诗者亦不乏其人。《老子》“是诗”还是“似诗”或“部分篇章是诗”,自然都不是《老子》文学性的全部,但这种分歧反映着《老子》文学的特异性和独创性。是诗、非诗的问题自然还要讨论下去,而从大处着眼,老子所创造的特异的文学成就及其对后世文学的影响,人类只要存在,对它的接受和研究便不会终结。本文所作的这点探析，不过是这条不尽长河中的小小一勺水，而这，正是区区寄予本文的期望。

（《菏泽师专学报》，1996 年第 3 期）

简论《淮南子》思想的矛盾现象

自秦迄汉，黄老道家之学可谓盛矣。黄老学以道论和治国问题为探讨的中心，次及治身问题，在汉初大放异彩，并成为汉王朝的治国思想。以文帝、景帝及曹参、陈平等为代表的统治阶层，把黄老学化为具体的策略，并付之以有效的实践行动。文帝的皇后窦氏，更是大力提倡黄老之学，《史记·外戚世家》说："窦太后好黄帝、老子言，帝（景帝）及太子（后为武帝）、诸窦不得不读黄帝、《老子》，尊其术。"政治上的变化必然带来学术上的互动，以陆贾、贾谊的思想和政治主张为前奏，以刘安等所编的《淮南子》为标志，黄老学发展到了鼎盛。

《淮南子》一书内容极博杂。梁启超在《中国近三百年学术史·清代学者整理旧学之总成绩（二）》中称："《淮南鸿烈》为西汉道家言之渊府，其书博大而有条贯，汉人著述中第一流也。”刘文典在《淮南鸿烈集解自序》中说：“《淮南王书》博极古今，总统仁义，牢笼天地，弹压山川，诚眇义之渊丛，嘉言之林府。”徐复观在《两汉思想史》中认为：“《淮南子》一书，是当时思想的一大集结；但不可误信司马谈《论六家要旨》说道家是‘因阴阳之大顺，采儒墨之善，撮名法之要；与时迁移，应物变化，立俗施事，无所不宜’的话，以为此一大集结，乃来自道家思想的本身。司马谈上面的一段话，勉强可应用到《主术训》上面；而《主术训》的开展，实逐渐不得不离开了道家的思想立场。司马谈的话，不仅不能应用在《修务训》、《泰族训》上面，且不能应用到书中许多很明显地以儒家立场发言的上面。”由上，《淮南子》一书思想之复杂可见一斑。徐氏之言，虽有些过，却也颇有道理。

战国以降，百家争鸣，思想大发展，且有大融合之势。道家正是顺应这一趋势，不断吸收儒、墨、法等各家思想，完成其理论上的综合创新，因此在与各家思想的竞争中处于优势。道家思想或者称作黄老之学，也的确在秦亡汉兴之初民生凋敝的形势下发挥了重大作用。汉王朝经过六七十年的休养生息，国力得以明显的增强。这一社会形势的变化也引起了思想学术领域的变动，黄老道家之学已无力维系大一统的强大的汉王朝。《淮南子》正是在这一形势下产生的。《淮南子》不仅是黄老学的大总结，也是当时思想局势的真实体现；不仅标志着黄老道家学说的全盛，也预示了道家思想走向衰落之势。下面本文仅通过分析《淮南子》在几个问题上的观点，来揭示道家思想由盛转衰的这一趋势。

一

在“无为”和“有为”这一问题上，汉初黄老学发展了老子天道自然无为的思想，并把它创造性地运用到人生和政治问题上去了。《淮南子》把这一运用理论化，《原道训》中说：“万物固以自然，圣人又何事焉？”“是故圣人内修其本，而不外饰其末，保其精神，偃其智故，漠然无为而无不为也，澹然无治也而无不无治也。所谓无为者，不先物为也。所谓无不为者，因物之所为。所谓无治者，不易自然也。所谓无不治者，因物之相然也。”“无为”，在《老子》的思想中是消极的，虽然老子也说过“无为而无不为”之言，其“无为”有顺应客观形势、以柔克刚之义，但他更主张“虽有舟舆，无所乘之；虽有甲兵，无所陈之；使人复结绳而用之”，其思想的主要方面还是任自然而废人事，绝圣弃智，柔弱谦下，反对任何形式的有为。《庄子》内篇更是把无为发挥到极致，认为人应当在自然面前“形如槁木，心如死灰”，“堕肢体，黜聪明，离形去知，同于大通”，毫不作为，以求得精神的绝对逍遥。

《淮南子》之《修务训》中说：“或曰：‘无为者，寂然无声，漠然不动，引之不来，推之不往。如此者，乃得道之象。’吾以为不然。”对老庄无为思想进行了否定。它以人们公认的五圣为例说：神农“相土地宜，燥湿肥墝高下，尝百草之滋味，水泉之甘苦，令民知所辟就。当此之时，一日而遇七十毒”。尧“立孝慈仁爱，使民如子弟。西教沃民，东至黑齿，北抚幽都，南道交趾”。舜“作室，筑墙茨屋，辟地树谷，令民皆知去岩穴，各有家室”。禹“沐浴霪雨，栉扶风，决江疏河，凿龙门，辟伊阙，修彭蠡之防，乘四载，随山刊木”。汤“夙兴夜寐，以致聪明；轻赋薄敛，以宽民氓；布德施惠，以振困穷；吊死问疾，以养孤孀”。他们都“劳形尽虑，为民兴利除害而不懈”。这怎能叫“无为”呢？平民中则有“伊尹负鼎而干汤，吕望鼓刀而入周，百里奚转鬻，管仲束缚，孔子无黔，墨子无煖席”。它认为“自天子以下，至于庶人，四肢不动，思虑不用，事治求澹者，未之闻也”。

《修务训》进而指出，自然界的运动，不能天然就符合人的需要，人必须对其加以改造，才能使自然物为人所用。“夫地势，水东流，人必事焉，然后水潦得谷行；禾稼春生，人必加功焉，故五谷得遂长。听其自流，待其自生，则鲧、禹之功不立，而后稷之智不用。”因此，它又提出了关于“无为”的新见解：“若吾所谓‘无为’者，私志不得入公道，嗜欲不得枉正术，循理而举事，因资而立，权自然之势，而曲故不得容者，事成而身弗伐，功立而名弗有，非谓其感而不应、攻而不动者。若夫以火熯井，以淮灌山，此用己而背自然，故谓之有为。若夫水之用舟，沙之用鸠，泥之用輴，山之用蔂，夏渎而冬陂，因高为田，因下为池，此非吾所谓为之。”

因此，总体看来，《淮南子》所谓的“无为”，就是在承认自然现象有客观法则(即“万物固以自然”,“究于物者,终于无为”)、强调客观法则的决定作用(即“所谓无为者,不先物为也”、“所谓无治者,不易自然也”、“故达于道者,不以人易天”)这一前提下的“无为”。这一“无为”,实际上已经被抽空了内涵,只剩下一个语言的空壳;已经被偷梁换柱,仅剩下一个空洞的旗号。这一“无为”实际上变成了一种“有为”。

“无为”与“有为”是矛盾对立的两个方面。《淮南子》试图用朴素的辩证法思想调和这一矛盾。这一点清人王夫之已洞察到了,他在其《读通鉴论》中说:“取安之书而读之,原本老氏之言,而杂之以辩士之游辞。”尽管《淮南子》不可能找到解决这一矛盾的办法,但其调和两者矛盾的这种努力,已经是在道家立场下所能做到的最大努力了,甚至可以说,这一理论调整几乎要冲破了道家思想的理论底线。

二

在人性的发展问题上,《淮南子》也未能做到前后态度如一。《原道训》秉承《庄子》人性不可损益论,认为“达于道者不以人易天”,而《修务训》则批判了这种言论:“世俗废衰,而非学者多:‘人性各有所修短,若鱼之跃,若鹊之驳,此自然者,不可损益。’吾以为不然。”“马,聋虫也,而可以通气志,犹待教而成,又况人乎!”“夫上不及尧、舜,下不及商均,美不及西施,恶不若嫫母,此教训之所谕也,而芳泽之所施。”“今以为学者之有过而非学者，则是以一饱之故，绝谷不食；以一蹪之难，辍足不行，惑也。”“知人无务，不若愚而好学。”“宋画吴冶，刻刑镂法，乱修曲出，其为微妙，尧、舜之圣不能及。蔡之幼女，卫之稚质，梱纂组，杂奇彩，抑墨质，扬赤文，禹、汤之智不能逮。”“何则？服习积贯之所致。”

在对待学习的态度上，《俶真训》承老庄“绝学无忧”之旨，曰：“圣人之学也，欲以返性于初而游心于虚也。达人之学也，欲以通性于辽廓，而觉于寂漠也。”贬低儒墨之学，曰：“周室衰而王道废，儒墨乃始列道而议，分徒而讼。于是博学以疑圣，华诬以胁众。弦歌鼓舞，缘饰《诗》、《书》，以买名誉于天下……是故百姓曼衍于淫荒之陂，而失其大宗之本。”还说：“若夫俗世之学（即儒墨之学）也则不然，擢德攓性，内愁五藏，外劳耳目，乃始招蛲振缱物之豪芒，摇消掉捎仁义礼乐，暴行越智于天下，以招号名声于世。此我所羞而不为也。”《精神训》说：“藏《诗》、《书》，修文学，而不知至论之旨，则拊盆叩瓴之徒也。”“衰世凑学，不知原心反本，直雕琢其性，矫拂其情，以与世交，故目虽欲之，禁之以度；心虽乐之，节之以礼……钳阴阳之和，而迫性命之情，故终身为悲人。”在这两篇作者的眼中，儒墨之学是下等之学，劳心费力，不合人性。

而《说山训》中对待学习的态度恰恰相反：“通于学者若车轴，转毂之中，不运于己，与之致千里，终而复始，转无穷之源。不通于学者若迷惑，告之以东西南北，所居聆聆，背而不得，不知凡要。”说明学习要善假于物，以致千里，不能仅游于心性。《修务训》中说：“欲弃学而循性，是谓犹释船而欲履水也。”“周室以后，无六子之贤，而皆修其业；当世之人，无一人之才，而知其六贤之道者何？教顺施续，而知能流通。由此观之，学不可已，明矣。”这是对道家循性游虚的空洞理论的直接批判。《修务训》进而认为：“通于物者不可惊以怪，喻于道者不可动以奇，察于辞者不可耀以名，审于形者不可遁以状。世俗之人，多尊古而贱今，故为道者托之于神农、黄帝而后能入说。乱世暗主，高远其所从来，因而贵之……此见是非之分不明。”其所谓学“有符于中，则贵是，而同今古”，学的方针是“贵是”，贵于求得知识，而不在于文献典籍本身。“诵《诗》、《书》者，期于诵道略物，而不期于《洪范》、《商颂》。”因此，典籍在其看来不过是一种工具而已。

《修务训》进而对道家所谓学问知识扰乱精神、使精神得不到自由解放的论点予以集中的批判。“且夫精神，滑淖纤微，倏忽变化，与物推移，云蒸风行，在所设施。君子有能精摇摩监，砥砺其才，自试神明，览物之博，通物之壅，观始卒之端，见无外之境，以逍遥仿佯于尘埃之外，超然独立，卓然离世，此圣人之所以游心。若此而不能，闲居静思，鼓琴读书，追观上古及贤大夫，学问讲辩，日以自娱，苏援世事，分白黑利害，筹策得失，以观祸福，设仪立度，可以为法则，穷道本末，究事之情，立是废非，明示后人，死有遗业，生有荣名。如此者，人才之所能逮。然而莫能至焉者，偷慢懈惰，多不暇日之故。”其认为仅守住精神，只会陷于迷离惝恍，并非真得到解放。欲得到真正的自由解放，只有凭借知识，通过学习，才能实现。这与《精神训》的观点是针锋相对的。

三

在对待仁义礼乐的态度上，各篇之间也未能达成共识。《俶真训》说：“道散而为德，德溢而为仁义，仁义立而道德废矣。”《本经训》说：“仁义礼乐者，可以救败，而非通治之至也。”“知神明，然后知道德之不足为也。知道德，然后知仁义之不足行也。知仁义，然后知礼乐之不足修也。”这些显然是对老庄反对仁义礼乐思想的承继。《精神训》更是认为：“今夫儒者，不本其所以欲，而禁其所欲；不厚其所以乐，而闭其所乐，是犹决江河之源，而障之以手也。”“故儒者非能使人弗欲，而能止之；非能使人勿乐，而能禁之。夫使天下畏刑而不敢盗，岂若能使无有盗心哉？”它对儒家倡导的仁义礼乐予以批判，认为这些有悖于人之本性。因此，它认为只有“达至道”之圣人、至人、真人，才能从根本上解决这一问题。“达至道者则不然，理情性，治心术，养以和，持以适，乐道而忘贱，安德而忘贫，性有不欲，无欲而不得，心有不乐，无乐而不为，无益情者不以累德，而便性者不以滑和，故纵体肆意，而度制可以为天下仪。”《齐俗训》说：“衣服礼俗者，非人之性也。”道家不仅以为礼乐在人性之外，而且仁义亦在人性之外。所以,《俶真训》说:"孔、墨之弟子,皆以仁义之术教导于世;然而不免于儡,身犹不能行也,又况所教乎?是何则?其道外也。夫以末求返于本,许由不能行也,又况齐民乎?诚达于性命之情,而仁义固附矣。"其以性命为本,以仁义为末,分性命与仁义为二物,所以儒墨之教,以末求本,实际上是弃本而用末,是行不通的。

但是,《主术训》认为:"入孝于亲,出忠于君,无愚智贤不肖皆知其为仪也。""凡人之性,莫贵于仁,莫急于智。仁以为质,智以行之。""国之所以存者,仁义是也;人之所以生者,行善是也。"《氾论训》进而认为:"法制礼义者,治人之具也,而非所以为治也。故仁以为经,义以为纪,此万世不更者也。""圣人作法而万物制焉,贤者立礼而不肖者拘焉。"此外,《泰族训》曰:"(五帝三王)中考乎人德,以制礼乐;行仁义之道,以治人伦,而除暴乱之祸。""民无廉耻,不可治也;非修礼义,廉耻不立。民不知礼义,法不能正也;非崇善废丑,不向礼义。无法不可以为治也,不知礼义不可以行法。""故善言归乎可行,善行归乎仁义。""圣人一以仁义为之准绳,中之者谓之君子,弗中者谓之小人。君子虽死亡,其名不灭;小人虽得势,其罪不除。"这显然是站在儒家的立场上说的。这与《俶真训》、《本经训》、《精神训》的观点是冲突的。

在圣人观这一问题上,《淮南子》前后也不甚一致。《原道训》曰:"故圣人不以人滑天,不以欲乱情,不谋而当,不言而信,不虑而得,不为而成,精通于灵府,与造化者为人。"

“是故圣人内修其本，而不外饰其末，保其精神，偃其智故。”“是故圣人守清道而抱雌节，因循应变，常后而不先。柔弱以静，舒安以定。”《俶真训》说：“夫圣人用心，杖性依神，相扶而得终结，是故其寐不梦，其觉不尤。”“圣人内修道术，而不外饰仁义，不知耳目之宣，而游于精神之和。若然者，下揆三泉，上寻九天，横廓六合，揲贯万物，此圣人之游也。”“心有所至而神喟然在之，反之于虚则消铄灭息，此圣人之游也。”由上观之，其所谓圣人，就是游于心性、清静无为、自全其身、保养精神的“达道”之人。

但《修务训》所论之圣人，与上面所讲的大相径庭。“夫圣人者，不耻身之贱，而愧道之不行；不忧命之短，而忧百姓之穷”，然后以“禹之为水，以身解于阳盱之河；汤旱，以身祷于桑山之林”为例说明圣人之忧民，因此感叹道：“古之立帝王者，非以奉养其欲也；圣人践位者，非以逸乐其身也。”“是以圣人不高山，不广河，蒙耻辱以干世主，非以贪禄慕位，欲事起天下利而除万民之害。”“神农憔悴，尧瘦臞，舜黴黑，禹胼胝。由此观之，则圣人之忧劳百姓甚矣！”“圣人之从事也，殊体而合于理，其所由异路而同归，其存危定倾若一，志不忘于欲利人也。”由此可见，此论之圣人非彼论之圣人。

管中窥豹，仅见一斑，《淮南子》思想之复杂，非以上寥寥数条所能涵盖。《淮南子》不仅包含了儒、道两家，另外还广泛吸收了墨家、法家、阴阳五行家等的思想成分。尽管其以道家思想为基本出发点，但其更像是用道家这个炼丹炉去冶炼整个思想界的精华，只是其炉火未至纯青之境。这一点，我们在与《要略》篇的比较中就能看出。

四

《要略》篇乃全书之纲领，开篇点明作书之目的，在于“纪纲道德，经纬人事”，其途径是“上考之天，下揆之地，中通诸理”，既要“言道”又要“言事”，“故著书二十篇，则天地之理完矣，人间之事接矣，帝王之道备矣”，“若刘氏之书，观天地之象，通古今之事，权事而立制，度形而施宜……以统天下，理万物，应变化，通殊类”。由此看来，作者之意就在于总结历史经验，探寻社会及自然的规律，从而建构其自然的、人生的及社会政治观念的理论体系，为大一统的封建帝国的长治久安提供一个完备的学说。

《要略》对二十篇之旨多有总结，而且把这二十篇看作一个互相紧密联系的不可分割的整体。而实际上呢？我们结合前面所进行的分析，可知《淮南子》各篇之间的思想并未能做到统一，更谈不上建构完备的理论体系，其不仅没有消化好各家思想学说，反而使其对道家思想的阐述也做不到彻底。《俶真训》前面极力铺陈“神无所掩，心无所载；通洞条达，恬漠无事；无所疑滞，虚寂以待。势力不能有也，辩者不能说也，声色不能淫也，美者不能滥也，智者不能动也，勇者不能恐也”的真人之道，进而说达于真人之道则能“神经于骊山太行而不能难，入于四海九江而不能濡”，这显然是对庄子逍遥境界的阐述。但其在最后一段却笔锋大转，“非有其世，孰能济焉？有其人，不遇其时，身犹不能脱，又况无道乎？……夫忧患之来撄人心也，非直蜂虿之螫毒……而欲静漠虚无，奈之何哉？……人神易浊而难清，犹盆水之类也，况一世而挠滑之，曷得须臾平乎？古者至德之世，贾便其肆，农乐其业，大夫安其职，而处士修其道……何则？世之主有欲利天下之心，是以人得自乐其间……逮至夏桀、殷纣，燔生人，辜谏者……当此之时，岂独无圣人哉？然而不能通其道者，不遇其世。夫鸟飞千仞之上，兽走丛薄之中，祸犹及之，又况编户齐民乎？由此观之，体道者不专在于我，亦有系于世矣……故世治则愚者不能独乱，世乱则智者不能独治。身蹈于浊世之中，而责道之不行也，是犹两绊骐骥，而求其致千里也……今矰缴机而在上，罟罟张而在下，虽欲翱翔，其势焉得？故《诗》云：‘采采卷耳，不盈倾筐；嗟我怀人，置彼周行。’以言慕远世也”。这一番话则是对上面所述庄子逍遥之言的直接否定。这显然是黄老道家学者对信仰危机的一种无可奈何的反映，是对现实危机的一种自虐性的发泄，这也正反映了在道家学说由盛及衰之转折期他们的微妙心态。

（《鲁行经院学报》，2003 年第 6 期）

大壑神话考论

——大壑、归墟、沃焦辨

早在上古,人们便对我国地势西高东低向着海洋逐级下降、百川水潦东南入海的地理特征有所认识,并以神话的思维和形式作出了艺术的解释:"昔者共工与颛顼争为帝,怒而触不周之山,天柱折,地维绝,天倾西北,故日月星辰移焉;地不满东南,故水潦尘埃归焉。"(《淮南子·天文训》)不仅如此,神话的创造者们还进一步想象出一个包括天上的银河、地上的江海在内的万水的最终归宿,那就是神话中的大壑。

《楚辞·天问》"东流不溢,孰知其故",闻一多疏证:"旧传海水不溢之故,其说有二。一曰大壑,又曰归墟……二曰尾闾,又名沃焦。"闻氏此言可谓概括了古来的成说,而至今学者们仍对此成说因袭不疑。因此,本文拟对大壑、尾闾、归墟、沃焦以及它们之间的关系这个中国神话史上的重要问题作些考索和论证。

一、大壑与大海

《山海经·大荒东经》:“东海之外有大壑,少昊之国。少昊孺帝颛顼于此,弃其琴瑟。”这是今见关于大壑的最早记载。郭璞注云:“《诗含神雾》曰:‘东注无底之谷。’谓此壑也。”《诗含神雾》是汉人所作诗纬三种之一,其中保存了一些古代神活传说。郭璞注引此书,对《山海经》的记载作了极有价值的补充。稍后于《大荒东经》的《庄子·天地》,最先讲明了大壑之“大”的特征:“谆芒将东之大壑,适遇苑风于东海之滨。苑风曰:‘子将奚之?’曰:‘将之大壑。’曰:‘奚为焉?’曰:‘夫大壑之为物也,注焉而不满,酌焉而不竭,吾将游焉。’”“注焉而不满,酌焉而不竭”二句,在《齐物论》中是形容“天府”之广大的,在这里形容大壑,可见大壑之大是可比于天府的。

庄子之徒,乃屈原乡人,“以理推之,屈子实与道家最能接近”(姜亮夫《楚辞通故·书篇部·远游》)。屈原《远游》云:“上至列缺兮,降望大壑。下峥嵘而无地兮,上寥廓而无天。”屈子“降望”之大壑,正是《庄子·天地》中谆芒要去的地方。

然而,《庄子》、《楚辞》当中的大壑却被古今注家们及众多辞书解作了大海。例如,李颐、成玄英、王先谦、陈鼓应、曹础基之注《庄子》，王逸、姜亮夫之释《楚辞》，以及《辞源》、《辞海》、《汉语大词典》“大壑”条《庄子》例句所在义项的释文，都异口同声地说：大壑，“海也”，“东海也”，“大海也”，“指东海”，等等。这众口一词的判断，难以令人信服。但好在注家们还认为，《庄子》与《楚辞》中所说的大壑是同一个东西，这样我们便比较容易说清大壑的本来意义了。上引《庄子·天地》那段话中，作者特意连续使用了四个“将”字，我们只要注意一下这四个“将”字，大壑是不是东海就会一清二楚。谆芒是在“东海之滨”说自己“将之大壑”的，倘大壑与东海同义，则他既已至矣，又何云“将之”呢？可见大壑距东海尚有一些距离。再者，倘二词同义，用一即可，而作者又为何特意分用如此之明确呢？据此二点，我以为大壑非“东海”。我们知道，庄子学派的思想及文学意向是在楚地社会文化的氛围中成长起来的，楚文化对《庄子》思想和其文学特征的形成具有决定性作用。《庄子》是楚文学的主要代表著作之一，而首见大壑之名的《山海经·大荒东经》便是战国初期到战国中期的楚人作的（参阅袁珂《神话论文集·山海经写作的时地及篇目考》），《庄子·天地》中谆芒将“东之”的那个大壑，就是《山海经·大荒东经》所载的远在“东海之外”的那个大壑，自然，《楚辞》中所说的大壑也就是《山海经》和《庄子》中所说的那一个了。

实际上，古时把《山海经·大荒东经》、《庄子·天地》、《楚辞·远游》这三部楚地作品中的大壑联系起来的也并不乏其人。前文所举持“大壑即大海”说的人中，最早的是东汉的王逸，他注《楚辞·远游》“降望大壑”云：“视海广狭。”又注《七谏·自悲》“观天火之炎炀兮，听大壑之波声”云：“大壑，海水也。言已仰观天火，下睹海水，心愁思也。”但是到后来洪兴祖、朱熹以及蒋骥等作注的时候，他们就不依从王氏之说了，而一致认为《远游》中的“大壑”即是《山海经》所载“东海之外”的那一个。然而洪氏等人却又误认为大壑就是归墟，我们后文再论。在这里，清人胡文英《屈骚指掌》对《远游》“降望大壑”云云的解释需要特别提一下，胡氏说：“列缺，西北天亏之处；大壑，东南地缺之处；《庄子》：‘谆芒将东之大壑。’无地而反言峥嵘者，但见白波若山也。”胡文英不仅将《庄子》与《远游》两处大壑联系起来，而且说出了大壑的由来。在作《屈骚指掌》之前，胡氏曾著有《庄子独见》，而上述《远游》之释，亦足可谓独见矣。

如果说《山海经》、《庄子》及《远游》对大壑的记述过于简略，那么在《列子·汤问》中，大壑的全貌便可说一览无遗了。《列子·汤问》：“渤海之东不知几亿万里，有大壑焉，实惟无底之谷，其下无底，名曰归墟。八纮九野之水，天汉之流，莫不注之，而无增无减焉。”这段话虽不长，但它讲出了大壑的全部特征。古东海又称渤海，《列子·汤问》所说渤海即《山海经》及《庄子》所说的东海，所谓“渤海之东不知几亿万里”，则属对“东海之外”的夸饰。然而，源远流长的大壑神话因《列子》的这段记述而得到一个极好的完整总结，从而对后世文学创作产生了广泛深远的影响。

以上我们谈的是神话传说中的大壑，它是东方大海之东极远处的无底之谷，是万水所归之处。据说这个大壑与大海相通，但它毕竟与现实中的大海是两码事。然而，这个神话传说中的东西却在流传中被古人不知不觉地现实化，而将其意义变作了现实中的大海。古诗文中以大壑作大海的例证是很多的，西汉人王褒的《圣主得贤臣颂》有可能是最早的一个。《汉书·王褒传》载，他的《圣主得贤臣颂》作于汉宣帝时，其中云："翼乎如鸿毛遇顺风，沛乎若巨鱼纵大壑。"大壑，《汉书》本传颜师古注及王先谦补注等皆无解，唯《文选》本篇张铣注中解为"大川"，观其文义，当谓大海。这也就是说，"大壑"一词有了"大海"这一义项，当是始于西汉的。

王褒之作《圣主得贤臣颂》，时距东方朔之作《七谏》不久，然而，二者所说的大壑却非一事，这是我们需要特别注意的。《七谏》乃东方朔"追悯屈原"之作，仿骚体言屈原一生之事，申屈原忠信之情，其中大壑一名所在的《自悲》，"在七篇之中，情辞为甚，亦即立义之中心也"（姜亮夫《楚辞通故·书篇部·七谏》）。曾有学者论证，《七谏》是东方朔读了屈原《远游》等作品之后的产物，其诗情循原作而生发，《自悲》一章，全由《远游》触发而来，如云"苦众人之皆然兮，乘回风而远游"，"登峦山而远望兮，好桂树之冬荣"，而《远游》云"悲时俗之迫阨兮，愿轻举而远游'，'嘉南州之炎德兮，丽桂树之冬荣"，等等（中国屈原学会编《楚辞研究·远游作者辞章考释》)。所以不言而喻,《自悲》所谓的“观天火之炎炀兮,听大壑之波声”,是由《远游》“上至列缺兮,降望大壑”而来的,《远游》、《七谏》所云大壑指的是同一个东西,即东海之外的那个无底之谷,而非王褒《圣主得贤臣颂》中所指的“大海”。上述现象有力地说明:西汉,是“大壑”由其神话意义(即无底之谷)蜕变为现实意义(即大海)的交叉点和转折点。自此,“大壑”所表示的神话意义急剧湮没,不仅在时人作品中消失,就连西汉中期(可以《七谏》之作为界)以前书文中那个原本是“无底之谷”的“大壑”也被理解作“大海”了。“大壑”的这种蜕变,固然出于西汉中期以后人们对其前文籍中有关记述的误解,这可以看作直接的原因,然而,西汉中期以后原先的楚地神话明显有所褪色,神话被现实化、人世化和历史化,这则是“大壑”这一楚地神话事物变为现实中的“大海”的文化背景和历史原因。

二、大壑与归墟

《楚辞·天问》“东流不溢,孰知其故”,闻一多疏证认为大壑即是归墟,袁珂《中国神话传说词典》“大壑”条亦云“大壑即归墟”。此说古今一贯,没有异议。然而,这一“定论”却实在是关于大壑与归墟关系的千古错案。

归墟之称,首见于前节所引《列子·汤问》,张湛注:“《庄子》云尾闾。”是归墟即尾闾。《庄子·秋水》:“天下之水，莫大于海，万川归之，不知何时止而不盈；尾闾泄之，不知何时已而不虚；春秋不变，水旱不知。”清代学者魏源在阐述其严禁鸦片的主张时曾说：“鸦片耗中国之精华，岁千亿计，此漏不塞，虽万物为金，阴阳为炭，不能供尾闾之壑。”（《军储篇一》）尾闾之壑即归墟之壑，亦即大壑（但魏源把尾闾当作了无底大壑之名则是错误的，说见下文）。又，上引《列子·汤问》“归墟”释文云：“归墟或作归塘。”北齐颜之推《颜氏家训·归心》云：“江河百谷，从何处生？东流到海，何为不溢？归塘尾闾，渫何所到？”王利器集解：“《列子释文》引或本、《文选·吴都赋》注、《御览》六〇、又六七引《列子》都作‘归塘’，与《家训》合。”《初学记》卷六引《列子》亦作“归塘”，云：“《庄子》所云尾闾。”唐骆宾王《在江南赠宋五之问》诗：“井络双源浚，浔阳九派长。沦波通地穴，委输下归塘。”清人陈熙晋笺注引《列子·汤问》释之，并云：“唐以前，引用尚多作‘归塘’也。”“归塘”之“塘”，与“归墟”之“墟”，实为鲁鱼亥豕之讹。既然归墟、尾闾、归塘三者为一，我们便把这三种称呼合在一起进行考察。

前节所引《列子·汤问》中云：“渤海之东不知几亿万里，有大壑焉，实惟无底之谷。”这是说，大壑是一个无底之谷。又云：“其下无底，名曰归墟。”这是说，其下（即大壑的下部）名曰“归墟”。这段记载实在可说是十分明白易懂的了，然而，我们发现，所谓“大壑即归墟”的千古错案却恰恰出于对这段记载的错误理解。我们且举出几部古代重要典籍和几家古注，从中看一下大壑是怎么变得“即归墟”了的。

1.《文选·左思〈吴都赋〉》“巨鳌赑屃，首冠灵山”，唐李善注：“《列子》：‘夏革曰：渤海之东有归塘，其中有五山焉，帝命禺强使巨鳌十五举首而戴，五山始峙而不动。’”

2.《初学记》卷六引《列子》：“渤海之东有大壑，名曰归塘。”

3.《太平御览》卷六〇引《列子》：“渤海之东不知几万亿里，有大壑，无底之谷，名曰归塘。”又卷六七引《列子》同。

4.《楚辞·天问》“东流不溢，孰知其故”，洪兴祖补注：“《列子》云：‘渤海之东不知几亿万里，有大壑焉，实惟无底之谷，名曰归墟。’”

5.《楚辞·远游》“上至列缺兮，降望大壑”，朱熹集注：“大壑，在渤海东，实惟无底之谷，名曰归墟。”蒋骥注与朱注同。

6.《渊鉴类函·地·海》引《列子》：“瀚海之东有大壑，名曰归墟。”

7.《骆临海集·浮查诗》“渤海三千里”，清陈熙晋笺注：“《列子·汤问篇》：‘渤海不知几亿万里，有大壑焉，名曰归墟。’”

显而易见，以上这些古籍，古注中所引的《列子》有一个共同之处，那就是都把《列子》原文中的“其下”云云横砍掉，而硬将“大壑”与“名曰归墟”直接拼凑到了一起，无形之中，“大壑”一词的专名资格被取消了，而本来是“其下”（大壑的下部)的专名的“归墟”却变成了整个大壑的专名。前面我们引的魏源那段话,就是直接把尾闾(即归墟)作为大壑之名的,而李善早在魏氏一千余年前就已如此做过了。

“大壑”被用来称大海,早在西汉后期就开始了,而以“归墟”称大壑,却是始见于唐初的。唐之前文籍中凡大壑与归墟并提之处,都将二者分别得很清楚。例如,《艺文类聚》卷九引梁简文帝《大壑赋》:“渤海之东,不知几亿,大壑在焉,其深无极……余乃知巨壑之难满,尾闾之为异。”文中表明巨壑之难满是由于归墟泄水之异,二者绝未混同。唐初薛元超《奉和同太子监守违恋》诗中云:“归塘横笔海,平圃振词条。欲应重轮曲,锵洋韵《九韶》。”在这里,“归塘”便被作为“大壑”义来用了。唐末吴融《沃焦山赋》中云:“一归塘之积,积既久而还盈;一尾闾之泄,泄不供而旋住。”也是直接把归塘当作了大壑的。当然,在这个问题上,对后世影响最大的是比薛元超年小些的李善,自《文选》李善注误解《列子》文意,将“归墟”错判为大壑之名,后世学人无不附合。近人如闻一多等,虽确认“大壑”为无底之谷的专名,然亦未及辨大壑与归墟之别,自然就会认为大壑“即归墟”了。

总之,大壑之名即是“大壑”而非“归墟”,归墟并不等于大壑,而只是大壑下部泄水之处,万水于此聚而泄出。按照大壑神话创造者的想象,大壑从八方九天及银河所接受的水量正与“其下”(即归墟)所泄的水量相等,二者的平衡使大壑之水不盈不虚,无增无减。如此看来,大壑这个世上最大的海洋就好比一个注满海水的大漏斗，这个漏斗的尾巴（漏水处）就是尾闾或称归墟，水的注入与泄出的平衡，使这个大漏斗永远保持着满而不溢的状态。《渊鉴类函·地·海》引宋洪迈《夷坚志》曰："宁海县东海中有尾闾……自高山望之，其水湍急，陷为大涡者十余，舟楫不可近，旧传东海泄水处。"这段话虽然"现实"了一些，但也确实分明写出了一个"大漏斗"泄注海水的壮景。这一神话创造，体现了古人恢宏奇特的想象力与其质朴合理而富有情趣的实际生活感受的完美结合。

三、尾闾与沃焦

"尾闾即沃焦"，此说实亦可谓源远流长了。《庄子·秋水》："万川归之，不知何时止而不盈。尾闾泄之，不知何时已而不虚。"自西晋司马彪至唐初成玄英、清末王先谦，都说此尾闾就是沃焦。《楚辞·天问》："东流不溢，孰知其故？"自朱熹集注至闻一多疏证等等多指出归墟、尾闾亦名沃焦。某些辞书，如《辞源》、《中国神话传说词典》等等，都注明尾闾也称沃焦，沃焦一名尾闾。然而，事实并非如此，神话传说中的尾阎与沃焦根本就不是同一个东西。

我们先来看一下尾闾。尾闾最早见于《庄子·秋水》，所谓"尾闾泄之，不知何时已而不虚"，很清楚，尾闾是泄海水的。所以司马彪注云："尾闾，水之往（往或作从）海外（或无外字，或外作水）出者也……尾者，在百川之下，故称尾。闾者，聚也，水聚族之处，故称闾也。”（《文选·嵇康〈养生论〉》“或益之以畎浍，而泄之以尾闾”李善注引）成玄英疏云：“尾闾者，泄海水之所也。”它们都讲出一个“泄”字，这是符合《秋水》文意的。《庄子》之后的“尾闾”书证，也都是用于一个“泄”字的，如上文提到的嵇康《养生论》，再如《文选·郭璞〈江赋〉》：“磴之以瀿瀷，渫之以尾闾。”李周翰注：“渫，出水也。水从海出曰尾闾矣。”《文心雕龙·养气》：“于是精气内销，有似尾闾之波；神志外伤，同乎牛山之木。”等等。总之，既然尾闾是泄海水之处，那么不论它是在地上还是在地下，都不过是海水的出口而已。

再看沃焦。沃焦的意义可就不同了。有的记载说，沃焦是一座大山。《神异经·东荒经》：“大荒之东极，至鬼府山臂，沃椒山脚，巨洋海中，升载海日。”沃椒山就是沃焦山。《文选·郭璞〈江赋〉》“出信阳而长迈，淙大壑与沃焦”，李善注引《玄中记》：“天下之大者，东海之沃焦焉，水灌之而不已。沃焦，山名也，在东海南，方三万里。”古人诗文中指明沃焦为山的例子是很多的。

还有的记载说，沃焦是一块巨石。《文选·嵇康〈养生论〉》“或益之以畎浍，而泄之以尾闾”，李善注引司马彪曰：“在扶桑之东，有一石，方圆四万里，厚四万里，海水注者无不燋尽，故名沃燋。”《颜氏家训·归心》：“沃焦之石，何气所然？”《庄子·秋水》成玄英疏：“在碧海之东，其处有石，阔四万里，厚四万里，居百川之下尾而为闾族，故曰尾闾；海水沃着即焦，亦名沃焦也。”据说早在《山海经》中就有关于沃焦是巨石的记载，《古今合璧事类备要》前集引《山海经》曰：“沃焦在碧海东，有石阔四万里，居百川下，水沃之则焦竭，亦名尾闾。”清吴任臣《山海经广注·杂述》引《山海经》文同。当然，这不会是《山海经》中的话（参见下文），但亦足以表明沃焦为石说的影响是很广泛深远的。大山、巨石本可相通，然而值得注意的是，沃焦为大山则立于海上，为巨石则没于海底。于此显然可见，说沃焦在海底者，其目的在于把它和尾闾联系到一起。

不论沃焦为山还是为石，自然都与尾闾这个泄海水的出口是两码事。至于沃焦的来历，也与尾闾不相涉。《庄子·秋水》成玄英疏引《山海经》云：“羿射九日，落为沃焦。”《锦绣万花谷》前集亦引曰：“尧时十日并出，尧使羿射九日，落为沃焦。”《锦绣万花谷》中“久经散佚之书”“颇赖此以存崖略”，又“颇多逸章剩什，为他本所不载”，“未尝不足为考证之资也”（《四库全书总目·类书一》）。《渊鉴类函·地·海》引《山海经》此言与《锦绣万花谷》前集所引相同。又，《庄子·秋水》王先谦集解云：“沃燋亦作沃焦。见《山海经》。”王氏盖据成疏言之。袁珂先生认为，成疏“所引《山海经》不见于今本，也不像是《山海经》的文字，可能是《山海经》郭璞注或《玄中记》的佚文，不管怎样，都是对于羿神话的很好的补充”（《中国神话史》第八章第一节）。对于上述

《锦绣万花谷》所引，自亦应作如是观。沃焦这种来历的说法并非向壁虚造出来的，而是与沃焦的特性紧密相关的。所谓"沃焦"，即水沃灌温度极高的物体。《史记·田敬仲完世家》："且救赵之务，宜若奉漏瓮沃焦釜也。""奉漏瓮沃焦釜"可以用来解释"沃焦"的字面意义。作为一个神话传说中的名词，即是海水所沃灌的一个极高温极巨大的物体。《神异经·东荒经》："东海之外荒海中，有山焦炎而峙，高深莫测，盖禀至阳之为质也。海中激浪投其上，噏然而尽，计其昼夜噏摄无极，若熬鼎受其洒汁耳。"要问这荒海中的禀至阳之为质极高深的火焰山从何处而来，人们不就会很自然地想到那被羿射落下来的太阳吗？当然，关于沃焦的来历并不止此一说，例如唐末吴融的《沃焦山赋》就有不同的说法："浑沌死，乾坤始，东西倾，川泽委。帝乃虑海旁溢，俾山中峙，复孕以火，用销其水，此沃焦之为义、真宰之玄旨者也。"然而这些后起的讲法与源远流长的"羿射九日，落为沃焦"之说相比，都是显得苍白无力的。

古时还有一种对"沃焦'意义的错误解释很有必要在此一谈，那就是认为沃焦不是一个实体而仅是一个比喻，此说以朱熹为代表。《楚辞·天问》朱熹集注："以理验之，则天地之化，往者消而来者息，非以往者之消复为来者之息也。水流东极，气尽而散，如沃焦釜，无有遗余，故归墟、尾闾亦有沃焦之号。"显然，这是对沃焦神话传说的一种曲解。早在朱子之前，《神异经》、司马彪、《玄中记》、《颜氏家训》以及

《庄子·秋水》成玄英疏引《山海经》等等都分明记载沃焦是神话传说中的海上火山或海底炽石，怎么可以为了硬把沃焦和尾闾说成一个便否定了沃焦在神话传说中的独立存在呢？

尾闾是泄海水的，然而，它把海水泄到哪里去了？这也是一个古人十分感兴趣并作出过许多解释的问题。一般的说法是，尾闾将海水下泄到大地之外去了，我们前文说过的大壑好比一个大漏斗表达的便是古人这一意思。此外，对这个问题还有种种讲法，其中一种把尾闾与沃焦这两种东西配合起来，很有意思，即认为沃焦是在尾闾之下的，海水自尾闾泄而注于沃焦，即化气消散。《晋书·忠义传》载韦忠曰："常恐洪涛荡岳，余波见漂，况可临尾闾而窥沃焦哉！"所谓"临尾闾而窥沃焦"即是就此种观点而言的。明人杨慎在其《谭苑醍醐》中说："归墟、尾闾，是水之大穷尽、气之大升降处。"此话虽与韦忠所说无关，但尾闾如配上沃焦，则确实可以说是"气之大升降处"了。这种说法不是将尾闾与沃焦等同，而是使二者相配，虽是一种异说，但亦可谓对尾闾、沃焦神话传说的一个丰富。

总而言之，尾闾是泄水口，沃焦是火焰山（或石）；尾闾将水泄漏于外，沃焦将水化气消散；尾闾本地上固有，沃焦原天上之日；尾闾属大壑神话，沃焦当自立门户；虽同可使海水不溢，但毕竟非一种东西。

中国神话传说，作为一个系统，是有机地联系在一起的。本文所考论的大壑神话与共工神话、沃焦神话与羿神话都有直接的联系，大壑神话与沃焦神话又在“东流不溢”之故问题上统一起来。然而，必须认清，大壑神话与沃焦神话各自有其独立的体系，大壑、归墟与沃焦更非一事，古今那些硬把它们混淆在一起的说法是不妥当的。

（《江海学刊》，1992 年第 3 期）

战国宋末世三君考

战国时期宋末世三君——桓侯、剔成、王偃，是宋国历史上的重要人物，而关于他们的文献记载却极为杂乱，很多问题迄今没有得到清理和解决。本文拟据现存资料，做些初步考察和论证。

一

宋国末世三君的年代关系，是一个十分复杂的问题。《史记》中关于宋桓侯前到景公时的年代关系的记载有不少错误。如《左传》云：宋景公于鲁昭公二十六年（前 516 年）立，鲁哀公二十六年（前 469 年）卒，在位四十八年。而《史记·宋世家》云宋景公在位六十四年，《六国年表》云卒于周贞定王十八年（前 451 年）。《史记》在记述宋休公之后又说:“其子辟公辟兵立,三年而卒。”此段记载显然是错误的。首先,辟公为桓公(侯)之误(春秋时宋有桓公,论者或将此桓侯亦称桓公。宋君而称侯者仅此)。索隐云:“按《纪年》作‘桓侯璧兵’,则璧兵谥桓也。又《庄子》云:桓侯行,未出城门,其前驱呼辟,蒙人止之,后为狂也。司马彪云:呼辟,使人避道。蒙人以桓侯名辟,而前驱呼‘辟’,故为狂也。”清人洪颐煊《读书丛录》云:“辟公既名辟兵,不得谥为辟公。当从《纪年》作桓公,辟字即涉其名而讹。”日人中井积德云:“无以讳为谥之理,必有一误也。《庄子》似可据。”宋时贬号曰侯,故应作桓侯,因“辟兵”而误作“辟公”。其次,桓公(侯)在位绝非三年。《史记·魏世家》索隐云:“《纪年》鲁恭侯、宋桓侯、卫成侯、郑釐侯来朝皆在十四年(即梁惠王十四年),是也。”《史记》之《魏世家》及《年表》记此事在梁惠王十五年,后《竹书纪年》所记一年,而以公元推算,则同为公元前356年,也就是说宋桓侯璧兵此时犹在位,此年已为宋桓侯二十五年。

宋桓侯之后为宋君剔成。《史记·宋微子世家》索隐引王劭曰:“《纪年》云:宋剔成盱废其君辟而自立也。”剔成盱即皇喜、司城子罕,戴氏(非春秋时宋国贤臣司城子罕名乐喜者,前人往往将此二人混淆)。其杀宋桓侯自立,是宋国历史上的大事件。《韩非子·忠孝》:“田氏夺吕氏于齐,戴氏夺子氏于宋。”又《内储说下》:“戴驩为宋太宰,皇喜重于君,二人争事而相害也,皇喜遂杀宋君而夺其政。”《吕氏春秋·壅塞》叙述宋王偃灭亡之事后云："此戴氏之所以绝也。"则剔成、王偃二世皆为戴氏无疑矣。关于司城子罕，《韩非子》中有大量记载，并大都与田氏篡齐相提并论，而称之为贼，可见《韩非子》是将子罕作为篡臣而深为反感的。《史记·李斯列传》载李斯上书二世书中也将子罕与田常相提并论。

那么，宋桓侯与剔成的年代关系究竟如何呢？要解决这个问题，还需先将宋王偃的在位时间及其嗣位方式考察清楚。

二

关于宋王偃的在位时间及其嗣位方式，史书的记载有很大问题。《宋世家》云："剔成四十一年，剔成弟偃攻袭剔成，剔成败，奔齐，偃自立为宋君。"是则宋君偃元年当在周显王三十九年（前330年）。"君偃十一年，自立为王"，则在周慎靓王元年（前320年）。"王偃立四十七年，齐湣王与魏、楚伐宋，杀王偃，遂灭宋，而三分其地。"这里可以产生两种算法：（一）前云"君偃十一年"始"自立为王"，此言"王偃立四十七年"而亡，然则前后应共在位五十八年，当亡于周赧王四十二年（前273年）。（二）将此"四十七年"包括前所谓十一年，当亡于周赧王三十一年（前284年）。灭宋者为齐湣王，如依前一种算法，宋亡在齐襄之世，与史实不合。然而前

284 年为燕、秦、楚、三晋联合伐齐，湣王出亡被杀之年，与灭宋之年绝非一年，故知《世家》所云之时间关系有误。《六国年表》云宋君偃元年在周显王四十一年（前 328 年），自立为王在前 318 年，皆后《世家》二年；灭亡于周，在赧王二十九年（前 286 年），早《世家》二年，共在位四十三年。《田敬仲完世家》亦云齐湣王三十八年伐宋，宋王出亡，死于温，与《年表》合。宋王偃灭之年自当依《年表》，而其立则《世家》与《年表》并误。

周显王四十二年（前 327 年），孟子到宋国，与宋臣戴不胜论使薛居州傅宋王。宋国的历史上只有宋王偃称王，可见宋王偃此时已自立为王，并已在位十一年以上。宋君偃元年即在周显王三十二年（前 337 年），而剔成卒在周显王三十一年（前 338 年）。《六国年表》云宋君偃元年在周显王四十一年，是将剔成卒年，即君偃即位之年算作君偃元年，同时将宋王偃元年误写作了宋君偃元年，遂于十年后之慎靓王三年又云"宋自立为王"，这样就遗漏了十年。

那么，《史记》所云君偃攻袭剔成而立之事能否成立呢？《韩非子·说林下》："白圭谓宋令尹曰：君长，自知政，公无事矣。今君少主也而务名，不如令荆贺君之孝也，则君不夺公位而大敬重公，则公常用宋矣。"梁启雄注引太田方曰："盖当时太后闻政，大尹摄事。"陈奇猷曰："《宋策》作'则君不夺太后之事矣'，鲍注：'后时为政。'据此，则令尹甚宠于太后，今君务孝子之名，则不夺太后之事，而大敬重公也。"

这段记载亦见于《战国策·宋卫策》。白圭，梁惠王相，生于前374年左右，卒于前290年以后。梁惠王二十六年(前344年)封于浍。梁惠王三十二年(前338年)，惠施至魏，四年后继白圭为相(用侯外庐及杨宽说)。此时宋君偃已即位三年。宋桓侯于前380年即位时，白圭尚未出生，假如依《史记》所云，桓侯三年卒，子剔成立，时在前377年，白圭亦未出生，故白圭所谓之宋君绝非《史记》所云之辟公和剔成。《史记》云："剔成四十一年，剔成弟偃攻袭剔成，剔成败奔齐，偃自立为宋君。"如此则白圭所言之宋国少主便没有着落了。因此，我认为，白圭所说的宋君即宋君偃，而剔成并非为君偃所逐。宋君偃即位后，由于年幼而不能亲理国事，由太后和大尹为政，那么他如何能攻袭剔成而自立呢？《史记》不言剔成逐桓侯，而云君偃逐剔成，其张冠李戴之迹不言而喻。

说到这里，宋国末世三君的年代关系这一历史旧案便真相大白了。实际情况是，宋桓侯在位四十一年，即其元年为周安王二十二年(前380年)，于周显王二十九年(前340年)为戴氏剔成所废，剔成自立三年而卒，其弟(或疑为其子)偃嗣立，周显王三十二年(前337年)为宋君偃元年。宋君偃为少主时，太后为政，他注重和追求孝子的名声，于是才有白圭"令荆贺君之孝"，使他继续自觉地听命于太后，以保大尹之位的计策。从宋君偃元年到公元前286年齐湣王灭宋，宋王偃前后共在位五十二年。《六国年表》于宋景公年代多出十八年，于宋悼公年代少去十年，又将君偃甫立之年算作了元年，故列偃之在位四十三年，比实际情况少去了九年。

三

宋是殷商的后裔，仍常称商。古书所载宋王偃的许多暴行与纣王所为相类，宋王偃被当时诸侯比作桀纣，并作为中国历史上暴虐亡国之君的典型。然而宋王偃在其五十二年的君主生涯中所走的道路是十分复杂曲折的，关于他的历史记载有一定的片面性，因此我们有必要对这位末代宋君的执政情况进行一番考察。

史书记载宋王偃是一个非常残暴的国君，而古今不少学者为之翻案和“辨诬”，认为古书上说的宋王偃的那些暴行都不过是诸侯出于嫉忌而进行的诬陷以及齐王为伐宋国而作的宣传。而且有些人认为宋王偃即是徐偃王，而徐偃王是行仁义而见灭的。不管这些推断是否完全合理，有一点是真实可信的，即宋王偃初年确是要推行仁政王道的。正因为如此，孟子才到了宋国。君偃少时，太后及大尹主政，大尹为君偃之庶兄，即《孟子》所载为宋王进贤傅之戴不胜，亦即《荀子》所谓贤相戴子。戴不胜为宋王进贤傅，戴盈之欲定税法为十分抽一，免关市之征，这些当政的重臣都是贤者。另外，孟子在齐，齐威王馈兼金一百，孟子不受，在宋，宋王偃馈金七十镒，孟子受之（见《公孙丑下》），这也说明孟子对宋王至少是没有什么反感的。

宋王偃少时务孝名，长而行仁政，他成为暴君是从亲小人逐贤臣开始的。戴不胜为相时，辅佐宋王偃推行王政，欲其王之善，而进贤人薛居州，孟子说："在于王所者，长幼卑尊皆薛居州也，王谁与为不善？在王所者，长幼卑尊皆非薛居州也，王谁与为善？一薛居州，独如宋王何？"可见宋王偃周围不善人是很多的，一旦这些人得势，便要排斥贤良。后来戴不胜果为谄佞小人唐鞅所逐。唐鞅为相，标志着宋王偃仁政的夭折。

宋王偃废弃了仁政，转而实行纯任刑杀的暴力政策。如他自言："寡人所悦者勇有力也，不悦为仁义者。"(《吕氏春秋·顺说》)《吕氏春秋·淫辞》云："宋王谓其相唐鞅曰：'寡人所杀戮者众矣，而群臣愈不畏，其故何也？'唐鞅对曰：'王之所罪，尽不善者也，罪不善，善者故为不畏。王欲群臣之畏也，不若无辨其善与不善而时罪之，若此，则群臣畏矣。'居无几何，宋君杀唐鞅。"唐鞅所谓的不善人未必不善，而他还要怂恿宋王滥施淫威，结果自己也送掉了性命。宋王偃由重刑杀进而滥杀无辜，以致成为嗜杀成性的暴君。对此，《吕氏春秋》、《战国策》、《史记》等都有记载，我们不能因为这些暴行与桀纣等前世暴君相类和偶合，就一概认为是诸侯的诬陷、附会和宣传。宋国早亡固然因素很多，但宋王偃的暴虐无道却是一个不容忽视的原因。

(《齐鲁学刊》，1991 年第 3 期)

白圭考辨

白圭是我国历史上著名的人物,对后世具有深远的影响。后人尊他为积财生利、经营致富者之祖,其经济理论和主张为后人所称道;他的事迹被历代诗文作家所征引;今人所著各种历史教科书和通史著作往往都会提到他。著名的典故“以邻为壑”,出于孟子对他治水策略的批评,至今还活跃在人们的嘴边。然而,有关白圭的历史记载十分混乱,在时间关系上也存在很大的问题,历代学者们聚讼纷纭,莫衷一是,至今没有得到整理和解决。因此,解决白圭问题,其意义远非仅在于弄清白圭其人本身,而是有助于一系列问题的解决。在此,本文即对有关白圭的问题作出初步的考辨和澄清。

首先,我们来看一下白圭问题的基本状况和历代学人在此问题上的错综复杂的矛盾分歧。

关于白圭的问题,主要出于三处具有代表性的记载:其一,《孟子·告子下》所载孟子与白圭的两则对话,这是孟子至梁国而白圭为梁惠王重臣时的事。我们称之为“梁惠王时之白圭”。其二,《史记·鲁仲连邹阳列传》载邹阳狱中上梁孝王书云:“白圭战,亡六城,为魏取中山……白圭显于中山,中山人恶之魏文侯,文侯投之以夜光之璧。”《新序》卷三及《汉书·贾邹枚路传》所载邹阳之书亦同。我们称之为“取中山之白圭”。其三,《史记·货殖列传》云:“白圭,周人也。当魏文侯时,李克务尽地力,而白圭乐观时变,故人弃我取,人取我与……故曰:‘吾治生产,犹伊尹、吕尚之谋,孙吴用兵,商鞅行法是也。是故其智不足与权变,勇不足以决断,仁不能取予,强不能有所守,虽欲学吾术,终不告之矣。’盖天下言治生祖白圭。白圭其有所试矣,能试有所长,非苟而已也。”我们称之为“善经商之白圭”。后两种记载皆云白圭乃魏文侯时人,故可合称为“魏文侯时之白圭”。

历代学者对于白圭的解释和理解,归纳起来大凡有以下几种:

(一)定魏文侯时之白圭与梁惠王时之白圭为二人者。

1.此说以清人阎若璩为代表。阎若璩《四书释地续·白圭周人》云:“《史记·货殖传》……此一白圭也。圭,其名。《孟子》:白圭曰:‘吾欲二十而取一。’又曰:‘丹之治水也愈于禹。’此一白圭也。其名丹,圭则字尔,先后殊不同时。”其后之注家多信奉阎氏之说而往往引以为据。

2.清人梁玉绳。梁玉绳认为魏文侯时之白圭为周人，名圭；梁惠王时之白圭为魏人（“魏人说”本《战国策》鲍注，不足据，见下文），名丹，字圭。其说与阎氏同（见《人表考》）。

3.当代某些辞书。如《辞源》、《辞海》以及《中国人名大辞典》等等，其说皆以阎氏为宗。

这种观点最为通行。持此说而有一定代表性的尚有清人毛奇龄、近人陈奇猷等等，其说亦多同于阎百诗，这里就不一一列举了。

（二）以梁惠王时之白圭与善经商之白圭为一人者。

1.扬雄。《法言·学行》云：“子之治产，不如丹圭之富。”显然，这是说梁惠王时之白圭（丹圭）极善治产，或善治产之白圭即是丹圭。

2.东汉赵岐及宋朱熹等人。《孟子·告子下》：“白圭曰：‘吾欲二十而取一，何如？’”赵岐注：“白圭，周人也，节以货殖，省赋利民，使二十而税一。”又，“白圭曰：‘丹之治水也愈于禹。’”赵岐注：“丹，名；圭，字也。当诸侯之时有小水，白圭为治除之，因自谓过乎禹也。”孙奭疏引《汉书·食货志》、《史记·货殖列传》之白圭以证此处之白圭，说同赵岐。

朱熹《孟子集注》云：“白圭，名丹，周人也。欲更税法，二十分而取其一分。林氏曰：‘按《史记》：白圭能薄饮食，忍嗜欲，与童仆同苦乐。乐观时变，人弃我取，人取我与，以此居积致富。其为此论，盖欲以其术施之国家也。’”

3.东汉人高诱。《吕氏春秋·听言》云：“解在乎白圭之非惠子也。”高诱注：“白圭，周人也。惠子，惠施。仕魏。”又《先识》、《举难》二篇之白圭，高氏皆注曰白圭，周人云云。可见，梁惠王时之白圭与善货殖之白圭同为周人，即孟子所见之丹圭是也。

4.清人姚鼐。《史记·货殖列传》：“白圭，周人也。当魏文侯时，李克务尽地力……”姚鼐曰：“‘当魏文侯时’五字，专属‘李克’说，言旧有此务地力之道而已，而其后白圭乃别用一术，非谓圭亦文侯时人也。故圭言：吾治生产，若孙吴用兵、商鞅行法。若文侯时人，亦安取称述后进如吴起、商鞅者乎？”（见《史记会注考证》卷一二九）。

5.清人张文虎。他说：“商鞅入秦，在秦孝公初，当梁惠王十年后，去魏文侯远矣。《吕氏春秋》有惠施与白圭、匡章问答，则与孟子同时，即治水之丹无疑！”（同上）

这类观点是与前一种直接对立的。

（三）定梁惠王时之白圭与善经商之白圭为一人，而以取中山之白圭为另一人者。

此说以元人吴师道为代表。其《战国策补正》云：“《史·白圭传》（按，见《货殖列传》）首云：‘当魏文侯时，李克务尽地力，而白圭乐观时变。’后复引圭之言曰：‘吾治生产，如孙吴用兵，商鞅行法。’则其人在鞅后。首句特与李克对论，非言其世也。以‘二十取一’语，孟子正欲以其货殖之术施之国家者也（按，“孟子”衍）。又《新序》记：‘白圭战，亡六城，为魏取中山……白圭显于中山，中山人恶之于魏文侯，投以夜光之璧。’（按，即邹阳《狱中上梁孝王书》，见《史记·鲁仲连邹阳列传》）则文侯时又一白圭欤？或因《史》所书而讹舛欤？”吴氏认为梁惠王时之白圭善于经商，而对取中山之白圭持怀疑态度，即怀疑魏文侯时有无白圭其人。然而，他因此而怀疑《新序》所记邹阳之书是因《货殖列传》而误，则显然是错误的，因为邹阳上书之时司马迁尚未出生，吴氏将邹阳之文误为刘向《新序》自言，故有此疑。

（四）以梁惠王时之白圭与取中山之白圭为二人者。

此说以王先谦为代表。《汉书·贾邹枚路传》：“白圭战，亡六城，为魏取中山。”王氏补注曰：“《魏世家》：乐羊为魏文侯拔中山。《说苑·复恩篇》：吴起为魏将，攻中山，为军人吮疽，无白圭取中山事。圭与孟子同时问答……是圭实当后中山亡时。若前中山之见灭于魏，时代不相及也。此盖别一白圭，与乐羊、吴起同时为魏将兵者。”王氏盖以取中山之白圭的地位、声望皆不甚高，没有提及善经商之白圭，且其语气不甚肯定。

以上列举的是历代学者对白圭问题的几种不同见解和看法。

我认为，上述第一种见解和看法是不妥当的。其说以为战国时魏朝廷中有两个白圭，一在魏文侯时，一在梁惠王时，二人之时间前后相衔接，未免过于巧合而富有戏剧性，对此，史无任何明文，强作解释，不足取。第二、三、四种观点各有其合理与正确的一面，不足的是，第二种没有明言取中山之白圭，即未能包括有关白圭的三个方面材料；而第三、四种则仍疑白圭有二。所以，这些解释都是不够全面和令人满意的。

下面，我们便根据现存的有关资料，对白圭其人其事进行多方面的考察和论证。

我认为，有三种现象值得注意：一是先秦著作中所载的白圭皆梁惠王时之白圭，而无魏文侯时之白圭；二是汉人著作之中亦屡见梁惠王时之白圭；三是魏文侯时之白圭仅见于前述两段西汉人的记载。自然，我们的考察应当从梁惠王时之白圭之手。

（一）梁惠王时白圭考。

1.白圭相魏考。白圭相魏，见于《韩非子·内储说下》："白圭相魏，暴谴相韩。白圭谓暴谴曰：'子以韩辅我于魏，我请以魏待子于韩，臣长用魏，子长用韩。'"阎若璩、梁玉绳谓事在魏文侯时；泷川资言、钱穆、陈奇猷、侯外庐等人皆曰在梁惠王时。显然，后者是正确的。道理很清楚：第一，遍察先秦典籍，无任何明文可证魏文侯时有白圭其人者。魏文侯时的重臣名相，《魏世家》和其他典籍之中列举甚多，而皆未曾提到过有一白圭，即使邹阳之书和《货殖列传》，也从未说过白圭曾为魏文侯相。第二，《韩非子》白圭相魏一章前有相类似的一章："大成牛（当作"大成午"）从赵谓申不害于韩曰：'以韩重我于赵，请以赵重子于韩，是子有两韩，我有两赵。'"大成午、申不害与白圭、暴谴事正相同，《战国策·韩策一》有同样的记载。钱穆云:"白圭之与暴谴相结,亦战国中晚风气,当文侯世不宜有此。"(《先秦诸子系年考辨》卷三)大成午、申不害事在周显王十八年(公元前351年),即梁惠王十九年,史有明文,正当白圭相魏之时(见下文),足可证钱氏之说。第三,《六国年表》:"梁惠王二十七年,丹封名会。丹,魏大臣。"泷川资言云:"魏相白圭,名丹,或是人。'名会',或'于浍'之讹。"与钱氏所见正同(梁玉绳亦谓"名会"乃"于浍"之讹)。此外,于《吕氏春秋》及《孟子》的记载中也分明可见白圭于梁惠王时的尊显地位,钱穆《先秦诸子系年》已有说解,兹不赘言。至于阎若璩、梁玉绳谓白圭为魏文侯相,则是毫无道理、没有任何根据的。

2.白圭经历考。从现有资料当中,我们可以整理考证出白圭的主要经历和事迹。

(1)尊显于魏。梁惠王九年(公元前361年),魏相公叔痤病死。死前推荐公孙鞅于梁惠王,梁惠王不用,痤死而鞅西入秦(事见《吕氏春秋·长见》、《战国策·魏策一》、《史记·商君列传》)。梁惠王后元元年(公元前334年),惠施始任魏相(用侯外庐、杨宽说),距痤死二十七年,白圭为相即在此期间。前334年,白圭受封于浍。惠施于梁惠王三十二年(公元前338年)初至魏,与白圭一见面便发生了尖锐的矛盾。《吕氏春秋·不屈》载:"白圭新与惠子相见也,惠子说之以强,白圭无以应。惠子出,白圭告人曰:'人有新取妇者,妇至,宜安矜烟视媚行……今惠子之遇我尚新,其说我有大甚者。'"惠子听说后予以反驳:"父母之教子也,岂待久哉!"尽管白圭在梁惠王面前极力贬低惠施(《应言》),而惠施终究取得了梁惠王的赞赏和信任,四年而继白圭为相。《说苑·杂言》有一个小故事:"梁相死,惠子欲之梁……曰:'梁无相,吾欲往相之。'"此梁相即公叔痤。痤死时惠施年仅九岁(据侯外庐考订,惠施生于公元前370年),云彼此时即欲之梁而相之,则犹云"庄周贷粟于魏文侯"(《说苑·善说》),自不可拘执其说而以为真。

公元前320年,孟子至梁。此时白圭虽不再为相,却以其老资格的重臣身份而享有很高的地位和权力,故有"吾欲二十而取一,何如"之言。从孟子的回答中可知白圭的意思并非仅于其封地之内实行二十抽一,而是制定整个魏国的税法。《韩非子·喻老》云:"白圭之行堤也塞其穴……是以白圭无水难。"可见白圭确实善长治水,而且很有功绩,所以他才对孟子说:"丹之治水也愈于禹。"但是孟子对其居功自傲的态度很不满意,于是批评其只重坚筑堤防而不重合理疏导的治水方法为"以邻国为壑"。从《孟子》的这两则记载中可见,白圭当时在魏国仍是十分得意的。

(2)出游三国。白圭离开魏国先是向西到秦国。魏襄王二十年(公元前299年)白圭已在秦国。《战国策·魏策四》记载:"白圭谓新城君曰:'夜行者能无为奸,不能禁狗使无吠己也。故臣能无议君于王,不能禁人议臣于君也。'"从此话看,很可能是有人对新城君说白圭曾在秦王面前说新城君的闲话,而白圭有意向新城君加以澄清。新城君芈戎是秦相魏冉的异父弟,显贵于秦,原号华阳君,秦昭王七年(前300年)拔新城后为新城君。白圭能在秦王面前非议新城君,表明白圭在秦时与秦王是十分接近的。

公元前299年,孟尝君入秦,可能见到了白圭。《吕氏春秋·举难》云:"孟尝君问于白圭曰:'魏文侯名过桓公,而功不及五伯,何也?'"白圭于是对魏文侯作了一番评论,此事亦见《新序》卷四。孟尝君问魏文侯于白圭一事,是我们考证"魏文侯时之白圭"所必须注意的关键问题之一,后文再论。吴师道认为孟尝君之问白圭盖系二人在秦时,然而白圭曾经到过齐国,孟尝君亦曾到过魏国,所以未见得二人此番对话必定在秦。

白圭在秦国待了没有多久,便向东北来到中山。《战国策·燕策二》载,苏代(或云苏秦)云:"且举大事者,孰不逃?"接着举出几个名人为例:"管仲逃于鲁","孔子逃于卫,张仪逃于楚,白圭逃于秦"。最后,他说:"故举大事,逃不足以为辱矣。"所谓"白圭逃于秦",即白圭在秦国出逃,从秦国逃出去。联系上文所举《魏策四》所载或谮白圭于新城君事看,白圭是恐怕获罪才离开秦国的。"白圭之中山,中山之王欲留之,白圭固辞,乘舆而去。"(见《吕氏春秋·先识》及《说苑·权谋》)中山灭于赵惠文王三年,即公元前296年(见《史记》之《秦本纪》、《赵世家》等),白圭之中山而云中山将亡,当距此时不远。

白圭离开中山，向东来到齐国。“齐王欲留之仕，又辞而去。人问其故，曰：‘之二国者（中山与齐）皆将亡。’”燕、秦、三晋联合伐齐，湣王败亡，事在魏昭王十二年，即公元前284年，后白圭预言之日不远矣。孟尝君在秦国只待了一年便回到齐国，白圭至齐时孟尝君可能在齐，不知二人问答在此时否。

白圭离开齐国，向西回到了魏国。可见，白圭出游的路线是以魏国为圆心，自西向北再向东画了一个半圆。公元前290年，白圭已在魏矣。《战国策·魏策四》：“成阳君欲以韩、魏听秦，魏王弗利。白圭谓魏王曰：‘王不如阴使人说成阳君……’”云云。白圭不欲成阳君入秦而未能如意，成阳君终于是年朝秦。这应是对白圭的最后一段记载。从公叔痤死至此共七十一年，依常理观之，痤死之时白圭不致超过二十岁。痤死十七年白圭封于浍，距此五十四年，知其为相受封均在三十岁左右。如此则白圭是年八十四五岁。公元前286年齐湣王灭宋，孟尝君入魏为相，不知白圭尚能为孟尝君论魏文侯否。前284年，乐毅入临淄，亦不知白圭尚在否，宜哉前贤所谓白圭不必亲见齐亡也。

（二）魏文侯时白圭考。

1.关于善经商之白圭。

我认为，扬雄、赵岐、高诱、吴师道、姚鼐、张文虎诸家的观点是正确的，善经商之白圭确即梁惠王时之白圭。道理主要有三：

第一，白圭自言："吾治生产，犹伊尹、吕尚之谋，孙吴用兵，商鞅行法是也。"我们知道，商鞅行法，始于公元前356年，秦孝公"以卫鞅为左庶长，卒定变法之令"（《史记·商君列传》）。是年为梁惠王十四年。后六年再次变法，即梁惠王二十年，公元前350年，上距魏文侯最末一年尚有四十六年。魏文侯死后十八年，吴起死，吴起死后又二十八年，商鞅行法，倘白圭与吴起同时，如何能以其身后之事自况？故此白圭正当梁惠王时是绝无问题的。根据我们前面的分析，白圭说此话时在三十岁以上，即正当其为相受封之时。

第二，对《货殖列传》中"当魏文侯时"一句的理解，向来就有两种可取的意见。一种意见认为这句话是专对李悝说的，与下文的白圭无关，即司马迁云李悝当魏文侯之时，而并未说白圭亦文侯时人。由于货财与农工生产之事相须而成，有密切的联系，又同为魏人魏事，所以史公在叙述白圭的时候捎带着说了一句文侯时的李悝。我认为这种见解是很有道理的。但是我更倾向于另一种意见，即认为这是讹误，而我认为这种讹误是来自于邹阳的《狱中上梁王书》，下文详述。

第三，《货殖列传》所说白圭的特点与《孟子》所载有所相通。吴师道、朱熹等人皆云《孟子》载白圭之欲二十而取一，表现了《货殖列传》所记其善治经济的特长，是欲省赋利民，而以其货殖之术施之国家，说已见前。我认为这种讲法很有道理，从这两则记载中都可看出其当家理财的财政大臣的本色，这是它们的共通点。再者，《货殖列传》所记其“吾治生产”云云与《孟子》所记其“丹之治水”云云两段话之中的自负情态，不是也很有些性格上的相同之处吗？

因此，我们说《史记·货殖列传》所记善经商之白圭与先秦书中作梁惠王相之白圭是一个人。至于白圭的籍贯，司马迁、赵岐、高诱等人皆说他是周人，唯鲍彪因见白圭事在《魏策》中，便说他是魏人，自吴师道已辨其谬，见《魏策四》。梁玉绳据鲍说而分白圭为周人魏人二，分明是强作解释，站不住脚，当以史公及高、赵之说为是。

2.关于取中山之白圭。

首先，我们可以肯定地说，取中山之白圭与善经商之白圭绝非一人。《货殖列传》极言白圭治生之道，白圭亦自言其所事乃治生产，并以其专而自豪，用自己治生产之长与他人之用兵相比美，可见此人所事者并非军事，而且治货财与事攻杀二者毫不相干。既不从事军事，何以灭得中山之国？

其次，为魏取中山者并非白圭。魏文侯之伐中山，事在文侯三十八年（公元前408年），三年而中山灭（见《魏世家》及《赵世家》）。为魏文侯伐中山者是乐羊以及吴起，古书中多有记载，例如《吕氏春秋·乐成》，《战国策》之《魏策一》、《中山策》、《秦策二》，《淮南子·人间训》，《史记》之《魏世家》、《乐毅列传》以及《说苑·复恩》等等。而云白圭为魏拔中山者仅此邹阳上书一句而已。若如王先谦所怀疑的，白圭仅仅是乐羊或者吴起手下一个普通带兵的人，那么如何能说是他为魏取了中山、他又如何能尊显于中山，且为何魏文侯对他如此之恩宠厚爱？从邹阳上书中的语气看，此人必为伐中山之主帅无疑。如此，则张冠李戴之迹昭然若揭。

第三，取中山之白圭显然是由梁惠王时之白圭演化出来的。《史记》司马贞索隐云白圭取中山事见《吕氏春秋》及《战国策》，虽然二书全无此事的踪影，却为我们提供了解决这一问题的重要线索，即由此可知所谓魏文侯时之白圭的由来。前面说过，《吕氏春秋·先识》载中山将亡于赵时，白圭到过中山。中山曾亡于魏文侯，而白圭又是魏大臣，于是邹阳便误以为白圭所预言的中山将亡是亡于魏，即将所谓后中山错当成前中山，这样一来，白圭便成了魏文侯时的人。然而，他没有注意到原文说是中山王欲留白圭，中山称王在梁惠王后元十二年，即公元前 323 年。而且又说白圭由中山到了齐国，而云齐国亦将亡，齐亡在魏昭王十二年，即公元前 284 年，皆与魏文侯时代相去遥远，怎么能联系得上呢？再者，《吕氏春秋·举难》载孟尝君向白圭询问魏文侯，也会使邹阳误以为白圭是魏文侯时人。然而他忘了，如果白圭能为魏文侯取中山，又如何能得见孟尝君？《吕氏春秋》云，白圭到中山时，中山君欲杀之，白圭亡入魏。魏文侯灭中山时，白圭便成了取中山的统帅。至于人恶白圭于魏文侯云云，也是有其来历的。《吕氏春秋·乐成》云，乐羊为魏文侯取得中山，有贵功之色，人恶之于魏文侯，献谤书两箧，于是邹氏便有了其中山人恶白圭于魏文侯之说。由此可见，邹氏将白圭的年代弄错，从而与乐羊之事混为一谈。邹氏之文草于缧绁之中、仓促忧惧之间，其于掌故自无暇细考，有一二失当之处本不足怪，况其富有辩士之风，更是人所共知，原不拘囿于史实，如宋人谓苏轼所云之“想当然耳，何知出处”。邹氏之说固不足据，而史公未曾详察，遂致以讹传讹，于是由《狱中上书》到《货殖列传》，平地生出一个魏文侯时之白圭。此魏文侯时之白圭所以仅见于《史记》也。

以上分析说明：一、所有材料记载的白圭只是一个。二、白圭生于魏武侯末年，而主要生活于惠、襄、昭三世，所谓魏文侯时的白圭是不存在的。三、只有政治家、经济学家和水利学家的白圭，没有军事家的白圭。这些，就是本文考辨所得的结论。

（《山东教育学院学报》，1991年第6期）

试论《左传》的崇霸尚战思想

崇霸尚战是《左传》的基本思想之一。它有两种表现形式,一是直接论述的形式,即直接表达;二是叙事记言的形式,即间接体现。后一种形式也就是《左传》那所以诱人的神奇的战争和辞令描写。这两种形式都有力地说明,崇霸尚战虽非《左传》的唯一思想内容,但确系构成《左传》文章精彩特色的重要思想根源。因此,抓住这条若隐若现地埋藏于书中的红线,对于分析作者为何如此热衷和擅长描述战争和辞令无疑会有极大的帮助,而且对于探究作者与当时各种主要思想派别之间的关系也将不无裨益。

《左传》作者的思想比较复杂。《左传》当中表现出从孔子提倡德治、教化,反对苛政、刑杀以及所谓大一统的思想到孟、荀王霸之辨的发展轨迹;而它宣扬霸术、歌颂霸业和崇尚战争的思想倾向又带有管仲向战国齐法家思想过渡的印痕;

它那对于春秋和战国时代的转变、战争日益激烈扩大和武力统一的趋势的热情反映，甚至可以说是战国法家公然鼓吹暴力的先声。《左传》作者历来被定性为儒家，然而不难看出，他在许多地方与他之前的孔子和其后的孟、荀是不一致的，所以他又被称为儒家别派。

孔、孟、荀对于兼并战争、武力称霸都是不赞成的，而《左传》作者则异于是，他对兼并争霸战争是肯定的。

这首先表现为对这种战争的津津乐道。《左传》中用力最多、写得最好的部分是写战争的篇章，材料非常繁富，结构极为严密，叙述十分完整，细节特别生动，语言异常动人，气势磅礴，情景逼真，可谓极描写之能事。五大战役是其突出代表，即使一般战争也大都写得很精彩。作者对这些战争如此刻意宣扬，以至于不厌其烦，不正是对以攻伐为贤的现实和武力征服的霸道肯定的表现吗？

其次，为发动战争作解释，这是肯定兼并争霸战争的又一表现。《左传》描写战争的篇章，十分注意交待战争的前因后果，将这一特点稍作分析，不难明了作者的用心和思想倾向。例如，僖公三十年晋文、秦穆率兵围郑，作者说是因为郑文公“无礼于晋，且贰于楚”。实际上，两年前晋文公已与郑文公盟于衡雍，过去的矛盾已经解决，这时又翻出老账来，显然是在找借口。显而易见，这种以曲为直的做法，与其说是作者在交待战争的起因，是出于文章写作的需要，不如说是在为发动战争者找理由或直接肯定他们的借口，是对霸道的赞许。

第三,对兼并争霸战争的肯定还表现为用迷信手段证明战争及其胜负的必然性。“子不语怪、力、乱、神”(《论语·述而》),而利用迷信,诸如卜筮、鬼神、怪异、灾祥、妖梦之类,对于战争及其胜负的合理性、必然性进行说明和解释,是《左传》的一个重要特点。这表现了作者的思想、看法、意图和倾向性。例如,僖公十年,晋狐突适下国,遇到太子申生的鬼魂,申生说他已求得上帝的同意,要把晋国送给秦国。七天以后,新城西边巫者向狐突传达申生的话,说上帝将惩罚晋惠公,他将大败于韩。五年以后,秦穆公伐晋,战于韩原而获晋惠公。所以秦之伐晋,晋败秦胜,这是五年以前就由天命决定了的,是合情合理的。而且一开始就以卜筮的形式说出这场战争的具体过程,以显示战争、胜负皆在数中。书中还以天命决定论论证了强国、霸主皆天所授,每一霸主的称霸,都是天命所归,其他天授之国也不可违背天意。例如《宣公十五年传》云:“古人有言曰:‘虽鞭之长,不及马腹。’天方授楚,未可与争。虽晋之强,能违天乎? ……国君含垢,天之道也。”作者企图说明,上天鬼神不是特别照顾哪一个人,而是唯德是辅,只有美德才可用来祭祀他们。小国被吞掉是因为无德,鬼神不佑,而大国吞掉小国,将其光明的美德献于神明,神自然是接受的。所以,兼并战争、吞灭别国不违背道德,是合理的,霸主大国具有崇高的德行,上天鬼神辅助和依从他们,其胜利和称霸都是必然的。总之,《左传》所写的怪、力、乱、神，实际上大都起着宣扬霸道的作用，作者以此来肯定现实，从而对战争、武力造成的胜败兴亡进行解释和辩护。

除上述之外，《左传》当中还有大量的对军事理论、战略战术的总结、研究和论述，这也表现了作者对战争的浓厚兴趣和赞赏、肯定的态度，与孔子的思想不一致。然而作者重视和肯定战争是很明智的，他看到了在当时历史条件下武力统一的大趋势，战争虽是"民之残也"(《襄公二十七年》)，但无法避免，要消除战争、安定天下只有使用武力，用战争来停止战争，所以他把武力和战争作为停止战争的手段来描写、颂扬。在《左传》当中，武力威慑是安定之本和小国生存的保证："凡诸侯小国，晋、楚所以兵威之，畏而后上下慈和，慈和而后能安靖其国家，以事大国，所以存也。无威则骄，骄则乱生，乱生必灭，所以亡也。天生五材，民并用之，废一不可，谁能去兵？兵之设久矣，所以威不礼而昭文德也。圣人以兴，乱人以废。"(《襄公二十七年》)这段话是对所谓"弭兵"运动的总结性批判和否定。武力不仅是保持社会局面暂时安定的必要条件，其更重要的作用和意义以及最终目的还在于消除战争："夫文，止戈为武。"(《宣公十年》。这是说明武功的意义，而非武字本义。)"夫武，禁暴、戢兵、保大、定功、安民、和众、丰财者也。"(《宣公十二年》)写完晋楚邲之战后，作者用楚庄王一大段论述武功的话作为全篇的理论性总结，毫无疑问，这代表了作者的思想和认识。楚国并国四十五，兼并最多，疆域最大，而楚王犹以为不足，认为自己的武功不高，如果武力特别强大，天下自然就太平了。一次大胜利不足以谓有武功，其目的在于巩固霸业，平定天下。不仅楚王这样看，作者亦作如是观，在此他们的思想是合拍的。显然，这种观点与用武力征服和统一的霸道一脉相通，法家不就是主张“以战去战”、“以杀去杀”（见《商君书·画策》）的吗？

赞成兼并争霸战争，自然欣赏战胜和称霸的人。作者在写每次战争时，总是站在强者的立场上说话。在对于材料的选择上，对战胜者总是只写其战胜的因素，对战败者总是只写其战败的因素，总要预示出胜者必胜、败者必败，似乎胜者什么都好，而败者则什么都不好，所以战胜者是作为正面来写的，而战败者则是作为反面来写的。稍加留意，就可看出这是《左传》中描写战争的一大特色。先看其对胜者的赞美。例如，前面说过秦晋韩之战，秦胜晋败，站在秦的一边；而秦晋殽之战，晋军大胜，使秦穆东向扩展的锋芒受到很大挫折，作者叙述这场战争时，站在了晋的立场上，用蹇叔哭师、秦兵无礼等情节说明秦师必败，而借迷信预言晋必大捷，说明了晋人作战有理、上天助晋、天命不可违等种种必伐秦师的道理。同样，写晋楚城濮之战时倾向于晋，写晋楚邲之战则倾向于楚，对于胜者的赞美都是非常明显的。再说其对败者的嘲笑。例如，华元自文公十六年为右师，执国政四十余年，是宋国的柱石，他多建大功，“国人与之”（《成十五年》)。宣公十四、十五年,楚庄王伐宋,围宋九月,宋国危急,“华元夜入楚师,登子反之宋”,逼子反与之盟,使楚退兵,“宋及楚平,华元为质”,表现出华元具有机智勇武、坚强不屈的性格。然而,宣公二年郑败宋师获华元,于是书中对华元表现了无情的嘲笑和挖苦。其实,《传》载华元兵败仅此一役而已,而且这次失败,尚有其特殊原因。非常明显,在作者看来,不论何国何人,战胜就光荣,战败就可耻,就是无能,这种以胜败论英雄的态度无疑是从赞扬霸道的思想出发的。

赞美强者,自然要歌颂霸主,因为霸主是最大的强者。孟子说:“仲尼之徒,无道桓、文之事者。”(《孟子·梁惠王上》)荀子说:“仲尼之门,五尺之竖子言羞称乎五伯……诈心以胜矣,彼以让饰争,依乎仁而蹈利者也,小人之杰也,彼固曷足称乎大君子之门哉!”(《荀子·仲尼》)而《左传》作者截然相反,他对于齐、晋、楚、秦等霸主十分欣赏,或直接评论,或借他人之口进行赞美。《左传》描写齐、晋、楚、秦等“天授之国”之间进行的或有他们参加的战争最为生动和精彩,对霸主们的叙述总是十分用心。至于后起的吴、越,本皆楚之属国,文化落后,兴盛时间不长,影响远不及其前的几个霸国,所以没有特别重视。下面我们就以齐桓、晋文为例简单看一下霸主们在作者心目中的地位。

鲁庄公十五年,齐桓公大会诸侯于鄄,建立了霸业,大国争霸从此开始。齐桓公在《左传》当中却以世之楷模的身份出现。他的兼并被说成是由于别国无礼(如《庄公十年》),其"将以求霸"的"存亡国"、"以让饰争"的所谓"施惠",也都成为作者歌颂齐桓的材料。齐桓去世两年之后,书中还号召人们"无忘齐桓之德","修桓公之好"(《僖十九年》),思慕怀念之情溢于言表。再说晋文公,他即位的第二年就送周襄王还朝,平定王子带的叛乱,以此对外号召诸侯,对内示民以事君之义,而图其霸业。城濮之战,是晋楚争霸的第一次大战役,晋文公由此而威名大振,成为继齐桓之后的又一霸主。作者写出了晋军作战的理直气壮,称赞晋文的一战而霸,其对晋的倾向性是非常明显的。战后,晋献楚俘于王,"王子虎咒诸侯于王庭,要言曰:'皆奖王室,无相害也。'"明明是表面文章,"君子"却称赞说:"是盟也信。"晋的这场"以德功"楚,被写成代表了周天子的意志,是维护周天子的利益(见《僖二十八年》)。同年的践土之会,晋文公实召周天子,而书中对此亦每每称颂,他的"搂诸侯以伐诸侯"(《孟子·告子下》)也被赞美为以公正严明的刑赏施惠中原国家,安定四方诸侯(如《僖二十八年》)。"五霸者,三王之罪人也"(《孟子·告子下》),而在《左传》中,齐桓、晋文却是经常与三王并称的。显然,这些不能说与作者歌颂霸主、宣扬霸道的意图没有关系。

《左传》肯定战争、崇尚武力、宣扬霸道、赞美霸主,是与其仁德礼义观联系在一起的。可能有人认为充斥于《左传》当中的仁德礼义是儒家的思想和主张,殊不知,这些观念自有其特殊的意义和作用，它们仍是崇霸尚战思想的内容和表现。不难发现，利用仁德礼义作为战争和称霸的重要手段，已成为《左传》所宣扬的霸道的一大特点。

法家主张霸道，其思想渊源是管仲。管仲是霸道的创始人，他辅佐齐桓公成为春秋时期的第一个霸主，除实行察能授官、奖励耕战、富国强兵、武力扩充等一系列政策之外，德、刑、礼、义、信也是其兴霸的有力武器。这与战国法家公然鼓吹对外以暴力征服有所不同，因为作者是在写春秋，与战国具有不同的时代特点。具体来说，《左传》所表现的德与力、德与霸之间的关系是：

第一，以德饰力。

《僖公四年》齐楚召陵之盟中的一段描述是这一特点的典型体现。该篇对纯任武力和以德饰力两种策略进行了比较，一方是炫耀武力的齐桓公，一方是主张"以德服人"的楚使屈完，自然作者的心思在于后者。经过唇枪舌剑的较量，以尚德作幌子的正面形象屈完占了上风。楚是好战之国，楚成王一生频繁用兵，他的使者却要求别人服人以德，齐桓固然不能"以德绥诸侯"，而单凭德，楚也是不会服的。双方明明是在较量国势，却以尚德作招牌.此正孟子所谓的"以力假仁"(《孟子·公孙丑上》)，在作者侈谈的仁德背后正闪烁着刀剑的寒光。还须点明的是，正是那"招携以礼，怀远以德"的管仲、齐桓充当了以力服人的角色，这不是有趣的巧合，而正是作者强调以德饰力重要性的苦心所在和有力佐证，它说明，即使是作为霸主班头的齐桓，赤裸裸地宣扬暴力也是要碰钉子的。再如，殽之战时，孟明有“三年将拜君赐”的誓言，两年后，孟明伐晋报仇未成，下年秦伯伐晋，济河焚舟，以示必死决心，于是“取王官及郊，晋人不出，遂自茅津济，封殽尸而还，遂霸西戎，用孟明也”（《文公三年》）。书中说，秦的胜利是因为孟明“惧而增德，不可当也。《诗》曰：‘毋念尔祖，聿修厥德。’孟明念之矣。念德不怠，其可敌乎”（《文公二年》）。就是说，孟明复仇、秦霸西戎、益国开地皆是德行修明的结果，而不是依仗武力。

第二，德力合一。

孔子说：“主忠信，徒义，崇德也。”（《论语·颜渊》）《左传》当中也有“忠，德之正也；信，德之固也；卑让，德之基也”的话（《文公元年》），似乎与孔子观点一致，但具体到所谓的有德之人，就不合这个标准了，而表现为有力即有德。例如，晋文公“谲而不正”（《论语·宪问》），何谈忠信？杀君争国，何言卑让？使医酖人，何有仁义？而书中却说他“有德不可敌”（《僖公二十八年》）。对于国君，当了霸主就是有德，没当上霸主是由于德还不够，于是霸主成为道德之楷模，势力越大说明道德越高。秦穆公广地益国，东服强晋，西霸戎夷，作者对此颇为欣赏，称赞他能以忠信待人，善用人才，但认为其德行尚未达到作诸侯盟主的高度，故云：“秦穆之不为盟主也宜哉！”（见《文公元年》至《文公六年传》）对于人臣，能为君主辟土地、充府库、约与国、战必克者即为有德，这些“良臣”，孟子斥为“民贼”（见《孟子·告子下》），而在《左传》作者笔下他们则都成了英雄。例如，城濮之战，晋方先轸将中军，作者说是因为他德高。先轸之德是什么？无非是善战多诈、能为晋国争霸而已。“君不行仁政而富之，皆弃于孔子者也，况于为之强战？争地以战，杀人盈野；争城以战，杀人盈城，此所谓率土地而食人肉，罪不容于死。故善战者服上刑。”（《孟子·离娄上》）可见先轸的行为并不合于儒家的道德，而所谓尚德，不正与尚战密切相关吗！

第三，德以求霸。

《左传》所写的主要思想内容都是围绕一个中心，为了一个目的，即克敌制胜、兼并争霸，所谓“德”也不例外，德实际上已成为战争的手段和霸术的内容之一。“德、刑、详、义、礼、信，战之器也。德以施惠，刑以止邪，详以事神，义以建利，礼以顺时，信以守物。”（《左传·成公十六年》）这样，人们“莫不尽力以从上命，致死以补其阙，此战之所由克也”（《成公十六年》）。这不能说不是作者弘扬霸道的思想意图的真实表现。因此能否作霸主取决于仁德礼义的高低。作者十分重视礼的作用。楚成王行为失礼，“是以知其不遂霸也”（《僖公二十二年》），可见礼是兴霸的重要手段。霸主之礼，对外主要是些表面的礼仪、礼节，对内则赋以新意，用以推行政令，改革国政，强国图霸，重礼成为霸术之一。

《左传》重礼法，也重民众。自然，《左传》这种思想并未为民众着想，也不是为了实行仁政王道，而是为了统治者有效地进行战争，在保住个人国家的基础上兼并和争霸。“栾武子欲报楚，韩献子曰：‘无庸，使重其罪，民将叛之。无民，孰战？’”（《成公十五年》）晋文公一即位就对民众进行教练，他采纳子犯的意见，设法使民知义、知信、知礼，“民听不惑，而后用之”（《僖公二十七年》），遂一战而霸。“孟明增修国政，重施于民”，即所谓“增德”、“念德”（《文公二年》），而其目的是破晋兴霸。

以上这些正面的议论和事例都明显包含着作者赞许、欣赏的态度。这种重视民众作用而将民众作为战争工具的思想和主张，与后来孟子的“民为贵，社稷次之，君为轻”（《孟子·尽心下》）的民本思想不同，后者要求统治者为老百姓着想，得乎丘民者方可为天子，所以要实行仁政王道，而前者是要老百姓为统治者服务，统治者“以土地之故，糜烂其民而战之”（《孟子·尽心下》），因此是实行霸道。孟子所说的“义战”，是君主为老百姓打仗，是“为匹夫匹妇复仇”，是“救民于水火之中”，“民之望之，若大旱之望雨也”（《孟子·滕文公下》），《左传》中的战争，是老百姓为国君打仗，二者性质不同。《左传》所大力宣扬的这种假借仁义之名以求济其贪欲之私的策略，是春秋霸术的重要内容。从赞颂的角度出发描写战争，自然不会对于连年战乱给人民群众造成的灾难、统治者强加在人民群众头上的沉重的兵役和徭役给人民群众带来的巨大痛苦以及人民群众的思想感情作出真实的表现。毫无疑问，人民群众是反对这样的战争的，《诗经》中那些表现征戍、徭役之苦的怨歌就是明证。在这个意义上说，孟子所谓“春秋无义战”，不是很有道理吗？

我们说过，霸主们的所谓尊王、德行、礼义、孝敬、忠信、卑让等等都不过是掩人耳目的花招和欺诈，实际上，权谋谲诈是霸术的重要方面，是兼并争霸不可缺少的手段，而对权谋谲诈的注重与宣扬，正是《左传》崇霸尚战思想的又一重要表现。书中饶有兴致地写的那许多拉打离合的谋略，诸如“亲有礼，因重固，间携贰，覆昏乱，霸王之器也”（《闵公元年》）之类，以及各种具体的计策谋划等等，是直接的证明，自不待言，在此只对亦属此类的行人辞令说上几句。行人辞令在兼并争霸战争中的重大作用也是不言而喻的，它与武力共相表里，是霸术的重要有机组成部分。前人评论说，《左传》记事最善写战争，记言尤长于写行人应答，就已看出了二者的整体性联系。行人们巧言利害，善算多诈，以胜败得失、攻守和战来打动对方以配合军事行动，为达目的，夸大其事，自欺欺人，虚诞不实，与战国时期谋臣策士的纵横捭阖、剧谈雄辩一脉相通。为全面表现和宣扬霸道，作者有意安排、加工和描写了这些内容，在很多地方不符合儒家的注重忠、信、诚的原则。对于这一部分，笔者将有专文细加讨论，兹不赘述。

（《聊城师范学院学报》，1989 年第 3 期）

《诗》学与中国古代诗学传统

传统，在中国古代诗歌史上是被极为重视的，它参与中国古代诗歌史，本身也成为中国古代诗歌史的一部分。中国古代诗歌史像银河一样密布着繁星般众多的诗人和诗篇，而标志着它的发展、代表着它的水平、体现着它的特色的则是那些为数并不太多的典范，这些典范形成一个序列，中国古代诗歌的传统就寓于这个序列之中。中国古代诗歌史上的传统意识，或者称为传统主义，有其保守性，主要在于它在诗歌领域维护和保持儒家价值观统治地位的连续性；也有其开放性，主要在于它旨在造就一个永无休止的诗歌典范序列，即使典范不止于一个两个而代代皆可出现，前后典范因其时代而有其特点，共同构成一个正统的承传。这种承传要求的是传统精神的无限延续，其延续的条件和保障是在继承传统基础上的发展和创新，从而“自名一家”。在中国诗歌史上，

《诗》是最早被树立起来的典范，其后，骚、古诗、三曹和七子的诗、李白和杜甫的诗都被作为继承了《诗》的传统而有所发展和创新的典范，它们虽然不是"经"，但在诗歌创作和理论中，实际上是常被作为经典来对待的。《诗》作为诗歌典范序列之首，具有至高的权威性，传统主义是《诗》权威性的根源和保障。《诗》成经之前，传统主义观念的核心是崇古；《诗》成经之后，这一观念的核心中又融进了宗经。传统主义观念把《诗》一步步地推上儒经的宝座，然后使《诗》及《诗》学终中国古代诗歌史一直充当着诗歌创作和理论的楷模和圭臬。

一

中国古代文化中有一个在世界文化史上最长久的连续的经典解说和使用传统，这个传统早在儒家学派建立之前便已开始。《诗》作为经典之一，其形成便标志着对其解说和使用史的开始，而其中的某些诗篇，其解说和使用史的开始则又早在《诗》成书之前。中国古人有尊古和重史的传统心理特征，中国古代史书之浩瀚为世界其他任何民族所不及，史书之外的文献在流传过程中也往往被史书化。章学诚《文史通义·易教上》："六经皆史也。"《诗》之为"史"，便是文学作品被史化的结果和典型例证。"六经皆先王之政典也"（同上），表明重史与尊古密不可分。《诗》在成为儒家经书之前先经过了史化，可以说，《诗》是先成为史书然后成为儒家经书的。《诗》作为历史典籍，其权威性早在孔子出生之前便已普遍深入人心。

春秋时期，一切文章典籍仍统称为文。此"文"，《论语》中即所在有之，如：《学而》中子曰之"行有余力，则以学文"，《八佾》中子曰之"文献不足故也"，《雍也》中子曰之"君子博学于文"，《颜渊》中子曰之"博学于文"，《述而》中之"予以四教：文、行、忠、信"，《子罕》中之"博我以文"，《先进》中之"文学：子游、子夏"，这些"文"即文章典籍，包括《诗》。

《诗》是可以摆脱乐的形式而独立存在的，《国语·周语上》载祭公谋父引《诗·周颂·时迈》以谏周穆王，足证诗篇很早就作为"文"来使用了。周王朝和各诸侯国都有史官和乐官，史官和乐官都保存着《诗》，乐官将《诗》作为乐歌而保存，史官将《诗》作为典籍即"文"而收藏。《左传·昭公十五年》载周景王对晋国的籍谈说："而高祖孙伯黡司晋之典籍，以为大政，故曰籍氏……女，司典之后也。"《诗》离乐而独立为"文"，就保管在司典这类史官那里。老聃，章太炎先生称之为史聃（见《訄书·订文·附正名杂义》），是春秋周之史官。《庄子·天道》中子路说他是"周之征藏史"。征即典，意思是掌或主；藏即藏室，指储藏书籍的藏府；所以，《史记·老子韩非列传》易"征藏史"为"守藏室之史"。征藏史亦即周景王所谓之司典。《庄子·天道》："孔子西藏书于周室，子路谋曰：'由闻周之征藏史有老聃者，免而归居，夫子欲藏书,则试往因焉。'孔子曰:'善。'往见老聃,而老聃不许,于是繙十二经以说。"("十二经",陈鼓应《庄子今注今译》据严灵峰说改为"六经")于此亦可见,作为"文"即典籍的《诗》是藏在史官那里的。春秋时,《诗》仍或在乐中或独立为文。《左传·襄公二十九年》所载吴公子札在鲁观乐便是《诗》在乐中之明证。当时人之赋《诗》与引《诗》性质有所不同,赋《诗》是将《诗》作为乐歌来用的,以《诗》言志,《诗》在乐中,故属用乐,而引《诗》则是将《诗》作为"文"即文章典籍来用的,以《诗》为训,《诗》、乐相分,故属用史。虽然引《诗》之断章取义略同于赋《诗》,但由于引《诗》大多属以故为训、以古证今,所以比赋《诗》更多地体现了当时人的传统意识。

考察春秋时人的用《诗》情况,主要依靠《左传》和《国语》。这两部书所载《诗》大致可分为四类:一,记诗歌的创作原因和背景;二,记赋《诗》言志;三,记人引《诗》以论人、事、理及证己、劝人;四,其他。《左传》共载《诗》二百四十三次(不包括化为人物自己之言和作为非《诗》句引用者,下文所述《国语》同),属第一类者八次,属第二类者六十九次,属第四类者二次(一为晋悼公享叔孙豹用乐事,见《襄公四年》;一为吴公子札观乐事,见《襄公二十九年》),余者皆属第三类。《国语》共载《诗》二十六次,属第一类者一次,属第二类者三次,属第四类者一次(晋悼公享叔孙豹用乐事,见《鲁语下》),余者皆属第三类。这第三类突出地表现了《诗》

的历史权威性和当时人的传统意识。第三类可依引《诗》动机和意图分为五种,其间交叉者各依其所侧重确定归属,兹分别举例略述之。

(一)论人

1.批评。《左传·僖公九年》(下文引《左传》省书名):秦国公孙枝引《诗·大雅·皇矣》(下文引《诗》省书名)、《大雅·抑》以批评晋国郤芮之言,说明晋惠公难以安定晋国。《文公十五年》:齐懿公侵鲁西鄙并进而攻打曹国,鲁国季文子引《小雅·雨无正》、《周颂·我将》以批评之(《左传》中人引《诗》以论人往往兼有预言性质,此即一例)。《成公四年》:鲁成公到晋国,晋景公会见他时不恭敬,鲁国季文子引《周颂·敬之》以批评晋景公。《成公十四年》:卫定公享晋之苦成叔,苦成叔傲,卫之宁惠子引《小雅·桑扈》以批评之。《襄公七年》:卫国孙文子聘鲁,违礼,遭指责而无悛容,鲁国叔孙穆子引《召南·羔羊》以批评之。《襄公二十五年》:卫献公自夷仪派人向宁喜谈复位的事,宁喜同意了,大叔文子引《邶风·谷风》(所引亦见《小雅·小弁》)、《大雅·烝民》以批评宁喜。《襄公三十一年》:卫臣北宫文子引《大雅·荡》、《大雅·抑》以批评楚令尹围(后为楚灵王),言其不能免于祸难。《昭公元年》:晋国叔向引《小雅·正月》以批评楚令尹围,言其不能善终。《昭公六年》:宋国华亥勾结寺人柳,作伪证陷害华合比,向戌引《大雅·板》以斥之。《昭公十年》:鲁国叔孙昭子引《小雅·正月》(所引亦见

《大雅·瞻卬》)以批评逃亡在鲁的齐臣高强。《昭公二十一年》:葬蔡平公时,“蔡大子朱失位,位在卑”,鲁国叔孙昭子引《大雅·假乐》以批评之。《昭公二十四年》:楚平王组织水军以掠吴疆,沈尹戌引《大雅·桑柔》以批评之。《昭公三十二年》:晋国魏舒到京师,合诸侯之大夫于狄泉,令城成周,魏舒南面,卫国彪傒引《大雅·板》以批评之。《国语·周语中》(下文引《国语》省书名):晋国郤至狂妄,周臣单襄公批评他时引《大雅·旱麓》。

2.称赞。《文公二年》:秦国孟明“增修国政,重施于民”。晋国赵成子引《大雅·文王》以称赞之。《襄公七年》:晋国穆子引《小雅·小明》以称赞其弟起而举荐其为卿。《襄公十年》:鲁国狄虒弥勇猛有力,孟献子引《邶风·简兮》以赞叹之。《襄公二十一年》:晋国叔向引《大雅·抑》以赞美祁奚正直。《昭公二年》:晋国叔向引《大雅·生民》以称赞鲁国叔弓知礼。《昭公八年》:晋平公筑虒祁之宫,师旷讽谏之,叔向引《小雅·雨无正》以称赞师旷。《昭公二十六年》:齐国晏子引《小雅·车舝》以论陈氏之施于民。《晋语四》:宋国公孙固引《商颂·长发》以称赞晋公子重耳有礼。

(二)论事

1.否定和批评。《成公七年》:鲁国季文子引《小雅·节南山》以批评“吴伐郯”而“郯成”事。《成公十二年》:晋国郤至引《周南·兔罝》以批评楚国礼仪失当事。《襄公二十九年》:郑国子大叔引《小雅·正月》以批评晋平公为杞国筑城事。又,郑国裨谌引《小雅·巧言》以批评郑国大夫们在伯有家结盟事。《昭公十年》:鲁国臧武仲引《小雅·鹿鸣》以批评季平子用人祭事。《昭公十六年》:鲁国叔孙昭子引《小雅·雨无正》以批评齐景公伐徐事。《昭公二十三年》:楚国沈尹戌引《大雅·文王》以批评囊瓦城郢事。

2.肯定和称赞。《宣公十五年》:晋国羊舌职引《大雅·文王》以称赞晋景公赏桓子及士伯事。《宣公十六年》:晋国羊舌职引《小雅·小旻》以称赞士会得重用事。《襄公三十一年》:卫国北宫文子引《大雅·桑柔》以称赞郑国礼仪得当事。《昭公二十八年》:晋国成鱄引《大雅·皇矣》以肯定魏献子给戊一县事。《哀公五年》:郑国国参引《大雅·假乐》和《商颂·殷武》以肯定郑人杀驷秦事。

(三)论理

1.评判事理。《僖公十五年》:晋国韩简引《小雅·十月之交》以证其君咎由自取,与是否听从占筮无关。《襄公三十一年》:晋国叔向引《大雅·板》以证辞令的重要性。《昭公四年》:鲁国申丰以《豳风·七月》之卒章说明藏冰之道。《昭公六年》:晋国叔向写信给郑国子产,反对把刑法铸在鼎上,信中引《周颂·我将》、《大雅·文王》以证其观点。《昭公七年》:晋国伯瑕引《小雅·北山》以证事物之不同。《昭公二十年》:齐国晏子引《商颂·烈祖》、《豳风·狼跋》以论证“同”与“和”之不同,主张“和”而反对“同”。《昭公二十五年》:宋国乐祁引《大雅·瞻印》以证鲁国君已失民,无法逞其志。《昭公三十二年》:晋国史墨引《小雅·十月之交》以阐明"社稷无常奉,君臣无常位"的道理。《哀公二十六年》:子赣引《周颂·烈文》以证卫出公难以回国的道理。

2.阐述己见。《宣公十二年》:晋国士会引《周颂·汋(酌)》、《周颂·武》阐明其不要攻打楚军而要兼弱攻昧的主张。又,晋、楚战,楚国孙叔敖引《小雅·六月》以证其先发制人的主张。《宣公十七年》:晋国士会引《小雅·巧言》以证其告老以使郤克逞其志的道理。《成公二年》:楚国子重发兵救齐,引《大雅·文王》以证其"师众而后可"的见解。《成公十六年》:楚国申叔时引《周颂·思文》以证其对战争胜利的条件的看法。《襄公八年》:楚攻郑,郑国子驷引《周诗》(逸诗)、《小雅·小旻》以证其顺从楚国的主张。《襄公二十一年》:晋国祁奚引《周颂·烈文》以说明救叔向的道理。《襄公二十六年》:蔡国声子引《大雅·瞻印》、《商颂·殷武》以说明"赏不僭而刑不滥"、"与其失善,宁其利淫"的道理。《襄公二十九年》:郑国子展引《小雅·四牡》以证其派印段前去参加安葬周灵王的主张。《襄公三十一年》:卫国北宫文子引《邶风·柏舟》、《大雅·既醉》、《大雅·皇矣》以阐明其"威仪"观。《昭公元年》:晋国叔向引《大雅·烝民》以证其使楚公子子干与秦公子后子食禄相同的主张。《昭公七年》:晋平公问士文伯《小雅·十月之交》中两句何意,士文伯遂提出择人、因民、从时三点建议。又,晋大夫引《小雅·常棣》以建议对卫国加以礼遇。《哀公二年》:晋国赵鞅将与郑国子姚等战，晋国乐丁主张按既订谋划行动，引《大雅·绵》以为证。

（四）劝人

1.劝君主做某事。《闵公元年》：管仲引《小雅·出车》以劝齐桓公救援邢国。《僖公十九年》：宋军围曹，宋臣子鱼引《大雅·思齐》以劝宋襄公姑且退兵修德然后再来伐之。《僖公二十二年》：周大夫富辰引《小雅·正月》以劝周襄王把王子带召回。《僖公三十三年》：晋国臼季引《邶风·谷风》以劝晋文公任用冀缺。

2.劝君主不做某事。《僖公五年》：晋国士蒍引《大雅·板》以讽晋献公之宠骊姬，且论为两位公子筑城之不必要。《僖公二十二年》：邾人攻鲁，僖公轻视之，臧文仲引《小雅·小旻》、《周颂·敬之》以谏僖公。《僖公二十四年》：周襄王将以狄伐郑，富辰引召穆公之作诗以谏之（亦见《国语·周语中》）。《宣公二年》：晋灵公不君，士会引《大雅·荡》、《大雅·烝民》以谏之。《昭公六年》：楚公子弃疾到晋国，晋平公打算不派人迎接，叔向引《小雅·角弓》以谏之。《昭公七年》：楚灵王“为章华之宫，纳亡人以实之，无宇（芋尹）之阍入焉”，无宇谏灵王，引《小雅·北山》。《昭公二十六年》：“齐有彗星，齐侯使禳之”，晏子引《大雅·大明》及逸诗以谏齐侯。《周语上》：周穆王将征犬戎，祭公谋父谏之，引《周颂·时迈》。又，周厉王喜欢荣夷公，芮良夫谏之，引《周颂·思文》、《大雅·文王》。《周语下》：“灵王二十二年，谷、洛斗，将毁王宫。王欲壅之”，太子晋谏，引《大雅·桑柔》、《大雅·荡》。又，周景王将铸大钱，单穆公谏之，引《大雅·旱麓》。《晋语四》：晋公子重耳过郑，郑文公不礼焉，叔詹谏郑文公，引《周颂·天作》。《楚语上》：楚灵王建章华之台，欣赏其美，伍举谏之，引《大雅·灵台》。又，楚灵王虐，白公子张谏之，引《小雅·节南山》。《越语下》：越王勾践将灭吴，吴王夫差求和，越王勾践欲许之，范蠡引《豳风·伐柯》以谏勾践。

3.劝谏君主之外的人。《襄公二十四年》：晋为霸主，“范宣子为政，诸侯之币重”，郑国子产致书范宣子，引《小雅·南山有台》、《大雅·大明》以谏之。《昭公九年》：季平子想要郎囿的修造快点完成，叔孙昭子引《大雅·灵台》以谏之。《昭公二十四年》：郑之子大叔引《小雅·蓼莪》以劝晋之范献子安定周王室。《昭公二十八年》：晋之祁胜与邬臧通室，祁盈将执之，司马叔游引《大雅·板》以谏之。《定公四年》：郧公辛之弟怀欲杀楚王，辛引《大雅·烝民》以谏阻之。《晋语四》：晋公子重耳在齐贪图安乐，不愿回国，姜氏引《大雅·大明》、《小雅·皇皇者华》、《郑风·将仲子》以谏之。

4.驳人。《成公二年》：晋、齐搴之战后，齐侯派遣宾媚人求和，“晋人不可，曰：‘必以萧同叔子（齐侯之母）为质，而使齐之封内尽东其亩’”。宾媚人引《大雅·既醉》、《小雅·信南山》、《商颂·长发》以驳之。《成公八年》：晋侯派韩穿至鲁,要求鲁将汶阳土田还给齐国,鲁国季文子引《卫风·氓》、《大雅·板》以驳之。

除以上所述之外,还有一种引《诗》,作用比较特殊,即提醒君主。《襄公十一年》:晋悼公恢复霸业,魏绛恐其骄怠,引《小雅·采菽》以提醒他"安其乐而思其终"。

(五)证己

1.证自己不做某事的道理。《桓公六年》:"齐侯欲以文姜妻郑大子忽,大子忽辞,人问其故",大子忽引《大雅·文王》以证。《庄公二十二年》:齐桓公欲使田完为卿,田完辞,引《诗》(逸诗)以证。《宣公十二年》:楚、晋邲之战后,楚庄王引《周颂·时迈》、《周颂·武》、《周颂·赉》、《周颂·桓》以证自己不"筑武军而收晋尸以为京观"的道理。《襄公七年》:晋国穆子引《召南·行露》、《小雅·节南山》以说明自己不作卿的道理。《昭公元年》:晋国乐王鲋言己从《小雅·小旻》之卒章而不公开批评楚公子围等。《晋语四》:楚成王引《曹风·候人》以证自己不拘留晋国狐偃的道理。

2.证自己做某事的道理。《文公十年》:楚臣文之无畏笞宋昭公之仆以徇,有人批评他,他引《大雅·烝民》、《大雅·民劳》以证自己的行为合理。《宣公十一年》:晋之郤成子引《周颂·赉》以证自己前往狄人之处会狄而不召狄人来会的道理。《襄公二十一年》:晋国叔向引《诗》(逸诗)以证自己不附范式、不介入各大家族之争的道理。《昭公元年》:晋国赵文子引《大雅·抑》以说明自己要以信为本。《昭公四年》："郑子产作丘赋，国人谤之"，他引《诗》（逸诗）以说明自己不因此而改变做法。《昭公十年》：齐国陈桓子引《大雅·文王》以证自己施舍之举。《昭公十三年》：周臣刘献公引《小雅·六月》以表示自己要佐晋讨齐。《定公十年》：鲁国郈工师驷赤以"《扬水》（《唐风·扬之水》）卒章之四言"表示听命于武叔。

3. 自责。《文公元年》：秦、晋殽之战后，秦穆公引《大雅·桑柔》以自责。

4. 自叹。《宣公二年》："赵穿杀灵公于桃园，宣子（赵盾）未出山而复，大史书曰：'赵盾弑其君'"，赵盾引《邶风·雄雉》以自叹（所引之"慼"，今《雄雉》作"阻"，"阻"通"慼"，忧也）。

以上所述，不包括"君子"引《诗》及其同类之孔子引《诗》。上举诸引《诗》例皆属以故为训，以先人之言为训，引《诗》者是将《诗》作为史书来使用的，就像他们的用《书》一样。如《左传·僖公二十七年》载："楚子及诸侯围宋，宋公孙固如晋告急"，晋拟伐曹、卫以救齐、宋。"谋元帅，赵衰曰：'郤縠可。臣亟闻其言矣，说礼、乐而敦《诗》、《书》。《诗》、《书》，义之府也；礼、乐，德之则也；德、义，利之本也。《夏书》曰：赋纳以言，明试以功，车服以庸。君其试之！'"《诗》、《书》被《左传》、《国语》中的人物同等看待而作为故训频繁引用。不仅《诗》、《书》，凡前人之言，一经流传下来和被认可，都有权威性，如"先王之教"、"先王之令"、"先王之命”、“周文王之法”、史佚之志、史佚之言、周任之言、《志》、《周志》、《军志》、前《志》(以上这些,刘起釪先生认为可以视为《书》类,见其《尚书学史》第二章第四节)、古语、谚语、俗语(对这些,《左传》所载引用四十二次,《国语》所载引用二十五次。谚语、俗语的产生在被引用之前,自然也被看作前训),等等,对它们的引用,同引《诗》的性质、作用和方式相类。上述现象表现了当时人们重过去、重传统的观念,这种观念的核心是崇拜过去的圣王明君。很多引《诗》者是将所引之诗作为先王遗则而奉为圭臬的。以对周文王的崇拜为例,《左传·僖公十九年》载子鱼之引《大雅·思齐》、《宣公十一年》载郤成子之引《周颂·赉》、《宣公十五年》载羊舌职之引《大雅·文王》、《成公二年》载子重之引《大雅·文王》、《襄公三十一年》载北宫文子之引《大雅·皇矣》、《昭公六年》载叔向之引《周颂·我将》、《大雅·文王》、《昭公二十三年》载沈尹戌之引《大雅·文王》、《昭公二十六年》载晏子之引《大雅·大明》、《昭公二十八年》载成鱄之引《大雅·皇矣》,就都是明确以周文王言行事迹为证的。

尊古、崇拜过去的圣王明君,这种传统心理由中国原始自发宗教的祖先神崇拜发展而成,可谓源远流长,《诗》被作为记载先人包括过去的圣王明君言行事迹的文献而被普遍崇奉,就出于这种传统心理。儒家文化系统的解经传统的产生,也出于这种传统心理。孔子“述而不作,信而好古”(《论语·述而》),他说:“君子有三畏:畏天命,畏大人,畏圣人之言。”(《同上《季氏》》)他自己必然也是这样。他说:“殷因于夏礼,所损益可知也;周因于殷礼,所损益可知也。其或继周者,虽百世,可知也。”(同上《为政》)即认为文化的发展必然是连续的,是有传统性的,所以他认为自己的文化使命不在于独创而在于继承和发展,他整理和传授古代文献就是在这种心理指导下进行的。“后世文字,必溯源于六艺。六艺非孔氏之书,乃周官之旧典也。《易》掌太卜,《书》藏外史,《礼》在宗伯,《乐》隶司乐,《诗》领于太师,《春秋》存乎国史”(清章学诚《校雠通义·原道》)。孔子通过对这些文化遗产的意蕴和哲理的思考、体验以获取精神力量和看待、处理问题的方式方法,并努力将它们传开和传下去。显然,孔子是一个尊古崇圣者,是一个传统主义的继承者和提倡者。孔子的《诗》说,是从前人和时人用《诗》现象总结出来的。例如:“诵《诗》三百,授之以政,不达;使于四方,不能专对;虽多,亦奚以为?”(《论语·子路》)“不学《诗》,无以言。”(同上《季氏》)“《诗》三百,一言以蔽之,曰:‘思无邪。’”(故可奉为圭臬。同上《为政》)“《诗》可以兴,可以观,可以群,可以怨。迩之事父,远之事君,多识于鸟兽草木之名。”(同上《阳货》)这些,都是对用《诗》情况的总结和理论概括。在用《诗》方法上,孔子也继承和发展了前人的传统。例如《论语》之《学而》中孔子与子贡谈《诗》、《八佾》中孔子与子夏谈《诗》的那种触类旁通和引申发挥便明显出于前人断章取义的用《诗》传统。

孟子继承了前人包括孔子的用《诗》、解《诗》传统。他也把《诗》作为史，例如他曾说："王者之迹熄而《诗》亡，《诗》亡然后《春秋》作。"(《孟子·离娄下》)可见他认为《诗》与《春秋》是同一类文献。他的用《诗》、解《诗》大多是把《诗》作为古训的，即要以古为训，而不是要以经书为训。例如《孟子·梁惠王上》(下文引《孟子》省书名)所载其引《大雅·灵台》、《大雅·思齐》，《梁惠王下》所载其引《周颂·我将》、《大雅·皇矣》、《小雅·正月》，《公孙丑上》所载其引《大雅·文王有声》、《豳风·鸱鸮》、《大雅·文王》，《滕文公上》所载其引《豳风·七月》、《小雅·大田》、《大雅·文王》，《滕文公下》所载其引《鲁颂·閟宫》，《离娄上》所载其引《大雅·假乐》、《大雅·板》、《大雅·荡》、《大雅·文王》、《大雅·桑柔》，《告子上》所载其引《大雅·烝民》，等等，都体现出其以《诗》为古训的观念。

《诗》到了荀子那里，便被明确地作为经了(尽管荀子还没有把"诗"同"经"连起来称为《诗经》)。孟子已有将《诗》经化的倾向，但《诗》之由史转经则是由荀子来实现的。以《诗》为史和以《诗》为经最明显的不同在于前者引《诗》是以故(史)为训，而后者引《诗》是以书(理)为训；前者只是将《诗》的内容作为前人(当然也包括先王)的言行事迹，而后者则单纯将《诗》作为作者奉行圣人之道而阐发的圣人之志；前者所体现和强调的是历史的权威性，后者所体现和强调的是思想的权威性。《荀子·劝学》中自"学恶乎始？恶乎终”至“在天地之间者毕矣”一段话，非常清楚地阐述了《诗》的“经”的崇高地位。《诗》等经典，学之，则是人，不学，则是禽兽，因为它们体现着最高道德，于此可见，学《诗》已主要不是因其古（史）而是因其道（经）了。对此，《荀子·儒效》中自“圣人也者，道之管也”至“天下之达道毕是矣”一段话阐述得也很清楚。这段话明确指出《诗》出于圣人之道，是圣人之道的表现，其所言皆圣人之道，也就是说《诗》所表现的不是作诗者自己的思想和感情，而是传达圣人的思想和意志。就这样，《诗》中的“故训”便被固定成为纯粹的、千古不变的、人人必须终生学习和崇奉的真理，即圣人之道。荀子往往在发议论之后引《诗》以证，如《荀子·劝学》：“故君子不傲、不稳、不瞽，谨顺其身。《诗》曰：‘匪交匪舒，天子所予（见《小雅·采菽》）。’此之谓也。”这种引《诗》为证的做法当然不自荀子始，但综观荀子的这种做法，大多明显出于《诗》作为圣人之道其本身在他心目中的权威性，是其宗经、征圣、明道观念的体现，而非以史为训、以古证今，有时宣扬的目的大于为证的用意。这作为荀子为文的惯例为后儒所继承，《韩诗外传》、《新序》、《说苑》、《列女传》都采用了这种体例。“《韩诗》之存者，《外传》而已，其引荀卿子以说《诗》者四十有四，由是言之，《韩诗》，荀卿子之别子也”（清汪中《荀卿子通论》）。刘向是学《鲁诗》的，而“《鲁诗》，荀卿子之传也”（同上）。孔子之前人们的引《诗》论事论理等等，一般来说，目的不在于宣扬《诗》，而汉儒所用的这种引

《诗》体例意图大多在于宣扬《诗》。汉儒在忠实继承荀子《诗》说的基础上完成了《诗》的经化,史化的《诗》一经经化,其“史”的价值和地位便被捧到了天上,作为经的《诗》使中国诗歌史上的传统意识的核心具有了崇古和宗经双重内容。

二

《汉书·艺文志》:“春秋之后,周道浸坏,聘问歌咏不行于列国,学《诗》之士逸在布衣,而贤人失志之赋作矣。大儒孙卿及楚臣屈原离谗忧国,皆作赋以风,咸有恻隐古诗之义。”屈原虽深受《诗》及儒家思想的影响,但他并未把《诗》奉为经典而步趋模拟,他是以开创者的姿态独立于诗坛的。然而综观古代有关评论,强调屈作对《诗》之继承关系者所在多有,屈作之所以被与《诗》相提并论而作为诗作之楷模,就在于它被认为继承和发扬了《诗》的精神和传统。汉淮南王安是最早为《离骚》作传的人,其所谓“《国风》好色而不淫,《小雅》怨诽而不乱,若《离骚》者,可谓兼之”,即以《诗》评《骚》,而其所谓《国风》、《小雅》的特点又明显本于荀子的《诗》论。《荀子·大略》中说:“《国风》之好色也,传曰:‘盈其欲而不愆其止,其诚可比于金石,其声可内于宗庙。’《小雅》不以于污上,自引而居下,疾今之政以思往者,其言有文焉,其声有哀焉。”这段话既是荀子对《国风》、《小雅》思想内容特色的概括,又是他作诗的准则。荀子把《诗》捧到经的崇高地位,他自己的作诗言志也是对作为经的《诗》的模拟。“战国以来,个人自作而称为诗的,最早是《荀子·赋篇》中的《佹诗》。首云:‘天下不治,请陈《佹诗》。’杨倞注:‘请陈佹异激切之诗,言天下不治之意也。’诗以四言为主,虽不合乐,还是献诗讽谏的体裁。”(朱自清《诗言志辨·诗言志·作诗言志》)所谓“天下不治,请陈《佹诗》”,明确地宣告了为政治而创作的目的,其内容则体现了其所谓“疾今之政以思往者,其言有文焉,其声有哀焉”的《小雅》的传统。“传统的文学观本来是把明道、征圣、宗经三种意义合而为一的,所以我以为传统的文学观,其根基即确定于荀子。”(郭绍虞《中国文学批评史》二)

这种传统的文学观在历代诗歌创作和理论上的主要表现,是在儒家思想指导下强调诗歌与社会和政教的关系,要求诗歌反映现实生活,有补于世。对此,中国第一篇专论诗歌的理论文章《诗大序》即表述得非常清楚。其后,曹丕《典论·论文》把文章的价值和作用分为两个方面,即“经国之大业”和“不朽之盛事”,前者是就文章之于政治生活而言,后者是就文章之于作者个人而言,而后者是建立在前者基础之上的。刘勰《文心雕龙》中说:“道沿圣以垂文,圣因文而明道。”(《原道》)“唯文章之用,实经典枝条……详其本源,莫非经典。”(《序志》)“若禀经以制式,酌《雅》以富言,是即山而铸铜,煮海而为盐也。”(《宗经》)《文心雕龙》以儒家圣人的思想言论为准则来评论作家作品和指导写作，认为道、圣、文三位一体，经书源于道、体现道，所以垂教万世，在思想和文辞上都是文章的典范、创作的楷模，后世许多文体都源于经书，创作必须取法经书，文学的功能和作用是有助于政治教化和个人道德修养。

中国诗歌史上反映社会现实、讽喻时政、褒美刺恶之作不胜枚举。《诗经》、《楚辞》、汉乐府中的作品曾以其强烈的政治和伦理道德倾向性而产生重大的社会和历史影响。其后，如汉末三曹、七子等作家的诗歌中所表现的“建安风骨”，三国魏阮籍《咏怀》所表现的愤世嫉俗，南朝宋鲍照《拟行路难》所表现的对世族门阀统治的不满和抨击，唐陈子昂《感遇》中的指斥时弊，唐李白的《古风》、《战城南》、《丁都护歌》、《宿五松山下荀媪家》、《书怀赠南陵常赞府》等等诗篇，以及唐杜甫的《兵车行》、《丽人行》、《自京赴奉先县咏怀五百字》、“三吏”、“三别”等等诗篇所表现的对人民的关心同情、对统治者的鞭笞谴责，等等，都充分表现了诗歌创作与社会政治现实密切相关的传统。

古人往往称能充分反映某一时期重要社会事件、有历史意义的诗歌为“诗史”，这一名称体现着极高的价值和荣誉。“诗史”之称出于唐代：“杜（杜甫）逢禄山之难，流离陇蜀，毕陈于诗，推见至隐，殆无遗事，故当时号为‘诗史’。”（唐孟棨《本事诗·高逸》）此后“诗史”便成为一条从反映当时社会现实的视角评价前人诗作的最高标准，例如曹操、李贺、李商隐、陆游等人的诗作都曾被人赞美为“诗史”。唐代是诗歌的黄金时代，唐代诗人以其创作充分地体现着紧密联系社会政治现实的传统，如李白、杜甫，并以其诗歌理论充分阐述了这一传统，如白居易。“文章合为时而著，歌诗合为事而作。”（《与元九书》）“为诗意如何？六义互铺陈。风雅比兴外，未尝著空文……愿播内乐府，时得闻至尊。”（《读张籍古乐府》）“篇篇无空文，句句必尽规……惟歌生民病，愿得天子知。”（《寄唐生》）总而言之，为君、为臣、为民、为物、为事而作，不为文而作也。白居易的这些创作原则和主张明确阐述了反映社会现实、有补于时政的诗歌创作传统，在中国诗歌史上有广泛的代表性。

尚古，是中国古人的传统心理，明道、征圣、宗经三位一体的传统文学观是建立在尚古心理之上的，其本身即意味着一种尚古。尚古、法古是中国古代诗歌史上自始至终的传统观念。有人有时反对法古，却以古人不法古为立论依据和号召。中国古代诗歌史上的崇古观念是由中国古代社会结构和民族传统心理特点所决定的，任何诗歌作家和理论家都无法跳到社会之外去。当然，尚古和法古是有选择的，所谓“古”和“古人”是有定指的，即尚和法那些典范，不合于典范者虽古亦不可法，因为它们不合于“古”。且看这些议论：“一日，有客携所业谒公（宋代诗人韩驹），客退，公观之竟，语仆曰：‘此人多读东坡诗，大率作文须学古人，学古人尚恐不至古人，况学今人哉，其不至古人也必矣。’”（宋范季随

《陵阳室中语》)"大概学诗,须以《三百篇》、《楚辞》及汉魏间人诗为主,方见古人好(一作"妙")处,自无齐梁间绮靡气象(一作"味")也。"(宋吕本中《童蒙诗训》)"东坡先生……教人作诗曰:'熟读《毛诗·国风》与《离骚》,曲折尽在是矣。'仆尝以谓此语太高,后年齿益长,乃知东坡先生之善诱人也。"(宋许顗《彦周诗话》)"先须熟读《楚辞》,朝夕讽咏,以为之本;及读《古诗十九首》、乐府四篇、李陵、苏武、汉魏五言,皆须熟读,即以李、杜二集枕籍观之,如今人之治经,然后博取盛唐名家,酝酿胸中,久之自然悟入。虽学之不至,亦不失正路。"(宋严羽《沧浪诗话·诗辩》)于此可见在古人心目中学古之于诗学诗作的重要性之一斑。"后之视今,亦犹今之视昔"(唐刘知几《史通·言语》),昔之篇籍至今不朽,则今之篇籍亦可垂不朽,自己学古人可以使后人学自己,自己法古,也要后人法古。

早在先秦就有立言以不朽之说。《左传·襄公二十四年》载范宣子问穆叔:"古人有言曰'死而不朽',何谓也?"穆叔说:"鲁有先大夫曰臧文仲,既没,其言立,其是之谓乎!豹闻之:'大上有立德,其次立功,其次立言。'虽久不废,此之谓三不朽。"立言以不朽的观念出于当时人的崇古心理,穆叔之引"言"以证己说本身便是明证,这与本文第一部分所论先秦引《诗》现象是相通的。汉代文人当中,成一家之言以求不朽的观念已很普遍。进入文学的自觉时代,曹丕便将文学意义上的诗歌佳作也列入了不朽之列。其《典论·

论文》中说:“盖文章,经国之大业,不朽之盛事。年寿有时而尽,荣乐止乎其身,二者必至之常期,未若文章之无穷。是以古之作者,寄身于翰墨,见意于篇籍,不假良史之辞,不托飞驰之势,而声名自传于后。”其《与王朗书》中说:“生有七尺之形,死唯一棺之土。唯立德扬名,可以不朽,其次莫如著篇籍。疫疠数起,士人凋落,余独何人,能全其寿?故论撰所著《典论》、诗、赋,盖百余篇。”曹丕把“立言”明确为“著篇籍(包括诗)”,还是从传统着眼的。

“宋子京《笔记》云:‘文章必自名一家,然后可以传不朽;若体规画圆,准方作矩,终为人之臣仆。古人讥屋下架屋,信然。陆机曰:“谢朝花于已披,启夕秀于未振。”韩愈曰:“惟陈言之务去。”此乃为文之要。’(以上见《宋景文公笔记》上)苕溪渔隐曰:‘学诗亦然。若循习陈言,规摹旧作,不能变化,自出新意,亦何以名家。鲁直诗云:“随人作计终后人。”又云:“文章最忌随人后。”诚至论也。’”(宋胡仔《苕溪渔隐丛话前集·山谷下》)“自名一家”是必须以法古为基础的。李白、杜甫是唐以后诗歌史上的最高楷模,当然可谓“自名一家”了,然而他们都被作为宗《诗》法古的楷模,他们实际也是这样做的。李白“十岁通《诗》、《书》”(《新唐书·文艺传中》)。“不读非圣之书,耻为郑、卫之作,故其言多似天仙之辞。凡所著述,言多讽兴,自三代已来,《风》、《骚》之后,驰驱屈、宋,鞭挞扬、马,千载独步,唯公一人。故王公趋风,列侯结轨,群贤翕习,如鸟归凤”(唐李阳冰《草堂集序》)。“李白诗祖《风》、《骚》,宗汉、魏,下至鲍照、徐、庾,亦时用之”(元陈绎曾《诗谱》)。杜甫亲《风》、《雅》,攀屈、宋,精《文选》,“读书破万卷”,方才“上薄《风》、《骚》,下该沈、宋,言夺苏、李,气吞曹、刘,掩颜、谢之孤高,杂徐、庾之流丽,尽得古今之体势,而兼人人之所独专”(唐元稹《唐故工部员外郎杜君墓系铭序》)。古人诗论中言李、杜之宗《诗》法古者比比皆是。效法古人意在效其精神,学其方法,继承其传统,在此基础上发展和创新,“自名一家”,而绝不意味着对古人古作的重复。如“山谷言:学者若不见古人用意处,但得其皮毛,所以去之更远。如‘风吹柳花满店香’,若人复能为此句,亦未是太白”(宋范温《潜溪诗眼》)。至于“诗恶蹈袭古人之意,亦有袭而愈工,若出于己者,盖思之愈精,则造语愈深也。魏人章疏云:‘福不盈身,祸将溢世。’韩愈则曰:‘欢华不满眼,咎责塞两仪。’……盖愈工于前也”(宋魏泰《临汉隐居诗话》)。这也是在效法的基础上发展,而不是简单的重复。

实际创作上的忌重复古人古作意识之普遍自觉在魏晋之后。“魏晋间人诗,大抵专工一体,如侍宴、从军之类,故后来相与祖习者,亦但因所长而取之耳。谢灵运《拟邺中七子》与江淹《杂拟》是也……尝怪两汉间所作骚文,初(一本无“初”字)未尝有新语,直是句句规模屈、宋,但换字不同耳。至晋、宋以后,诗人之辞,其弊亦然。若是,虽工亦何足道!盖当时祖习,共以为然,故未有讥之者耳”(宋叶梦得

《石林诗话》卷下)。中国诗歌史上曾有世界诗歌史上所罕见的拟古之风,汉代,此风已起,例如,王褒之作《九怀》、刘向之作《九叹》、王逸之作《九思》便是对屈原作品的模拟。其间,拟古大家扬雄亦曾"作书,往往摭《离骚》文……名曰《反离骚》;又旁《离骚》作重一篇,名曰《广骚》;又旁《惜诵》以下至《怀沙》一卷,名曰《畔牢愁》"(《汉书·扬雄传上》)。魏晋南朝,此风大盛,于《文选》所收诗之"杂拟"类即可见其一斑。

拟古之作多种多样,其中有些托名之作,如苏李诗、假托班婕妤所作的《怨歌行》等等,也可以看作怀古、咏古之作,而有的补亡诗,如束皙的《补亡诗》六首,则是对《诗经》的模拟,《文选》将它们列于诗类之首,足见其于时人心目中的地位之高。拟古作家傅玄曾说:"《诗》之雅、诵,《书》之典、谟,文质足以相副,玩之若近,寻之益远,陈之若肆,研之若隐,浩浩乎其文章之渊府也。"(《太平御览》卷五九九引《傅子》)如此看来,很多并非特为拟古而作的诗歌实际上也是有模拟《诗经》的成分的。既是拟作,就难免"随人后"、蹈袭和重复,但拟作的原因、动机和意图也是多种多样的,其间不乏出于同古人思想感情共鸣或对其艺术成就钦佩而创作者,亦不乏试图以己之作与前人成功之作较量轻重短长而"袭而愈工"者,所以拟作之中有发展,不能一概视为简单的重复。至于中国古代诗歌史上的另一奇特现象怀古咏史之风,则比拟古之风更充分地体现了慕古、思古的思想感情。

中国诗歌史上的怀古咏史之作，数量极多。《诗》之《雅》、《颂》中关于商、周两族先人的描述便有怀古咏史的性质，屈原作品中提到大量的神话、古史、先王、先贤，其所忆古、述史既远且广。最早以“咏史”为题的诗作是班固的《咏史》，而班固《咏史》又是现存最早的文人五言诗，即今知文人的五言诗创作是从“咏史”开始的。其后，孔融的《杂诗》、曹操的《短歌行》第二首及《善哉行》第一首、王粲的《咏史诗》、曹丕的《煌煌京洛行》、曹植的《三良诗》都是著名的咏史佳作。至左思《咏史诗》出，“咏史”遂成为其后历代诗中之热门。元人方回《瀛奎律髓・怀古类》收诗110首，序云：“怀古者，见古迹，思古人，其事无他，兴亡贤愚而已。可以为法而不之法，可以为戒而不之戒，则又以悲夫后之人也。齐彭殇之修短，忘尧桀之是非，则异端之说也。有仁心者必为世道计，故不能自默于斯焉。”于此亦可见创作者尊古重史的心理以及以古为训、以古为鉴的意图和意义。早在西周，便有“殷鉴不远，在夏后之世”（《诗・大雅・荡》）的诗句，咏史以古为鉴的传统不可谓不源远流长。咏史诗作者往往是借史咏怀的，而其以史自况、喻人、证事理则有合于春秋时人引《诗》之旨。“先王作法皆正道”（杜甫《石犀行》），尊古出于重道，视古为了察今，述古与明道是分不开的。

中国诗歌史上的传统主义在诗歌形式上的体现也是十分明显的。中国古代诗体具有极强的稳定性和因袭性，诗体观上的尚古宗经观念和倾向很重。例如五言诗，它是中国古代诗歌的主要形式之一，它在这个宝座上坐了约一千七百年，登上这个宝座经过了约三百年，前后占据诗坛共约两千年。再如七言诗，作为中国古代诗歌的另一主要形式也一直持续了一千多年，而它与五言诗之间的关系实在是太近了。产生于五言诗之前的四言诗，是中国诗歌中最早形成的诗体，《诗经》中的诗篇以四言为主，所以四言诗在中国诗歌史上地位极高。《诗经》之后，荀子作《佹诗》，以四言为主。"汉初四言，韦孟首唱，匡谏之义，继轨周人"（刘勰《文心雕龙·明诗》）。汉末曹操、三国魏嵇康都是四言诗作之高手。晋代的傅玄、荀勖、张华、傅咸、挚虞、潘岳、陆机等人都有四言诗作，陶潜的《停云》尤为古人所激赏。挚虞《文章流别论》云："古之诗有三言、四言、五言、六言、七言、九言。古诗率以四言为体，而时有一句二句杂在四言之间。后世演之，遂以为篇……然则雅音之韵，四言为正，其余虽备曲折之体，而非音之正也。"挚虞认为四言体之外的各种诗体都是演《诗》而成的，刘勰则以四言诗为"正体"、五言诗为"流调"（见其《文心雕龙·明诗》）。挚虞、刘勰是身处五言诗盛行之时而发斯言的，足可见在诗歌形式上传统主义影响之深。但五言诗代替四言诗而成为中国诗歌的主要形式是由社会生活的发展所决定的，而不以个人的意志为转移，当时在创作的繁荣上，四言早已让位于五言，钟嵘《诗品》之专评五言诗即反映了这一事实。《诗品序》云："夫四言，文约意广，取效《风》、《骚》，便可多得。每苦文繁而意少，故世罕习焉。

五言居文词之要,是众作之有滋味者也,故云会于流俗。”然而,南北朝以后,尽管四言诗作日少,但是,出于尊《诗》崇古的观念,四言诗体的地位仍被看得很高。例如李白便曾说:“兴寄深微,五言不如四言,七言又其靡也。”(唐孟棨《本事诗·高逸》。清王士禛说:“此独谓《三百篇》耳。”见其《带经堂诗话·综论·源流》)这种崇《诗》尚古的观念有广泛的代表性。古之言诗者中往往有人因认为时人四言诗作不如古人而触发或加强崇《诗》、思古、慕古之情。五言诗取代了四言诗的地位之后,虽经古体、近体之分,但终中国古代诗歌史,一直是诗歌主要形式之一种。五言诗体及与之有密切关联的四言诗体、七言诗体生命力之长久、顽强,可谓中国古代诗歌形式上传统主义影响和作用的充分体现与说明。

传统主义是中国古代全社会所普遍奉行的思想作风,也可以说是中国古代的民族心理之一。尚古、崇圣和宗经是其重要表现。诗歌领域不可能例外。在《诗》成经之后的中国古代诗歌史上,尚古和宗经(明道、征圣都要落实到宗经上)共同构成了传统主义观念的核心。中国古代传统诗学是以《诗》学为基础建立起来的。先秦的传统诗学就是《诗》学,其后言诗者发挥《诗》学理论而用之于一切诗歌,扩展而成一整套诗歌理论,并用以指导创作和批评。因而古代诗歌的理论和实际创作之间不可避免地存在很大的矛盾和脱节现象。实际创作不可能完全符合儒家传统的诗学模式,不可能都具有“正得失、动天地、感鬼神”、“经夫妇、成孝敬、厚人伦、美教化、移风俗”(《诗大序》)的巨大力量和作用。传统诗学中的功利性要求妨碍诗歌创作和批评的自由健康进行,崇古宗经的传统观念造成诗歌艺术的因袭、封闭和发展缓慢。这些主要是诗歌领域传统主义保守性影响所致。但是中国古代绝大多数诗人和诗歌理论家都把传统作为一种积极的力量,他们把自己同社会紧紧联系在一起,对国家和民族富有责任心,高度重视道德自觉和人格完美,注重明辨是非和坚持正义,具有自尊、自强、刚直不阿和宽厚大度的心态,以积极、乐观、向上的精神主导生活。他们在诗歌创作和理论中所表现的对真、善、美统一的人格理想和艺术理想的追求以及高度的社会责任感和历史使命感,构成了中国古代诗歌内容上的鲜明特色。在诗歌形式上,连续性和稳定性所产生的积累现象使诗歌表现形式随着时代的推移而日趋丰富,新的诗体出现,原有的诗体依然流行,诗体越积越多,在古老的传统中不断产生新的内容。这些都体现着传统主义的积极性影响和作用。中国古代诗歌传统之悠久一贯、从未割断,在世界之林中是独一无二的,这是中国诗人的骄傲。如同中国古代诗歌创作和理论之丰富多彩,中国古代诗歌传统也是丰富多彩的,对此,本文所见所述之小,管窥蠡测亦不足以形容,惟期引玉而已。“致力于中国艺术现代化的何怀硕”“强调艺术的现代化必须有对‘传统的再认’。他说:‘我们要相信伟大的传统中许多瑰宝,仍然是我们建设现代中国画的源头活水'"(金耀基《中国文化传统与发展》,载《传统文化与现代化》1993年第3期),我们建设"现代中国诗"不也应该如此吗?

(《古籍整理研究论丛》第三辑,齐鲁书社1994年)

王充经学观论略

王充尊经书而不尽信其言，尚经学而主张超越之且进行创造，对经学现状深为不满，其治经方法独具特色，将经学看作一个开放、发展的系统，反对死守旧经，主张创造今经，要求经学由空疏繁琐、为学而学向实际应用转化，表现了经学各种势力在斗争中融合的趋向，应和了汉皇帝以经学强化统治的需要。王充的经学理论深刻，全面地反映了当时经学界的状况，具有典型的时代代表性。本文分析论证了王充对经书、经学、治经原则和方法、治经目的的基本观点以及王充在中国经学史上的重要、特殊地位。

王充所处的时代，经学极盛，经学思想理论活跃而纷纭并走向统一，很多经学问题需要人们思考和回答。王充崇尚经学，以经学为"至道"。他认为，五经以道为务，道是本，事是末，"道行事立，无道不成"(《论衡·程材》，下文引《论衡》只注篇名)，无经学则不能治民(《量知》)。王充自谓“造论之人”，他认为“造论著说”高于徒治五经六艺(见《佚文》)，“著作者”高于“说经者”(见《书解》)，而“造论”、“著作”必须以真正地通经学为基础。王充的经学造诣很深，他的《论衡》虽不是专论经学的著作，但广泛、深入地探讨了经学问题，其中有些篇就是经学的专题论文。从经学史的角度看，《论衡》的出现是非常及时的，它对当时经学领域存在的问题所作的分析和解答是非常重要的，这些分析和解答带有浓重的时代色彩，具有典型的时代代表性。本文不拟全面论述王充的经学思想，仅就其经学基本观点谈一点认识。

一、基本态度——尊经而不尽信经

王充非常尊崇孔子，他认为经书是孔子手定的，他说：“孔子，周世多力之人也，作《春秋》，删五经，秘书微文，无所不定。”(《效力》)“《春秋》，汉之经，孔子制作，垂遗于汉。……《春秋》五经，义相关穿。”(《程材》)“孔子曰：‘文王既殁，文不在兹乎！’文王之文，传在孔子。孔子为汉制文，传在汉也。”(《佚文》)又说：“孔子作《春秋》，以示王意，然则孔子之《春秋》，素王之业也。”(《超奇》)“问说《书》者：‘“钦明文思”以下，谁所言也？’曰：‘篇家也。’‘篇家谁也？’‘孔子也。’然则孔子鸿笔之人也。‘自卫反鲁，然后乐正，《雅》、《颂》各得其所’也。鸿笔之奋，盖斯时也。”(《须颂》)

他把经书、《论语》和孔子之言作为立论的依据和评判是非的标准。例如《书虚》云：传书所言颜渊与孔子于鲁太山望吴阊门事，“如实论之，殆虚言也。案《论语》之文，不见此言；考六经之传，亦无此语。夫颜渊能见千里之外，与圣人同，孔子、诸子何讳不言？”又据今文《尚书·尧典》驳“儒书”之所谓舜巡狩至于苍梧，禹巡狩至于会稽。《儒增》引孔子“言不文”（见《孝经·丧亲章》）以明“传记”所谓高子羔“三年未尝见齿”之非。又据今文《尚书·无逸》驳儒生董仲舒“三年不窥园菜”之说。这样的例子，不胜枚举。

考论实虚，必求实诚，是王充作《论衡》的主导思想（王充评判“实”、“虚”的标准有时并不客观，后文有所论及）。他自言：“《论衡》之造也，起众书并失实，虚妄之言胜真美也。”（《对作》）“‘《诗》三百，一言以蔽之，曰：“思无邪。”’《论衡》篇以十数，亦一言也，曰：‘疾虚妄。’”（《佚文》）在他看来，不实诚之辞不仅一般言论、文献之中大量存在，经传当中也为数不少。他反对一味守信经文，认为经书不可尽信，这一观念是其经学观的基础。他总是以怀疑和求实的态度对待经文。例如，《尚书·泰誓》云：武王伐纣，三军乐战，“前歌后舞”（据孙星衍《尚书今古文注疏》）。王充则云：“前歌后舞，未必其实。”（《感虚》）他常用以孔明孔、以经明经的方法考论经传。例如，“仲尼祖述尧、舜”（《礼记·中庸》），极力赞美尧、舜之德，而王充却认为经书对尧、舜之德多有褒增成分，他说：虽然“孔子尤大尧、舜之功”，但“世常以桀、纣与尧、舜相反，称美则说尧、舜，言恶则举桀、纣。孔子曰：'纣之不善，不若是之甚也。'（子贡语，见《论语·子张》。汉人引《论语》，虽孔子弟子之言亦归诸孔子）则知尧、舜之德，不若是其盛也。"《书》言尧"协和万邦"（《尧典》），舜时"凤凰来仪"（《皋陶谟》，伪孔本之《益稷》），然而"尧有丹水之师，舜时有苗不服"（《齐世》、《恢国》），故尧、舜之世并非全是一派歌舞升平的美好景象。《艺增》中谓《易》之所谓"丰其屋，蔀其家，窥其户，阒其无人"和《书》之所谓"毋旷庶官"皆过甚其词，"《诗》曰：'济济多士，文王以宁。'此言文王得贤者多而不肖者少也。今《易》宜言'阒其少人'，《尚书》宜言'无少众官'。以'少'言之，可也；言空而无人，亦尤甚焉"。

王充认为经书的地位高于"传书"，这是必然的，但其对于"虚言"，则无论是"传书"中的还是经书中的，概加批驳，并不因其见于经书就轻信盲从。例如，《尚书》中汤伐桀的誓师词《汤誓》存于汉今文二十八篇之中，而汤因旱祷雨的《汤誓》则湮没不彰，或云其散见于汉古文《尚书》之中。这篇《汤誓》，先秦典籍《国语·周语上》、《论语·尧曰》、《墨子》之《七患》和《兼爱下》、《吕氏春秋·顺民》、《尸子·绰子》（见《群书治要》卷三十六）、《荀子·大略》等有所引用，汉代的《尚书大传》中有汤祷求雨事，《说苑·君道》所载汤之祝词与《荀子》所载略同。王充云："传书言：'汤遭七年旱，以身祷于桑林，自责以六过，天乃雨。'或言'五年'。祷辞曰：'余一人有罪，无及万夫；万夫有罪，在余一人。无以一人之不敏，使上帝鬼神伤民之命。'于是剪其发，丽其手，自以为牲，用祈福于上帝。上帝甚说，时雨乃至。"(《感虚》)王充认为："言汤以身祷于桑林自责，若言剪发丽手，自以为牲，用祈福于帝者，实也；言雨至为汤自责以身祷之故，殆虚言也。"这段"传书"之言主要出自《吕氏春秋·顺民》，此时王充可能尚未发现此事原载于《尚书》。作《感类》时，王充便明确指出此为《尚书》中的史料了："圣人纯完，行无缺失矣，何自责有五过(此言"五过"，与《感虚》异)？然如《书》曰：'汤自责，天应以雨。'汤本无过，以五过自责，天何故雨？以无过致旱，亦知自责不能得雨也。由此言之，旱不为汤至，雨不应自责。然而前旱后雨者，自然之气也。此言，《书》之语也。"王充对此言进行了非难，然后断言："《书》之言，未可信也。"(孙星衍《尚书今古文注疏·书序上》云："或此篇即是《夏社》佚文。"《论衡·感虚》黄晖校释然孙氏之说，并"疑仲任及见《夏社》"，可备一说)作为"传书"之言，王充非之，作为经书之言，王充仍非之，可见王充于驳虚言、求实诚，是将经书与普通文献同等对待的。

王充认为，经书中增益现象的产生不难理解，贲光上书汉光武帝，颂美汉文帝，"汉为今世，增益工美，尤过其实，况上古帝王久远，贤人从后褒述，失其离本，独已多矣"。若非汉光武帝纠正，千世之后，贲光所增汉文帝之事"载在经艺之上，人不知其增"，其所增则"遂为实事也"(《艺增》)。

需要注意的是，王充所谓“增益”包括夸张的修辞手段，例如《艺增》说：《尚书·尧典》之所谓“协和万国”是“褒增过实，以美尧也”。《诗·大雅·假乐》之所谓“子孙千亿”乃“诗人颂美，增益其实”。但王充并非不知“万国”和“千亿”是一种形容的用法，他说：“夫子‘千’与‘万’，数之大名也。‘万’言众多也，故《尚书》言‘万国’，《诗》言‘千亿’。”此外，王充还对“贤圣”有意识的增益表示理解。因此，王充认为经传之中的增益并非全无道理。

从总体上看，王充的经学观倾向于孟子，其中的无神论思想因素与孟子的影响有很大关系，其不尽信经的观念更直接地出自孟子，其于《尚书·武成》多所论及，显然由于受孟子观点的启发。《孟子·尽心下》：“孟子曰：‘尽信《书》，则不如无《书》。吾于《武成》，取二三策而已矣。’”王充则云：“夫经有褒增之文，世有空加之言，读经览书者所共见也。”（《齐世》）后于王充的赵岐说：“经有所美，言事或过。若《康诰》曰‘冒闻于上帝’，《甫刑》曰‘帝清问下民’，《梓材》曰‘欲至于万年’，又曰‘子子孙孙永保民’，人不能闻天，天不能问民，‘万年’、‘永保’皆不可得为，《书》岂可案文而皆信之哉？”（《孟子·尽心下》注）赵岐的见解与王充相似，而赵岐并未看到过《论衡》，可知他们这一见解都直接出于孟子。从所谓“读经览书者所共见”，可知孟子之不尽信《书》观念对汉儒的启发和影响具有普遍性。扬雄以继孟子道统者自居，曾说：“古者杨、墨塞路，孟子辞而辟之，廓如也。后之塞路者有矣,窃自比于孟子。”(《法言·吾子》)王充推崇扬雄,继承和发展了扬雄的一些思想主张,他也有类似的话:“孟子伤杨、墨之议大夺儒家之论,引平直之说,褒是抑非,世人以为好辩。孟子曰:‘予岂好辩哉?予不得已!’今吾不得已也!”(《对作》)所以,尽管孟子学说在汉代是普遍被奉行的,但王充并非一个从众从俗的人,其尊奉孟子思想固然与受扬雄的影响有关,而主要原因则在于自己的主张和学说与孟子的合拍。

二、基本方法——不拘门户,博学切问,以今知古

当时的通人学者不拘于今文、古文之门户,王充即是如此。我们只能说王充是经学家,而不能简单地说他是今文家或是古文家。对于今文说和古文说,他一律以实诚要求之,只讲论何种经说近实,而不心存今文学或古文学的偏向。虽然他往往使用古文本,如《语增》之所谓“察《武成》之篇”,或以古文说驳今文说,如《明雩》申古《论》说,驳鲁《论》说,但是,他使用的经书及《论语》、《孝经》以今文本为主,其所引用,《论衡》当中,比比皆是。一般说,其于《书》则欧阳,于《诗》则鲁,于《礼》则小戴,于《论语》则鲁,等等,而其所驳虽大抵为今文说,但亦时有古文说。据一种今文说驳另一种今文说,是《论衡》中很常见的现象。于《春秋》三传,王充尚《左传》,《论衡》中使用了大量《左传》中的史料,这是由于

他认为《左传》最近于实，而他对《左传》之说也是屡加批驳的（如《儒增》、《说日》）。

王充对当时经学界的不正学风是深恶痛绝的，他说："儒者说五经，多失其实。前儒不见本末，空生虚说；后儒信前师之言，随旧述故，滑习辞语，苟名一师之学，趋为师教授，及时蚤仕，汲汲竞进，不暇留精用心，考实根核。故虚说传而不绝，实事没而不见，五经并失其实。"（《正说》）"经之传不可从，五经皆多失实之说。"（《正说》）这一认识促使王充大胆怀疑，独立思考，批驳虚妄，自成一家。

王充不认为是虚妄之言的，无论是今文说还是古文说，他都采用。王充兼采今、古文说的表现有时就在他的几句话中。例如，《累害》："故三监谗圣人，周公奔楚（此古文家说，见下文）；后母毁孝子，伯奇放流。当时周世孰有不惑乎？后《鸱鸮》作而《黍离》兴（此以《韩诗》说言其作），讽咏之者，乃悲伤之。"

另一方面，王充认为是不实之说的，无论是今文说还是古文说，他都加以否定。例如，《感类》中之论"周成王之雷风发"，无论是今文说之"天大雷雨，动怒示变，以彰圣功"，还是古文说之"天雷雨，以悟成王"，都属天人感应论，王充都是不同意的，但王充主要治今文学，而且当时及西汉人多从今文家说，所以他"日订葬疑之说"。他认为，雷雨是一种自然现象，成王出于戒慎的心理而感惧，"开金縢之书，见周公之功，执书泣过，自责之深，自责适已，天偶反风"。王充以其一贯强调的偶适论并结合对贤圣戒慎心理的分析对此做出了独到的解释,对今、古文两家之说都作了否定。至于当时背景是“葬疑”(今文说)还是“信谗”(古文说),王充虽说“二家未可审”,但他是倾向古文说的,因为在《累害》中他采用了此古文说,这并不是由于他偏袒古文家,而是因为他认为其说更近于实。

王充反对“守信师法,不颇博览”(见《谢短》),认为“诸生能传百万言,不能览古今,守信师法,虽辞说多,终不为博”(见《效力》)。他特别强调博览对治经的重要性,认为“章句之生,不览古今,论事不实”,“大人之胸怀非一,才高知大,故其于道术无所不包”。他反对以说一经为足而不求博览的治学态度,主张博览经艺传书、百家之言、古今行事,提倡“五经皆习”,并在此基础上泛观博览(见《别通》),不仅能说经文,而且明白每种经书产生、流传的历史(见《谢短》)。若只说一经,亦应博览经书及百家之言,“开户内日之光,日光不能照幽;凿窗启牖,以助户明也。夫一经之说,犹日明也;助以传书,犹窗牖也。百家之言,令人晓明,非徒窗牖之开、日光之照也”(《别通》)。他指出古今之事、百家之言不仅可以使人学问广博,而且可以使人学问精深。王充之泛观博览以求精深是以孔子及其弟子为榜样的。

王充是当时名儒、史学家班彪的学生,他的治学明显具有历史家的特点,就连其著书的体例也可以表明这一点,《史记》有《太史公自序》,《汉书》有《叙传》,而《论衡》则有

《自纪》,这三者的性质和作用是基本相同的。王充往往以史学家的眼光来看待和研究经传,他批评当时的儒生只知研究五经,而不知通晓古今,也与其史家态度有关:“夫儒生之业,五经也。南面为师,旦夕讲授,章句滑习,义理究备,于五经可也。五经之后,秦、汉之事,无不能知者,短也。夫知古而不知今,谓之‘陆尘’,然则儒生所谓‘陆尘’者也。五经之前,至于天地始开,帝王初立者,主名为谁,儒生又不知也。夫知今而不知古,谓之‘盲瞽’;五经比于上古,犹为今也,徒能说经,不晓上古,然则儒生所谓‘盲瞽’者也……温故知新,可以为师;古今不知,称师如何?”(《谢短》)这段话将通晓古今在治学中的重要性强调得同通经书差不多了,这明显主要出于其史家观念。王充所谓“天地始开,帝王初立者”指燧人,《谈天》云:“女娲以前,齿为人者,人皇最先。”其所谓“人皇”即指燧人,这是今文《尚书》家言。秦之博士“掌通古今”(见《汉书·百官公卿表上》),汉之博士亦须明于古今,汉成帝阳朔二年诏曰:“儒林之言,四海渊源,宜皆明于古今,温故知新,通达国体,故谓之博士。”(《汉书·成帝纪》)所以尽管王充不以经师自居,而其治经方法和态度则符合朝廷对博士的要求。再者,西汉文、景时,治经博士并不仅治一经,有的甚至兼宗儒家之外的学说,因此,王充所提倡的博学是有前世依据的。

王充强调通览古今,同时强调治学并不止于此,他认为只要“才高好事,勤学不舍”,而且有大量书籍以供“观览讽诵”,就可以“有博览通达之名”。所以重要的不是“通览古今,秘隐传记无所不记”,而是在此基础上进行著作,但并非所有的著作都是可贵的,“文丽而务巨,言眇而趋深,然而不能处定是非,辩然否之实,虽文如锦绣,深如河、汉,民不觉如是非之分,无益于弥为崇实之化”(见《定贤》),这样的文章,即使为司马相如、扬雄之作也不足高。他所推崇的“汉世文章之徒”,如陆贾、司马迁、刘向、刘歆、扬雄、班彪、阳城衡、班固,都有“益世补化”之作,而这些人都曾从事史书著作。王充甚至这样评价:陆贾《新语》“叁贰经传,虽古圣之言,不能过增”(《案书》)。“近世刘子政父子、杨子云、桓君山,其犹文、武、周公并出一时也”(《超奇》)。

《吕氏春秋》对汉代经学有巨大影响,“两汉人士,许多是在《吕氏春秋》影响之下来把握经学……离开了《吕氏春秋》,即不能了解汉代学术的特性”(徐复观《两汉思想史·〈吕氏春秋〉及其对汉代学术与政治的影响》)。王充非常重视《吕氏春秋》,他对《吕氏春秋》的吸收和借鉴有其独特性,他不仅吸收了《吕氏春秋》中的许多思想,而且从中采取了大量史料。王充精熟并特别喜好《淮南子》,他写文章往往直接使用《淮南子》的文字,《论衡》中所用的《淮南子》资料俯拾即是。一种史料,既见于《淮南子》,又见于其他文献,王充的引用往往同于《淮南子》。从他所取资料的文字看,大致说,《吕氏春秋》与《史记》皆有者,他用的是《史记》;《吕氏春秋》与《淮南子》皆有者,他用的是《淮南子》;《淮南子》与《史记》皆有者,他用的是《淮南子》。但王充对《淮南子》的内容与对其他文献的内容一样并非一概肯定,而是往往引而驳之,例如《感虚》就引《淮南子》中的射日神话而驳斥之。

“汉立博士之官,师、弟子相诃难,欲极道之深,形是非之理也。不出横难,不得从说;不发苦诘,不闻甘对。导米低仰,欲求粺也;砥石劘厉,欲求铦也”(《明雩》),可见汉人治学,师、弟子相诃难是一种正常现象。王充不赞成“好信师而是古”的治学态度,他不仅好疑古,而且好问师。《问孔》一篇集中表现了他切问的治学方法。他对七十子之徒“学于孔子,不能极问”深为不满,赞成子游之距孔子,其“问孔”即如子游之难孔子。王充确有不同意孔子之言处,但《问孔》所表现的主要是王充切问的治学精神和方法。

王充认为,“古今不异”,故可“以今知古”,“以今知古”是王充验证经传的重要方法。例如,可以今之君主知古之帝王。经书所载古之圣帝明王言行多夸饰成分,真实地了解他们的方法是以今之圣主推之。他说:“夫上世治者,圣人也;下世治者,亦圣人也。圣人之德,前后不殊,则其治世,古今不异。”(《齐世》)再如,可以今之礼俗知古之制度。经传记载,古时对嫁娶年龄的规定是男三十,女二十。今、古文家之说虽略有不同,但对男三十而娶、女二十而嫁之制度都是深信不疑的。对此,王充却颇有怀疑,他说:“人民嫁娶,同时共礼,虽言‘男三十而娶,女二十而嫁’,法制张社,未必奉行。何以效之？以今不奉行也。礼乐之制，存见于今，今之人民，肯行之乎？今人不肯行，古人亦不肯举。以今之人民知古之人民也。”（《齐世》）这就是说，这一礼制古时可能只是虚设而已，未必能实行，今之人民不肯实行可证。王充之后亦有人对经书所载这一礼制提出异议，但其立论或以文献为依据或从义理出发，不像王充这样“以今知古”。

王充以古今比较的方法破除了“儒者”赋予经书内容的神秘性，从而可以客观、正确地看待和理解经书。在他看来，经书所记载的古圣帝王并不高于汉之明君，古之太平盛世并不过于汉世，而“儒者称圣泰隆，使圣卓尔无迹；称治亦泰盛，使太平绝而无续也”（《宣汉》）。他认为，经书所记载的古之圣帝明王和太平盛世并不像“儒者”所夸饰的那样神乎其神。古今相比，古并不胜今；以今知古，即可破除“儒者”蒙在经书上的神秘色彩，可明晰地认识和正确地理解经书的内容。

三、根本目的——益国补化，尊显汉室

王充认为，明经带徒聚众讲学的儒生算不上贤能，因为儒者就是治经学的，而治经学便可以成为儒生。“传先师之业，习口说以教，无胸中之造，思定然否之论。邮人之过书，门者之传教也……儒者传学，不妄一言，先师古语，到今具存，虽带徒百人以上，位博士、文学，邮人、门者之类也”（《定

贤》)。他强调:明经通览并不是治学的目的,治学的目的是用学,“凡贵通者,贵其能用之也。即徒诵读,读诗讽术,虽千篇以上,鹦鹉能言之类也。衍传书之意,出膏腴之辞,非俶傥之才不能任也”(《超奇》)。他反对治经书及《论语》仅限于“说文解语”(《正说》),“滑习章句,解剥互错,分明乖异”(《谢短》),而提倡将其用于指导政事。他还反对徒治经书,不知造论著说。《佚文》中列举“五文”,其中包括“五经六艺”,云:“造论著说之文尤宜劳焉。何则?发胸中之思,论世俗之事,非徒讽古经、续故文也。论发胸臆,文成手中,非说经艺之人所能为也。”这是因为“造论之人(王充自谓)颂上恢国”,能使“国业传在千载,主德叁贰日月”。王充特别崇尚“精思著文连结篇章”,认为“连结篇章,必大才智鸿懿之俊也”;“繁文之人,人之杰也”;“诸子之传书,素相之事也。观《春秋》以见王意,读诸子以睹相指”(《超奇》)。

“夫能说一经者为儒生,博览古今者为通人,采掇传书以上书奏记者为文人,能精思著文连结篇章者为鸿儒。故儒生过俗人,通人胜儒生,文人逾通人,鸿儒超文人……然鸿儒,世之金玉也,奇而又奇矣”(《超奇》),这几句话概括了王充的治学观点,其所谓“精思著文连结篇章”是有明确、具体规定的,那就是著文以歌颂汉朝,赞美汉帝,益于国,补于化,这就是王充的治学目的。他说:“汉家著书,多上及殷、周,诸子并作,皆论他事,无褒颂之言,《论衡》有之。”(《须颂》)

王充经学的实质是为汉王朝君主政治服务。在王充那里，经学纯粹是为汉王朝君主政治服务的工具，而王充本人则渴望跻身于朝廷，充当赞美汉王朝的吹鼓手，运用经学忠实地为汉王朝政治服务。他说："宣帝时，凤皇下彭城，彭城以闻。宣帝诏侍中宋翁一。翁一曰：'凤皇当下京师，集于天子之郊，乃远下彭城，不可收，与无下等。'宣帝曰：'方今天下合为一家，下彭城与京师等耳，何令可与天下等？'令左右通经者论难翁一。翁一穷，免冠叩头谢。"（《验符》）宣帝"左右通经者"，正是王充所希望充当的角色，他们运用经学直接为汉王朝君主政治服务，正是王充通经的目的。

王充强烈反对"高古下今"、"褒古毁今"。他认为孔子和经书的崇高地位与世人的尊古卑今心态有直接关系。孔子并非今人所不可企及的，古圣先贤的著作今人也可以写出来。然而遗憾的是，"使当今说道深于孔、墨，名不得与之同；立行崇于曾、颜，声不得与之钧。何则？世俗之性，贱所见，贵所闻也。有人于此，立义建节，实核其操，古无以过，为文书者，肯载于篇籍，表以为行事乎？作奇论，造新文，不损于前人，好事者肯舍久远之书，而垂意观读之乎？"他所处时代，治经书者往往厚古薄今，"唐、虞、夏、殷，同载在二尺四寸，儒者推读，朝夕讲习，不见汉书，谓汉劣不若"，"使汉有弘文之人，经传汉事，则《尚书》、《春秋》也。儒者宗之，学者习之，将袭旧六为七，今上上至高祖，皆为圣帝矣"（《宣汉》）。他认为，经传所载未必高于汉代文书所记，不能由于五帝、三王事迹载于经传而汉之记故尚为文书便谓汉帝不如古代圣王。这是出于尊崇汉室、赞美汉帝的观念而发的。汉皇帝是经学的最高权威,在王充心目中,除他要吹捧的汉皇帝外也没有绝对权威。

尊显汉室,赞美汉帝,这是王充经学的落脚点,他指出:“世见五帝、三王为经书,汉事不载,则谓五、三优于汉矣。”他自言:“《春秋》为汉制法,《论衡》为汉平说。”“不树长竿,不知深浅之度;无《论衡》之论,不知优劣(谓汉优于古之百代)之实……今上(汉章帝)即命,未有褒载,《论衡》之人,为此毕精,故有《齐世》、《宣汉》、《恢国》、《验符》。”(《须颂》)他引用了经传所载许多史料论证汉王朝在古百代之上,古圣帝王不及汉之明主,虽不免过于谄媚汉朝廷,但在客观上推翻了“儒者”崇经尊古的理论基础,恢复了经传作为历史文献而应有的地位(《恢国》)。

但是,王充要为汉王朝君主政治服务,他的言论就不可能完全实事求是,他自言:“汉有实事,儒者不称;古有虚美,诚心然之。信久远之伪,忽近今之实,斯盖三增、九虚所以成也,《能圣》、《实圣》所以兴也。”(《须颂》)可见,王充借驳古之“虚美”来“美”汉,归根到底,其“三增”、“九虚”之作出于其抑古扬今的目的,因此,他对于“美”,往往古则谓之“虚”,汉则谓之“实”,有失客观。王充对灾异说多加反对,而灾异说对约束皇帝可起一定作用,王充反对灾异说的部分出发点正是维护汉皇帝神圣不可侵犯的绝对权威。

王充认为,经书“褒颂纪载”“古之帝王建鸿德者”,“方今天下太平”，今之臣子亦当作颂诗乐声来赞美今帝。他说：“孔子称周曰：‘唐、虞之际，于斯为盛。周之德，其可谓至德已矣！’孔子，周之文人也，设生汉世，亦称汉之至德矣。”他甚至说“汉，今天下之家也；先帝，今上（指汉章帝），民臣之翁也”，若不能“晓主德而颂其美，识国奇而恢其功”，只一味埋头钻研作于古代的经书，则是“舍其家而观他人之室，忽其父而称异人之翁，未为德也”（《须颂》）。

王充之为汉帝歌功颂德出于迎合汉帝要求的心理，汉明帝永平十七年诏曰：“司马迁著书，成一家之言，扬名后世。至以身陷刑之故，反微文刺讥，贬损当世，非谊士也。司马相如洿行无节，但有浮华之词，不周于用，至于疾病而遗忠，主上求取其书，竟得颂述功德，言封禅事，忠臣效也。至是贤迁远矣。”（班固《典引序》）王充有些吹捧汉王朝的话正是对司马相如所言的重复。班固著《汉书》欲以尊显汉室，使汉王朝与唐、虞、三代媲美，“固以为唐、虞、三代，《诗》、《书》所及，世有典籍，故虽尧、舜之盛，必有典谟之篇，然后扬名于后世，冠德于百王，故曰：‘巍巍乎其有成功，焕乎有其文章也’”（《汉书·叙传下》），比其书于唐、虞、三代之典谟，这也是王充在《论衡》当中所反复强调的。王充对班固之颂扬汉王朝非常赞赏，他说：“五、三之际，于斯为盛。孝明之时，众瑞并至。百官臣子，不为少矣，唯班固之徒，称颂国德，可谓誉得其实矣。”（《须颂》）

总之，王充的经学观反映了当时经学界有识之士使经学由空疏繁琐、为学而学向实际应用转化的要求，体现了今、古文学以及谶纬神学在分歧斗争中融合统一的趋向，也应和了汉皇帝利用经学加强统治的需要。

《论衡》中观点矛盾现象很多，虽然《论衡》之作历经数十年，但其成书时王充曾加以整理和修订，因此，这种现象固然反映了王充学术思想的发展和变化，但也表现了王充认识的模糊性和其学说的缺乏严谨系统性。此外，王充的驳虚妄也不够彻底，他自己的言论中也不乏虚妄之说；王充解说经文和论事理亦常带随意性，时常误解经文，对史料的引用有时不严谨以致乖舛，实因热衷于为汉王朝政治服务而曲学。这些都是当时一般经学家的习气，王充也未能免俗。

（《孔子研究》，1998 年第 1 期）

浅谈西汉文学的经学特质

在今文经学盛行的西汉,文学创作的园地也呈现出繁荣的景象。西汉文学和经学的发展在时间上同步,当经学在政治思想领域处于支配地位时,它对于文学领域具有决定性的影响。可以说,西汉的文学创作活动是在当时的统治思想即西汉经学思想的指导下进行的。

西汉尚未形成独立的文学观念,文学包括在文化之中而为西汉的新儒家所提倡。西汉的经学思想作为统治思想控制了文学领域,支配和影响了文学家及其创作,文学是经学的附庸,文学家是统治者的奴仆,文学创作明道、征圣、宗经,文化学术(包括今之所谓文学)是儒家进行政治思想伦理道德教育的手段和方式。文学作品不是作为一门艺术而是作为伦理道德修养的教科书和从事政治活动的工具书来学习和使用的。经学思想的控制延缓了文学作为一门艺术形式其本身所具有的独立和自觉，妨碍着新的、独立的文学观念的形成和发展。但是，经学对于文学作品和文学创作不是采取排斥的态度，而是加以利用和提倡。西汉统治者既需要经学来统一思想，也需要文学来宣扬教化，文学的繁荣适应了统治者的需要和爱好。文学被用来为封建统治的政治服务，而经义则是衡量文学作品的准则。西汉的文学就在经学的这种影响和作用之下发展起来。

西汉的文学创作，文有伟大的历史散文家司马迁，在史传文学方面，其成就在中国古典文学史上是空前绝后的；赋有历史上首屈一指的赋作家司马相如，他开创和奠定了大赋这一文学样式的体制和形式，成为历代赋家的代表和楷模；诗歌方面，汉武帝“恢廓道训，使淮南王安作《离骚经章句》”（王逸《楚辞章句序》“《离骚经章句》”，《汉书·淮南王传》作“《离骚传》”），其“立乐府而采歌谣”（《汉书·艺文志》）这项具有重要意义的措施，是其后世中国文学史上所未有的。这些文学成就，都出现于经学鼎盛的汉武帝时期。

汉大赋是西汉时期最有特色、最有代表性的文学形式，今文经学极盛的西汉中期也正是大赋最兴盛的时期。如班固所说：

> 大汉初定，日不暇给。至于武、宣之世，乃崇礼官，考文章。内设金马、石渠之署，外兴乐府协律之事，以兴废继绝，润色鸿业。是以众庶悦豫，福应尤盛。《白麟》、《赤雁》、《芝房》、《宝鼎》之歌，荐于郊庙；神雀、五

凤、甘露、黄龙之瑞，以为年纪。故言语侍从之臣，若司马相如、虞丘寿王、东方朔、枚皋、王褒、刘向之属，朝夕论思，日月献纳，而公卿大臣御史大夫兒宽、太常孔臧、大中大夫董仲舒、宗正刘德、太子太傅萧望之等，时时间作。或以抒下情而通讽谕，或以宣上德而尽忠孝。雍容揄扬，著于后嗣，抑亦雅颂之亚也。故孝成之世，论而录之，盖奏御者千有余篇，而后大汉之文章，炳焉与三代同风。（《两都赋序》）

赋作家充当御用文人，汉大赋是御用的文学，它寓礼教于文学形式之中，强调君臣尊卑之义，而歌颂天子的神圣，宣扬统一繁荣的汉王朝的声威，它以文学的形式表现了封建政治伦理道德的思想内容。如司马相如之讽汉武帝：

游于六艺之囿，驰骛乎仁义之涂，览观《春秋》之林，射《貍首》，兼《驺虞》，弋玄鹤，舞干戚，戴云罕，掩群雅，悲《伐檀》，乐乐胥，修容乎《礼》园，翱翔乎《书》圃，述《易》道，放怪兽，登明堂，坐清庙，恣群臣，奏得失，四海之内，靡不受获。于斯之时，天下大说，乡风而听，随流而化，芔然兴道而迁义，刑错而不用，德隆于三皇，功羡于五帝。（《汉书·司马相如传》）

歌颂和维护了天子至高无上的权威，宣扬了儒家的礼义教化，劝天子制礼作乐，以六经治国。赋中的歌颂和规劝都是合于天子的口味的。汉大赋的思想和作用与今文经学一致，二者都是适应当时的政治需要和迎合统治者的思想应运而生的。所以,今文经学成为独尊之学,而汉大赋创作成为一代之风。

作为文学遗产的《诗》,在西汉列为五经之首,成为官定的政治思想、伦理道德的必读教科书,由今文经学家们以封建教义进行附会和曲解,起着维护封建统治秩序的作用。

王式为昌邑王师,自云:

以《诗》三百五篇朝夕授王,至于忠臣孝子之篇,未尝不为王反复诵之也;至于危亡失道之君,未尝不流涕为王深陈之也。臣以三百五篇谏,是以亡谏书。(《汉书·儒林传·王式》)

龚遂为昌邑王郎中令,他要求王以《诗》为行事的法度。他曾责问王:"大王诵《诗》三百五篇,人事浃,王道备,王之所行中《诗》一篇何等也?"(《汉书·武五子传·昌邑哀王刘髆》)"成帝即位,衡(匡衡)上疏戒妃匹,劝经学威仪之则,曰:'……故《诗》曰:"窈窕淑女,君子好逑。"'"他说:"此纲纪之首,王教之端也。自上世以来,三代兴废,未有不由此者也。"(《汉书·匡衡传》)

这些,都是以《诗》为谏书的典型事例;《诗》被用作谏书,充分体现了其被赋予的思想道德必读教科书的性质和地位。

"古人引《离骚》,未有言'经'者,盖后世之士祖述其词,尊之为经耳"(《楚辞·离骚》王逸序、洪兴祖补注),尊《离骚》为经，表现出对《离骚》的极端推崇，而《诗》则是真正成为“经”的，这种崇高的地位使它的传播和影响更加广泛。秦灭之后，五经当中《诗》最早出，受到朝廷的提倡而迅速风行。西汉经学对于《诗》的保护、搜集、整理、传授和研究起了重要的作用。

“《书》曰：‘诗言志，歌咏言。’……故古有采诗之官，王者所以观风俗、知得失、自考正也”，“故曰，王者不窥牖户而知天下”。“至武帝……乃立乐府，采诗夜诵”，“于是有代赵之讴，秦楚之风，皆感于哀乐，缘事而发，亦可以观风俗，知薄厚云”。(《汉书》之《艺文志》、《食货志上》、《礼乐志》)

“孝武立乐府而采歌谣”(《汉书·艺文志》)，这在中国文学史上是有重要意义的。“十五国风”有诗一百六十篇，而《汉书·艺文志》所云之歌诗二十八家三百一十四篇，其中乐府民歌有一百三十八篇，与“国风”的数目相近，这些民歌来自黄河、长江流域广大的地区，采集范围超过了周代。采诗，固然有娱乐的目的，但也有观察民情、了解民意的政治意图，而这种措施的施行出于效法和借鉴儒家所推崇的所谓三代采诗之制，是制礼作乐工作的一部分，“大指归于兴助教化”，所以，大儒公孙弘、董仲舒等，皆参与其间(《汉书·礼乐志》)。

《公羊》学首领董仲舒是西汉今文经学的实际开创者和代表人物。董仲舒将儒家学说和阴阳五行说合流，从而形成其阴阳五行的儒学理论,他的带有浓重神秘主义色彩的唯心主义思想体系使今文经学具有很多荒诞和迷信的成分。在他的影响下,整个西汉今文经学阴阳五行化了,这是西汉今文经学的基本特点。

伟大的史传文学家司马迁是董仲舒的学生,受《公羊春秋》于董仲舒,他对《春秋》极为推崇。他认为:君臣父子都必须"通于《春秋》之义","夫《春秋》,上明三王之道,下辨人事之纪,别嫌疑,明是非,定犹豫,善善恶恶,贤贤贱不肖,存亡国,继绝世,补敝起废,王道之大者也"。"《春秋》辨是非,故长于治人","拨乱世反之正,莫近于《春秋》。《春秋》文成数万,其指数千。万物之散聚皆以《春秋》"。"故《春秋》者,礼义之大宗也"(以上见《史记·太史公自序》)。司马迁以继承孔子事业为己任,他说:"先人有言:'自周公卒五百岁而有孔子。孔子卒后至于今五百岁,有能绍明世,正《易传》,继《春秋》,本《诗》、《书》、《礼》、《乐》之际。'意在斯乎!意在斯乎!小子何敢让焉。"(《史记·太史公自序》)他的《史记》是我国文学史上的历史散文名著,它开创了我国的传记文学,其人物传记表现的文学价值之高,在我国历史散文中独一无二。然而,他的《史记》原本是用来"继《春秋》"的。于此可见当时统治思想即经学思想对司马迁和《史记》创作的支配性影响。

董仲舒的思想以儒家为主体而配以阴阳五行说,其中心是"天人感应"的理论。他论证了君权是上天所授的,是神圣不可侵犯的，而天子则必须按照上天的意志来办事。他说："受命之君，天意之所予也，故号为天子者，宜视天如父，事天以孝道也。"(《春秋繁露·深察名号》)"案《春秋》之中，视前世已行之事，以观天人相与之际，甚可畏也。国家将有失道之败，而天乃先出灾害以谴告之，不知自省，又出怪异以警惧之，尚不知变，而伤败乃至。以此见天心之仁爱人君而欲止其乱也。"(《汉书·董仲舒传》)董仲舒借"天人感应"之说，既维护了天子至高无上的统治地位，又可以对统治者进行一些规劝和约束而使之施行仁政。

司马迁作为当时的历史散文家，天道和人道的关系，天、人在历史发展当中各自的地位和作用，是他所面临的重要课题，由天意和人事合成的天命思想是他历史观的重要组成部分。司马迁的天人观与董仲舒的有很多相同之处，他作《史记》的目的是"欲以究天人之际，通古今之变，成一家之言"(《汉书·司马迁传》)，他的"究天人之际"，就是研究上天与人主之间的关系，亦即研究天人感应。因此，《史记》当中自然有一些天人感应、阴阳五行的观点和记载。例如，司马迁认为人事与天象是有直接的联系的，对于人世间将要发生的种种事变，上天都以天象的变化预示、表现出来。他说，与秦始皇及项羽时的战乱、汉王朝的兴起、平城之围、诸吕作乱、吴楚叛逆、武帝时的征讨夷狄等等人间的事件相应，上天都预先表现了各种天变和怪异，并且说："此其荦荦大者，若至委曲小变，不可胜道。由是观之，未有不先形见而应随之者也。”(见《史记·天官书》)但是在天象人事的这种联系中,司马迁所强调的是人事对于天变的影响,即认为天象是人事的反映,而不是人事变化的根本和决定因素,是人间的事变引起了天象的变化,而不是天象的变化决定着人间的事变,显然,这与董仲舒的天人感应思想是一脉相通的。

总之,西汉文学是在特定社会经济条件的基础上,适应统治者和封建政治的需要,作为西汉新儒家教化的工具繁荣起来的。经学特质是西汉文学区别于其他时代文学的一个重要标志,把握住这一特质,才能对西汉一代文学的基本内容有较为深刻的认识。

(《石油大学学报(社会科学版)》,1997 年第 4 期)

哀乐之心感歌咏之声发

诗歌是感情的直接产物。《礼记·乐记》说:“凡音之起,由人心生也。人心之动,物使之然也。感于物而动,故形之于声;声相应,故生变;变成方,谓之音……乐者,音之所由生也,其本在人心之感于物也。”因此,没有感情就没有诗歌,而感情伴随着人类的始终,人类是永远不会同诗歌告别的,如雪莱所说“人是诗的动物,自有人类便有诗”(《为诗辩护》),苏舜钦所说“诗之作与人生偕者也,人怀欢愉悲郁之气,必舒于言”(《石曼卿诗集序》),不但诗人们需要用诗歌来舒“欢愉悲郁”之气,读者们也都需要从诗歌中寻求思想感情的共鸣。白居易说“天意君须会,人间要好诗”,也正道出了这个意思。

“遵四时以叹逝,瞻万物而思纷,悲落叶于劲秋,喜柔条于芳春”(陆机《文赋》),正是诗人在现实生活中产生的各种感情才使我国最早的诗歌总集《诗经》流传至今。一个女子思念情人,忧心忡忡,及至与情人相会而得到满足,幸福和喜悦的感情使她唱出了《召南·草虫》;一个男子与一个称心如意的女子邂逅,两情相好,欢悦爱恋之情使他唱出了《郑风·野有蔓草》。表现一位女子与君子尽情欢爱的《王风·君子阳阳》,出于作者的狂喜之情;歌唱一位女子与情人欢聚之喜的《郑风·风雨》,产生于作者盼来君子、如愿以偿的欢快心情。士女相谑,洵訏且乐,于是有《溱洧》之作;良辰美景,见彼粲者,遂有《绸缪》之歌。

诗可以喜,也可以怒。《诗经》有所谓爱情诗、婚姻诗、怨刺诗等等之分,而如果以感情来划分,有一部分诗实际上可以称作怒诗。例如,身受逼迫欺凌而发出愤怒的质问和表示决不屈从的《召南·行露》,对无礼无义、寡廉鲜耻、老鼠不如的恶人深恶痛绝而发出"胡不遄死"的诅咒的《鄘风·相鼠》,以及《魏风·葛屦》、《魏风·硕鼠》、《小雅·青蝇》、《大雅·召旻》等等诗篇,都表现了作者愤怒的感情。

韩愈说:"夫和平之音淡薄,而愁思之声要妙;欢愉之辞难工,而穷苦之言易好也。"(《荆潭唱和诗序》)很多古人认为"文辞不怨思抑扬,则流澹无味"(见《宋书·王微传》)。《诗经》中写得最多最好的诗篇,是表达哀怨忧伤情感的那部分诗篇。其中可以分为以下九类:怀念征人的思妇诗,征人抒发军旅、徭役之苦和对家乡亲人思念之情的征人诗,抒发悲惨的婚姻遭遇不平之气的弃妇诗,表现思念故人的深厚感情的悼亡诗，表现婚姻爱情不如意的怨伤之辞，对人世悲凉、生活艰难和王事劳碌的哀怨之辞，感叹身世飘零的游子悲吟，表现思念故国的忧伤的乡情诗，抒发亲人离别的哀伤的送别诗等等。严羽的《沧浪诗话》说："唐人好诗，多是征戍、迁谪、行旅、离别之作，往往能感动激发人意。"《诗经》中的这些哀怨、忧伤、愁苦、怀思之作也是最能打动人心的。

诗中的感情愈浓、愈真，诗的艺术价值就越高。感人心者，莫先乎情。《诗经》在我国历史上所以具有"动天地、感鬼神"的艺术力量，就是因为其中具有丰富、浓厚而真挚的情感，真实地反映了当时的社会生活。

对于文学作品的感情表现，历代文人学士最重视而特别强调的几个方面，是《诗经》最早充分地体现出来的。其大者有四：

第一，贵在一个"真"字。《礼记·乐记》说："唯乐不可以为伪。"《诗经》中的情感所以动人，在于它们直出肺腑，没有造作。故风出谣口，真诗只在民间。《三百篇》大半采风者归奏，予谓今古同情者此也。

第二，出自一个"厚"字。就是感情的强烈、深厚。这些强烈的感情大都表现得十分直率，不加掩饰。喜，则曰"其乐只且"（《君子阳阳》）；怒，则曰"胡不遄死"（《相鼠》）；哀，则云"泣涕如雨"（《燕燕》）；惧，则云"人言可畏"（《将仲子》）；爱，则云"悦怿女美"（《静女》）；恶，则云"言之丑也"（《墙有茨》）；欲，则云"惄如调饥"（《汝坟》）。《诗经》中的优秀抒情诗都饱含着深厚强烈的情感,《国风》中的一些诗歌更体现了真诚坦直、自然质朴的民歌本色。

第三,兴于一个“感”字。《诗经》中优秀抒情作品的作者都具有切身的生活感受。白居易说:“大凡人之感于事,则必动于情,然后兴于嗟叹,发于吟咏,而形于歌诗矣。”(《策林》六九)“窈窕淑女,君子好逑”,这种爱欲的心情和“相鼠有皮,人而无仪。人而无仪,不死何为”这种切齿痛恨的感情不可同日而语,这是由于作者当时的不同生活给作者以不同的感受形成的。正如赵执信所说,“喜者不可为涕泣,悲者不可为欢笑,富贵者不可语寒陋,贫贱者不可语侈大”(《谈龙录》),因为生活感受不同。《诗经》中的抒情诗所以有非后世文人墨客操觚染翰、刻骨流血所能及者,就在于有从切身的生活感受中产生的真挚而深厚的情感。

第四,融于一个“景”字。《文心雕龙·物色》说:“情以物迁,辞以情发。一叶且或迎意,虫声有足引心。”《君子于役》“鸡栖于埘,日之夕矣,羊牛下来”的日暮景象引起作者的思夫之情,这是融景生情,并非造作出来。“殷其雷,在南山之阳”(《诗·召南·殷其雷》),实际上是作者听到“雷隐隐”而有所感触,思亲之情油然而生,于是三次发出了“振振君子,归哉归哉”的由衷的呼唤。再看缘情写景。作者把自己主观的感情加到外物上去,当诗人欢乐的时候,他觉得似乎所有的景物以及别人都在欢乐;当他悲痛的时候,他觉得外物、现象都与他的悲痛之情合拍。

谢榛《四溟诗话》说:“景为诗之媒,情为诗之胚,合而为诗。”《诗经》中诗篇开头的所谓比兴之辞,实际上大都有写景的成分,或是融景生情,或是缘情写景。在中国古典诗歌当中,有情有景的诗多数是先写景再写情,以景兴情,这是一个传统,而《诗经》实开其端。所以《诗经》中有些兴体可以看作是用开头的两句来写景。有的诗在写景的时候掺进想象的成分,可以说有点类似于后世有些景物描写中所谓“仿佛看到……”,也就是联想到曾经或将要可能会如何如何。透过诗中的景物可以看到诗人当时的心境。作者的写景,有许多并非在有意识地衬托自己的感情,而是自然而然地融景生情或缘情写景,有时甚至可以说是单纯写景。后人在读《诗经》的时候,根据自己的经验和联想,将诗中的情和景结合起来,有时会收到诗人在作诗时所意想不到的效果。例如为人激赏的千古名句“昔我往矣,杨柳依依。今我来思,雨雪霏霏”(《小雅·采薇》),似乎景物只是在说明事情发生的季节、时间和作者的当时所见,至于所谓“以乐景写哀,以哀景写乐,倍增其哀乐”云云,只是后人的体会,作者当时似乎并非有意于此。

普列汉诺夫说:“说艺术只是表现人们的感情,不!艺术表现他们的感情,也表现他们的思想,但是并非抽象地表现,而是用生动的形象来表现。”(《没有地址的信》)古人所谓“诗言志”,“志”就是思想和感情的统一。人的情感是其思想的表现,在任何诗歌当中都不可能有不表现作者思想的感情,而只有当作品中的感情通过了读者的思想或理性标准的裁判,这种感情才能使读者产生共鸣,否则会与读者的感情格格不入。以《诗经》中表现男女关系的诗歌来说,孔子要求放郑声,但他不说放郑诗,因为当时男女之间的情爱关系比较自由,没有像后世,尤其是宋明以后那样的严格限制,《诗经》中表现的那些男欢女爱,在孔子看来都是十分正当的。有些爱情诗毫不忌讳地写出性的行为和如饥似渴的情欲,这不能看作是脱离理性纯任感情的表现。所以孔子说:"《诗三百》,一言以蔽之,曰:思无邪。"(《论语·为政》)

每个时代、国家、社会和阶级都有自己规范情感的标准,每个人也都在以其理性和道德规范来支配和衡量感情。诗人需要真挚而强烈的感情,但是诗人更需要高尚的思想道德情操。感情只有在健康正确、合乎道德规范的前提之下做到真挚和强烈,才能为广大的读者和社会所接受,而不健康感情的发泄,不论其真挚强烈与否,都只能为社会所唾弃。《诗经》,这部流传千古的诗集,就是对这一规律的最有力的说明。

(《中华女子学院山东分院学报》,1990 年第 1 期)

汉晋之际学术现象探析

一

司马谈《论六家要旨》言儒家“六艺经传以千万数，累世不能通其学，当年不能究其礼，故曰‘博而寡要，劳而少功’。若夫列君臣父子之礼，序夫妇长幼之别，虽百家弗能易也”，既指出了汉代经学的弊端，又说明了儒学的无可替代的作用。然而无论是经学还是儒家经书所提倡的儒家礼义，随着汉家政权统治的衰落，都逐渐走向空疏和虚浮。

汉代经学的繁琐为士人所不堪忍受，汉代学者即予以深刻乃至强烈的批评。早在两汉之际，桓谭的《新论》就对经学家解释《尚书》“尧典”二字使用十万言、解释“曰若稽古”使用三万言的怪状进行了揭露和嘲讽。后来，班固在《汉书·艺文志》中批评当时的经生治学态度极不严肃，他说："后世经传既已乖离，博学者又不思多闻阙疑之义，而务碎义逃难，便辞巧说，破坏形体；说五字之文，至于二三万言。后进弥以驰逐，故幼童而守一艺，白首而后能言；安其所习，毁所不见，终以自蔽。此学者之大患也。"班固指出，经生们对于自己不懂的东西进行强词夺理、穿凿附会的解说，结果是搞得众说纷纭，谬误百出，言不可信，是非无定。这样一来，经学本身便失去了其应有的严肃性，流于空疏迂腐，致使难以为继，走向衰败。虽然禄利仍在驱使学人们苦读经书，但这些读书人的心思早已不在于学术研究的本身，而只是借读经来谋取官禄寻求仕途而已。当国家的经济力量尚能撑起"一经说至百余万言，大师众至千余人"这虚假繁荣的学术舞台的时候，这种无聊的学风可以维持着浮华和喧闹的景象，而一旦国家政权衰落，经济凋敝，这鱼龙混杂以至于鄙儒乱舞的腐朽学术舞台也将随之坍塌。

汉代繁琐的经学就其学术目的而言无非是要阐明经书中的大义，然而，汉代经学在经历了一段时期"实事求是"且深入挖掘的研讨和改头换面的创新之后，到西汉末年，经生们以其传统的研究方法即章句之学已经不可能对"万口传"的经文再提出什么有价值的"新鲜"的见解，在"大义"面前，章句之儒已经技穷而无能为力，况且，真正的"大义"仅仅依靠章句训诂的方法是难以有深刻的创获的，更谈不上在阐明和创获的基础上进一步将其发展，一味执着，只能走进牵强附会的死胡同,将原本活生生的学术变成任人摆布的僵尸,因而,整个学术界期待着一种新型的方法和理论,很多思想家为此而苦苦地探索寻觅,例如桓谭、王充、王符、张衡等等都在没能打破固有研究方法的情况下做出了有价值的思想和理论贡献,在此学术基础上,玄学的理论和方法便应运而生,思想的发挥从容地取代了章句的株守,尚虚的理论思辨取代了打着证实旗号的烦杂训释和比附曲解,学风为之大变。

另一方面,向为儒家经书所独擅的阐扬伦理纲常的功能也随着经学的没落而淡化。一切学术都是社会的反映。东汉后期,“桓、灵之间,君道秕僻,朝纲日陵,国隙屡启,自中智以下,靡不审其崩离”(《后汉书·儒林传》)。汉儒所宣扬的人伦纲纪已经难以维持,然而,正直的学人凭借着儒学自身的惯性力量,同恶劣的政治环境和邪恶势力进行斗争,但其结果不仅是斗争的失败,而且斗争者本人的身家性命也无法保全。范滂在狱中,“慷慨仰天曰:‘古之循善,自求多福;今之循善,身陷大戮。身死之日,愿埋滂于首阳山侧,上不负皇天,下不愧夷、齐’”(《后汉书·党锢传》)。灵帝建宁二年(169),大诛党人,滂自诣狱,与母亲诀别后,“顾谓其子曰:‘吾欲使汝为恶,则恶不可为;使汝为善,则我不为恶。’行路闻之,莫不流涕”(同上)。这便是一个典型事例。儒家所倡导的伦理纲常和政治秩序,仍在鼓舞着正直的士人,给他们以斗争的勇气和力量,但是它已经不仅不能改变社会和学术江河日下的颓风，也无力保护正直士人的安全。儒学失去了它原本具有的社会功用，同时也就失去了它在政治和学术舞台上的主角位置。何劭为荀粲所作传载："粲诸兄并以儒术论议，而粲独好言道，常以为子贡称夫子之言性与天道不可得闻，然则六籍虽存，固圣人之糠秕。"（《三国志·魏书·荀彧传》注）即已充分反映出当时经学衰落和儒道会通的学术登上历史舞台的现象。

二

儒家的经典和学术思想暂时地让出其一统天下的至尊主宰位置，具备代之而起条件的只有黄老刑名之学。"近者魏武好法术，而天下贵刑名；魏文慕通达，而天下贱守节"（《晋书·傅玄传》）。曹氏父子的提倡刑名法术，而且融会百家，择善而从，唯适之用，从学术源流上来考查，与汉末流行的道家学说是相通的。道家之术"以虚无为本，以因循为用。无成势，无常形，故能究万物之情。不为物先，不为物后，故能为万物主。有法无法，因时为业；有度无度，因物与合。故曰'圣人不朽，时变是守。虚者道之常也，因者君之纲也'"（《史记·太史公自序》）。从思想方法上看，这正是曹操观念和理论的宗旨与核心。正是在"因阴阳之大顺，采儒墨之善，撮名法之要，与时迁移，应物变化，立俗施事，无所不宜"（同上）的道家之术的基础上，儒道开始了会通。这在

《魏略·清介传·沐并》所载沐并的言论和主张当中已经体现得非常明确:"若能原始要终,以天地为一区,万物为刍狗,该览玄通,求形景之宗,同祸福之素,一死生之命,吾有慕于道矣。"沐并"自虑身无常,豫作终制,戒其子以俭葬",即其为自己安排后事的原则是俭葬,然而其俭葬的原因并不仅限于简约财物的具体层面,而亦是出于其"身沦有无,与神消息,含悦阴阳,甘梦太极"的因循自然、合于天地的道家观念,而且值得注意的是,在他的言论中,《易》、《老》、《庄》的思想已经融会贯通而成为一体。曹魏统治策略的以黄老道家思想为宗旨与核心,使其左右逢源、扬长避短、灵活善变而事少功多,这在曹操的身上体现得尤其明显。"道家无为,又曰无不为"(《史记·太史公自序》),无为是为了无不为,因此,"无为"必须辅以儒、法、墨诸家的理论和方法,才能在事功治国安民的具体事务中起作用。曹氏父子的博采诸家,并将其融合会通,可以说是将黄老道家学说运用于具体实践中的成功的范例。

何进之孙何晏,母尹氏,为曹操夫人,何晏随母为曹操收养,好老庄言,援老入儒。《魏氏春秋》记载何晏曾评论过三种人才的三种境界:"夏侯玄、何晏等名盛于时,司马景王亦预焉。晏尝曰:'唯深也,故能通天下之志,夏侯泰初是也;唯几也,故能成天下之务,司马子元是也;唯神也,不疾而速,不行而至,吾闻其语,未见其人。'盖欲以'神'况诸己也。"在这里,何晏借用《周易·系辞上》当中的话表达了其所崇尚的黄老之道的内容和特点。“神”，是实行黄老之道所能达到的最高境界，何晏用夫子自道，可见“神”不仅是他对于黄老道家思想作用的具体描述，也是其所以自骄和骄人的资本。何晏是玄学家，同时也是高官，他运用了所谓“神”的原理建立学术体系，维持地位权势，可以说，“神”的观念、理论和主张是他为人处世以及治学的指导思想。

较何晏略晚的王昶，文武双全，屡建奇功，他的立身处世和权谋事功之道亦体现了援老入儒、儒道会通的思想性质。王昶“为兄子及子作名字，皆依谦实，以见其意，故兄子默字处静，沉字处道，其子浑字玄冲，深字道冲。遂书戒之曰……欲使汝曹立身行己，遵儒者之教，履道家之言，故以玄默冲虚为名，欲使汝曹顾名思义，不敢违越也”（《三国志·魏书·徐胡二王传》）。王昶的理论出发点虽然并非为了学术理论的建树，而主要是出于立身处世和权谋事功的考虑，但是其以玄默冲虚、屈柔谦实为指导思想，可见当时社会和学术界流行的黄老道家之术对他是有深刻的影响和作用的，由此亦可见一时之风气。

由曹操所倡导的黄老刑名法术之学进一步发展，便形成了以刑名为核心的谈辩风气。汉末谈辩的思路和方法采用了先秦的名辩之学，当时最为盛行的先秦诸子学说是老庄和名家。老庄之学的兴盛自不待言，即如惠施、公孙龙的学说在汉末魏晋时期也颇有市场。汉末建安中，徐干将名实之辩的意义归结为分辨清楚事务及其性质，以明其所当处，他反对那种一味驰骋口才强词夺理以至于胡搅蛮缠或信口雌黄式的所谓善辩,这实际上反映了玄谈学风肇始之时与其后之流弊在本质上的区别。徐干认为,真正的人才一定是名实相副的。他在其《中论》当中说:“夫辩者,求服人心也,非屈人口也。故辩之为言,别也,为其善分别事类而明处之也,非谓言辞切给而以陵盖人也。”而“俗士之所谓辩者,非辩也。非辩而谓之辩者,盖闻辩之名,而不知辩之实,故目之妄也。俗之所谓辩者,利口者也。彼利口者,苟美其声气,繁其辞令,如激风之至,如暴雨之集,不论是非之性,不识曲直之理,期于不穷,务于必胜。以故浅识而好奇者,见其如此也,固以为辩,不知木讷而达道者,虽口屈而心不服也”。他又说:“名者,所以名实也。实立而名从之,非名立而实从之也。故长形立而名之曰长,短形立而名之曰短,非长短之名先立而长短之形从之也。仲尼之所贵者,名实之名也,贵名乃所以贵‘实’也。”这是与曹操重实尚才的思想理论相呼应的。随着清谈中渐趋追求以言辞相胜而不顾实际和理正现象的加剧,有志有识之士也越发注重阐明名实及其关系问题。较徐干略晚的刘劭,清楚地发现所谓辩之胜当中具有不同的性质,他在其《人物志》当中说:“夫辩,有理胜,有辞胜。理胜者,正白黑以广论,释微妙而通之;辞胜者,破正理以求异,求异则正失矣。”辩中立异而失正理,这不仅于事无补,而且有碍于人才的发现和发展。

然而,刑名之学的复兴和维持,其间没有多长时间便为玄谈所替代，这似乎是先秦学术史上曾经有过的一幕的重演。在先秦，名家者流本不敌老庄之学，无论是在内容上还是在形式上，名家如公孙龙等人的建树都无法同老、庄相提并论，而当它们在魏晋这个崭新的学术时期重新登上学术舞台的时候，因其先天的原因和社会的需要，很自然地，名家之学仍然无法同老庄之学分庭抗礼，从而默默地退了下来，造成了刑名之学将自己的领域拱手让给玄谈的学术局势。所谓谈论，其最高境界乃在于“虚无”，而谈虚论无正是玄谈一派之所长，这是玄谈一派在学术理论上取得胜利的根本原因。

三

何晏用来兴起玄学的主要方法论是以“殊途同归”为旗帜融会贯通诸家之学。《论语·卫灵公》“一以贯之”何晏集解云：“善有元，事有会，天下殊途而同归，百虑而一致。知其元，则众善举矣。故不待多学，而一知之。”何晏从学术发展的趋势着眼，指出归元致一是正确的和最有效的治学之道。王弼则将何晏的理论又向前推进了一步，更加指明了学术发展变迁的大势。王弼不仅认为各种学术的根本和最终目的本来就是一致的，其发展的自然趋势原本就是走向会归的，而且在此基础上对学人提出了自觉地以执一的方法治学的要求。王弼在其《论语释疑》中说：“贯，犹统也。夫事有归，理有会，故得其归，事虽殷大，可以一名举；总其会，理虽博，可以至约穷也。譬犹以君御民，执一统众之道也。”王弼将学术上的殊途同归与君主的御民之道联系起来，治学也就如同君主的御民，要“执一统众”。就其所倡导的治学方法而论，所谓“执一统众”有两个标志和特点，其一是百家之学统一于一个共同的根基，这个根基就是本体；其二是将着眼点和落脚点从现象世界上升到形上的抽象思辨。这样一来，就不仅可以使纷纭无定的众家言论会通一致，而且使学术的研究、理论的发挥上升到一个更高的层面，从而为学术思想注入了新鲜的血液，为学术发展提供了广阔和崭新的空间。

何晏以其“殊途同归”的理论指导因循融会先秦以来的各种学说，由此而提出了所谓“圣人无情”的理论，然而何晏的意图在于说明圣人纯任道而无为，其心与道合一，不会被外物所累，因而，外物不能引起其情感方面的反应，由此入手来会通儒道、合同孔老。在其所宣扬的孔老皆本于道和无的理论基础上，何晏建立了其老子与孔子同的观点。这样，何晏就不仅成功地将孔、老主张统一起来，而且使人们思索和论辩的着眼点从现象层面提升到了形上的高度。在何晏的倡导和立论原理的基础上，王弼更进一步地强调顺应自然之性，他认为，虽圣人亦不能去自然之性，自然是不能改变的。这就为其后的玄学家们强调因任自然的理论奠定了学术基础。

王弼所阐发的圣人的自然，其特点有三：一为圣人有情以应物；二为圣人之神明通无而无累于物；三为在圣人那里，有与无可以沟通，而其前提则是遵循自然。由此可见，王弼学说的核心是自然，这与《庄子》所倡导的自然一脉相承。何劭为王弼所作传载王弼说："夫明足以寻极幽微，而不能去自然之性。颜子之量，孔父之所预在，然遇之不能无乐，丧之不能无哀。又常狭斯人，以为未能以情从理者也，而今乃知自然之不可革……故知尼父之于颜子，可以无大过矣。"（《三国志·魏书·钟会传》）庄子认为人无情，他的观点是人应当不因感情而伤生，即一切出于自然，既不加以节制，也不有意放纵和增益，而是顺应自然。这与王弼所论述的圣人有情说是完全相同的。王弼认为圣人的情就是完全出于自然的，只不过在表述上庄子与王弼有所不同，庄子以此为"无情"（其实质是不有意于情，唯因循自然而已），而王弼则以此为"有情"，尽管词语表述有别，庄子的"无情"说与王弼的"有情"说在思想内容性质上则是一样的。王弼的主张，说到底就是他在其《老子道德经注》当中所说的"顺自然而行，不造不施"，因为"道不违自然，乃得其性"。而其前提则是同孔、老，融儒、道，左右逢源，出处自如，具体办法则是将孔子形象转换成道家性质的圣人，以老子学说曲解孔子的言论。王弼首建有无相通、孔老相合、儒道统一的玄学理论，为当时玄学的发展奠定了基础，指明了趋向，成为当时及其后一段历史时期内学术发展的核心和主流。

在融会百家、贯通学术的大环境当中，一些著名的士人不仅在思想深处将儒道两家融合为一，而且吸收了其他方面的学说和文化，最为典型的人物是嵇康。嵇康虽然喜好《庄子》，但是他在思想上已经将《庄子》学说同神仙家言相结合，即使在最足以说明嵇康喜好《庄子》的、其效仿《庄子·养生主》而作的《养生论》中，我们也可以看出其思想主旨亦已不是庄子所提倡的依乎天理的养生，而是糅合了神仙家言以阐发其长生不死之道。因此，嵇康的《养生论》同庄子的《养生主》在思想上并不是一路。落实到具体实践的层面上看，嵇康的吃药以养生，本身就不符合庄子所再三强调的因循自然之理。所以，嵇康的庄学是经过其加工改造而用于实际的，与当时的借《庄子》以为谈资而进行抽象思辨的士人有所不同。嵇康的最终被杀，亦可以说明他并没有真正地领会并实行庄子学派的无思无虑、因任自然、远祸避害、全性保真的学说和主张。嵇康性烈而才隽，其思想，从本质上说，主体与核心属于原始的儒家，无论是其老庄之学还是其神仙家言，都只是他用以养生处世的工具和方法而已，并不是他思想和精神的实质。

四

何晏、王弼所宣扬的以无为本的理论，说到底，其目的和功用在于化解和回避当时的社会和政治矛盾，因为任何具体的事物，只要它是“有”，就不可能不与其他事物发生关系和产生冲突,同时,对于周围的事物,对一个方面加以肯定的同时就对另一个方面作出了否定。那么,如何在这个动荡不安、瞬息万变的社会和政局当中保全自己的身心呢?倡导"无"是最好的办法,这样,既化解了种种"有"的矛盾冲突,保全了自己的身心安康,又建立起了自己的学术体系,同时获取了权贵们的认可,从容地行走于仕途。他们的理论既是对当时社会现象和政治局势的适应和肯定,也是对正在酝酿和发展中的政权变化趋势的预测,并提供观念和理论上的根据与说明。

然而,历史进入晋末南北朝时期,时过境迁,随着社会动荡混乱的加剧,人们观念理论和思辨的对象层面开始下移,换句话说,即是趋于具体和务实。最为典型的说明就是士人的思索重点转向了形神关系。形神关系的问题成为学术研讨的重点,而早先的有无关系的问题则随之在人们的头脑中退居于二线。这一现象的原因是形神关系问题更加切合人们立身处世的态度及方法,更加关涉到人们安身立命的根本问题。解决和处理好这一问题,能在精神上给人带来慰藉和希望,能化解人们因生离死别、身心疲惫而感受到的极度痛苦,而这,正是早先的谈虚语玄所无能为力的。与此同时,"三玄"当中的《庄子》,其经典和主体地位不断上升,以至于列于"三玄"之首,这也说明人们的心理日渐趋于实际。生活态度和生活本身需要观念和理论的支持,而人们如果将自己的头脑仅仅停留于本体论的思辨和探索,就难以给自己的人生理念和日常生活态度与方式找一个合适的定位，于是《庄子》的位置就很自然地在士人的心目中凸显出来。这不仅仅是理论和学术自身发展的结果，更是社会的变化使人们为实际生活寻找和落实理论依据使然。另外，必须注意的是，始终没有中断的经学一直在安置人们灵魂的土壤里起着重要的归宿性的作用。

总起来看，汉末至隋这一特殊的历史阶段，对于绝大多数士人来说，保全身家性命是第一要务，而谈虚语玄、不及实际则是他们处理日常生活事务和从事学术活动的最合适的方式方法，用这样的方式方法既可以保身又能够成名，而且或可获取高官厚禄和出人头地的社会地位和学术地位。即使一些确有实学的士人，其处世原则也是韬光养晦，其学术活动也是谈虚，其言论含蓄而不露锋芒，且可以左右逢源、灵活多变而酌情作解。这成为当时士人阶层的普遍风气。然而，历史地从思想和政治以及人生观的角度看，无论是治国还是立身，道家思想都只能作为儒家思想的辅助和补充，而不可能真正地长时间地取代儒家思想而成为主导思想和统治思想。总体上讲，在中国历史上，儒、道两家的思想始终扮演着主与辅和统治与调节的角色。在这里，学术史的发展好像拐了一个弯之后又回复到了原路。自西汉独尊儒术以后的中国封建社会，儒家思想无论遇到什么样的内外危机，它都不可能真正完全地退出其在社会和人心中的舞台，儒家思想已经与社会和人心融为一体，这是由社会性质所决定的，而非任何个人所能左右，无论这个个人是君主还是普通的文人。

（《山东师范大学学报（社科版）》，2006年第6期）

易学提要七种

周易集解

《周易集解》十卷，唐李鼎祚撰。

李鼎祚，《旧唐书》、《新唐书》皆无传。据清人刘毓崧所考，知其为唐资州盘石县（今四川资中）人。玄宗、肃宗时任左拾遗。代宗即位后，献《周易集解》，时任秘书省著作郎。仕至殿中侍御史（见刘毓崧《通义堂集·〈周易集解〉跋》）。

《周易集解》是一部偏重象数之学而总结《易》学成果的著作。

春秋时期，《易》说中已有象数、义理两种对立倾向，至汉遂为两大学派。象数之学是汉代《易》学的主流，孟喜、京房是汉代象数学派的开创者，他们的《易》学主要是卦气说，经《易》纬解释、发展和发挥并从而建立起理论基础，对后世

《易》学发展产生了重大影响。东汉人荀爽解《易》主卦气说，并提出卦变说。三国吴人虞翻推崇并发展荀爽《易》学，又提出旁通说，配合以互体说、半象说、取象说，牵强附会，取象泛滥，使其象数之学极为繁杂，同时，其卦爻象变化的极大随意性削减了象征物象的意义，从而突出了象征意义的内容和作用。于是，以王弼为代表的义理学派应运而生。义理学派始于汉代费直《易》学，费直《易》学以《易传》解经，注重义理，不讲卦气说及阴阳灾变。西汉《易》学立于学官者有施（施雠）、孟（孟喜）、梁丘（梁丘贺）、京氏（京房）四家，费直《易》学及高相《易》学皆未得立，行于民间。东汉光武帝建武中，陈元、郑众皆传费氏《易》，其后马融亦为其传。马融授郑玄，郑玄作《易注》，荀爽又作《易传》，王肃、王弼并为之注，自是《费氏》大兴，而《京氏》遂衰。《梁丘》、《施氏》、《高氏》亡于西晋，《孟氏》、《京氏》有书无师。南朝梁、陈，郑玄、王弼二注列于国学，北齐唯传郑义。至隋，王注盛行，郑学浸微，唐初则殆绝矣（见《后汉书·儒林列传》、《隋书·经籍志一》）。

李鼎祚编纂《周易集解》时，孔颖达《周易正义》早已在《易》学领域占据最高权威地位。《周易正义》具有推崇义理派《易》学的倾向，李鼎祚对此不以为然。晁公武说：李鼎祚"盖宗郑学者也"（《郡斋读书志》），实则李鼎祚要以郑学为基础综合各家尤其是象数学家的《易》学。他不满意王弼《易》学和王学盛行、郑学衰微的《易》学局面，他说："郑则多参天象,王乃全释人事……天象远而难寻,人事近而易习,则折杨黄华,嗑然而笑,方以类聚,其在兹乎!”(《周易集解·序》,下同)但他认为郑玄《易》学也有不足,他说:《易》“原夫权舆三教,钤键九流,实开国承家修身之正术也……《易》之为道,岂偏滞于天、人者哉?”郑、王之偏滞“致使后学之徒纷然淆乱,各修局见,莫辨源流”。他甚至认为历代各家皆未吃透《易》理,他说:“自卜商入室,亲授微言,传注百家,绵历千古,虽竞有穿凿,犹未测渊深。”因此,他要综合各家之长,采集前人之解,以刊王补郑,全面阐明《易》道。他说:“臣少慕玄风,游心坟籍,历观炎汉,迄今巨唐,采群贤之遗言,议三圣之幽啧,集虞翻、荀爽三十余家,刊辅弼之野文,补康成之逸象,各列名义,共契玄宗。先儒有所未详,然后辄加添削。每至章句,佥例发挥。俾童蒙之流一览而悟,达观之士得意忘言。”这段话道出了《周易集解》的编纂宗旨和主要内容。他的目的在于纠正《周易正义》推崇义理《易》学的倾向以及由此而形成的《易》学局面,其方式则主要是汇集前人(多属象数派学者)的注解。

《周易集解》所集之三十余家是子夏、孟喜、焦赣、京房、马融、荀爽、郑玄、刘表、何晏、宋衷、虞翻、陆绩、王肃、王弼、姚信、王廙、向秀、干宝、张璠、韩康伯、侯果、蜀才(范长生)、翟玄、伏曼容、沈骥士、姚规、朱仰之、蔡景君、卢氏(卢景裕)、崔觐、何妥、刘瓛、王凯冲、孔颖达、崔憬,此外还有《九家易》以及本于孟喜、京房《易》学的《易》纬《乾凿度》。《九家易》即《隋书·经籍志一》著录的《周易荀爽九家注》，陆德明《经典释文》作《荀爽九家集注》，十卷。陆德明云："不知何人所集，称'荀爽'者，以为主故也。其序有荀爽、京房、马融、郑玄、宋衷、虞翻、陆绩、姚信、翟子玄……注内又有张氏、朱氏，并不详何人。"（《经典释文·序录》）吴承仕云：惠栋曰《九家易》，魏晋以后人所撰，其说以荀爽为宗，为得其实。魏晋以后儒者每有集解之作，杂取众说，合为一编。此之"集注"，亦昔人隐栝京、马、郑、虞等九家说，而以荀义为依，则九家即《序录》所称之九人，故《集解》引九家处即不别引马、郑等，明九家中有马、郑义也（见《经典释文序录疏证》）。

《周易集解》仍用王弼本，惟以《序卦传》散冠六十四卦之首。文字原皆避唐讳，例如《豫卦》，避代宗讳，"豫"皆作"逸"，明本皆回改。所引诸家文字，荀爽、虞翻两家最多，故清人黄以周云："李氏盖宗荀、虞之说。"（《儆季文钞·李氏〈周易集解〉校本跋》）总的看，《周易集解》和《周易正义》同为总结《易》学成果之作，虽然《周易正义》偏重义理之学，《周易集解》偏重象数之学，但它们都具有融合象数、义理两派《易》学的倾向。

《周易集解》创见很少，理论上无所建树，其价值主要在于所集三十余家《易》学文字，除王弼、韩康伯、孔颖达的著作外，原书早已不存，赖它的引述，后人才能对这些《易》学著作有所了解。晁公武云："《隋书·经籍志》所录《易》类六十九部，公武今所有五部而已。关朗《易》不载于目，《乾凿度》自是纬书，焦赣《易林》又属卜筮，子夏书或云张弧伪为。然则《隋志》所录，舍王弼书，皆未得见也。独鼎祚所集诸家之说，则可见其大旨。”（《郡斋读书志》）在《易》学史上和今天的《易》学研究中，《周易集解》这一价值和作用是无可替代的。

《周易集解》对唐五代《易》学和宋明《易》学的影响不大，清代汉《易》复兴，《周易集解》作为汉《易》系统的主要文献受到特别的重视。《四库全书总目》说：“盖王学既盛，汉《易》遂亡，千百年后学者得考见画卦之本旨者，惟赖此书之存耳。是真可宝之古笈也！”

此书《新唐书·艺文志一》著录十七卷，晁公武《郡斋读书志》、陈振孙《直斋书录解题》、《宋史·艺文志一》均著录十卷，此书各本之李鼎祚序或云十卷，或云十八卷。据胡玉缙《四库全书总目提要补正》所考，知《周易集解》本为十卷，加李鼎祚《索隐》七卷，为十七卷，再加王弼《周易略例》一卷，为十八卷。至宋，《索隐》亡佚，《略例》被删，故仍为十卷。明以后之十七卷本，乃析十卷本所成。

此书通行本有《四库全书》本、《学津讨原》本、清嘉庆二十三年吴县周孝垓校刊本、《丛书集成初编》据《学津讨原》本排印本、北京市中国书店 1984 年影印周孝垓本。

易纂言

《易纂言》十二卷，元吴澄撰。

吴澄(1249—1333),字幼清,抚州崇仁(今属江西)人,元代大儒。宋度宗咸淳末举进士,不中。元世祖至元中,著《孝经章句》,校定《易》、《书》、《诗》、《春秋》、《仪礼》、《礼记》及《大戴礼记》,侍御史程钜夫请置澄所著书于国子监,以资学者。元成宗元贞中,擢应奉翰林文字,除江西儒学副提举。元武宗至大元年(1308 年),召为国子监丞。元仁宗时,拜集贤直学士,特授奉议大夫。元英宗即位,超迁翰林学士。元泰定帝即位,初开经筵,首命其与张珪、邓文原为讲官。总修《英宗实录》事,成,请老归家。澄弱冠时即以斯文自任,平生于周敦颐、张载、二程、邵雍、朱熹、陆九渊之学用力极勤,尤有得于邵雍之学。于《易》、《春秋》、《礼记》各有纂言,成一家言。作《学基》、《学统》二篇,使人知学之本与为学之序。校定《皇极经世书》,又校正《老子》、《庄子》、《太玄经》、《乐律》及《八阵图》、郭璞《葬书》。澄所居草屋数间,程钜夫题曰“草庐”,故学者称之为草庐先生。卒,赠江西行省左丞、上护军,追封临川郡公,谥文正。

吴澄作《易纂言》,用吕祖谦《古易》本,经、传分开,卷首讲《羲皇易》、《连山》、《归藏》,卷一、卷二为经文,卷三、卷四为《彖传》,卷五为《象传》,卷七、卷八为《系辞传》,卷九至卷十二分别为《文言传》、《说卦传》、《序卦传》、《杂卦传》。经文每卦先列卦变主爻,每爻先列变爻,次列象占。传文各分章数。训解各附句下。其音释考证,于经文附于每卦之末;于传文附于每章之末,间有附于句下者。

《易纂言》对通行本《周易》的文字颇多改动，其改动大多援引古义，具有源流，不拘一家。其基本方法和原则是广事搜求并综合排比有关学说和史料，爬梳钩沉，择善而从。如小畜九三爻辞“舆说幅”，《说文·车部》引作“舆说輹”，陆德明《经典释文·周易音义》云：“本亦作輹。”李鼎祚《周易集解》作“车说輹”，《易纂言》遂改“幅”为“輹”，并做了考证。再如泰卦九二爻辞“包荒”，陆德明《经典释文·周易音义》云：“本亦作巟。”李鼎祚《周易集解》作“包巟”，《易纂言》云：“巟，诸本作荒，今依许慎《说文》（按：《川部》）及虞翻本作巟。”亦做了一番考证。又如《系辞下传》“耒耨之利”，《汉书·食货志上》引作“耒耜之利”，《易纂言》改“耨”为“耜”，云：“‘耒耜’，旧本‘耜’作‘耨’，晁氏（按：晁说之）曰：王昭素云：诸本或作‘耜’，乃合上文。澄谓：传写者讹右傍‘目’字为‘辱’也，今正之。”

在对经文文字的改动取舍上，吴澄充分利用了陆德明《经典释文·周易音义》和李鼎祚《周易集解》，不仅许多材料出自其中，而且很多地方直接据以改动。例如《系辞下》：“何以守位？曰仁。”“曰仁”二字陆德明《经典释文·周易音义》作“曰人”，云：“王肃、卞伯玉、桓玄、明僧绍作‘仁’。”《易纂言》据改旧本之“仁”为“人”。又“致远以利天下”，陆德明《经典释文·周易音义》云：“一本无此句。”《易纂言》据删。再如困卦九五爻辞“劓刖”，陆德明《经典释文·周易音义》云：“荀、王肃本‘劓刖’作‘臲卼’，云：不安貌。陆同。”《易纂言》据以作“䡾𡾏”。又如小畜上九爻辞“尚德载”，京房、虞翻、子夏传本及李鼎祚《周易集解》作“尚得载”，《易纂言》据以改“德”为“得”。师卦辞“丈人吉”，李鼎祚《周易集解》引崔憬曰：“《子夏传》作‘大人’。”《易纂言》参照之，改“丈”为“大”，并做了一番考证。

《易纂言》中尤多依傍胡瑗、程颐、朱熹《易》说处。例如贲卦《彖》辞，《易纂言》云：“‘贲’下旧本有‘亨’字，朱子曰：‘疑衍。’今删去。‘天文也’上旧本无‘刚柔交错’四字，胡氏（按：胡瑗）曰：‘盖遗脱。’朱子曰：‘或然也。’澄按：王弼注‘天文也’三字自为一节，不与上文连，而注云‘刚柔交错而成天文’，则疑若当时此四字未遗脱。然今从胡氏说补之。”《周易正义》原有“刚柔交错”四字，后或本脱，唐郭京《周易举正》云：“‘天文’上脱‘刚柔交错’一句。”知其脱早矣。再如震卦《彖》辞“惊远而惧迩”下，唐郭京《周易举正》有“不丧匕鬯”四字。《程氏易传》云：“《彖》文脱‘不丧匕鬯’一句。”朱熹《周易本义》从之。《易纂言》云：“‘惧迩’下旧本无‘不丧匕鬯’。晁氏（按：晁说之）曰：王昭素案徐氏云：‘出’字上脱此四字。程子亦以为文脱，而朱子从之。今增补。”又如坤卦《象传》“履霜坚冰”，唐郭京《周易举正》认为“坚冰”二字衍，朱熹《周易本义》云：“按：《魏志》（今按：《三国志·魏书·文帝纪》注）作‘初六履霜’，今当从之。”《易纂言》作“初六履霜”，云：“‘初六履霜’，旧本作‘履霜坚冰’，今依《魏志》所引。”实则为从朱熹之言。萃卦辞“萃，亨”，陆德明《经典释文·周易音义》云:“王肃本同,马、郑、陆、虞等并无此字。”朱熹《周易本义》云:“亨字,衍文。”《易纂言》依朱熹之说,删此字。帛书《周易》“萃”下亦无“亨”字,此字当是衍文。

《易纂言》对胡瑗、程颐、朱熹见解的依傍,多建立在广泛参照、实事求是的基础上,而非盲从。例如大畜卦九三爻辞“曰闲舆卫”,陆德明《经典释文·周易音义》云:“郑人实反。云:日习车徒。”则郑玄本“曰”作“日”。李鼎祚《周易集解》作“日闲舆卫”,如此,《程氏易传》依“日”字作解,朱熹《周易本义》作“日闲舆卫”,云:“日当为日月之日。”《易纂言》方改作“日闲舆卫”。再如鼎卦九四爻辞“其形渥”,朱熹《周易本义》云:“晁氏曰:形渥,诸本作刑剭,谓重刑也。今从之。”而郑玄本正作“其形剭”(参见《周礼·秋官·司烜氏》郑玄注、贾公彦疏),《易纂言》乃从朱熹之说,改作“其刑剭”。对朱熹等人的见解,吴澄也时有补充,例如渐卦《彖传》“渐之进也”,《易纂言》作“渐,渐进也”,云:“‘渐,渐进也’,旧本作‘渐之进也’。朱子曰:‘之’字疑衍,或是‘渐’字。澄案:因写下‘渐’字作‘’,遂讹为‘之’。”

《易纂言》的其他校勘改动,如据王肃本者,比卦六三爻辞“比之匪人”下增一“凶”字。渐卦《彖传》“女归吉也”,《易纂言》作“女归吉利贞”,云:“‘女归’下旧本无‘利贞’字,有‘也’字,今从王肃本也。”再如于《系辞上》“系辞焉而明吉凶”下补“悔吝”二字,改“《易》之序也”为“《易》之象也”，云：“‘而明吉凶’下旧本无‘悔吝’字，‘《易》之象也’，旧本‘象’作‘序’，今并依虞翻本。”又如于《序卦》“故受之以履”下补“履者礼也”四字，云：“‘故受之以履’下旧本无‘履者礼也’四字，韩注有之。今案：王弼《略例》引此四字，盖是后人误以正文书作注字。”此外，比卦《彖》辞“比，吉也”，《易纂言》作“比，吉”，云：“‘比，吉’下旧本有‘也’字，王昭素云：多‘也’字。”（按：《四库全书》本《易纂言》有“也”字，误）艮卦《彖传》“艮其止”，《易纂言》作“艮其背”，云：“‘艮其背’，旧本‘背’作‘止’。晁氏曰：‘当依卦辞作背。’今从之。”凡此种种，也都有理有据。

吴澄对《周易》原文的改动也有不少出于主观臆断者，例如，他认为《系辞传》中说上下经十六卦十八爻之文是错简，而移置于《文言传》中，即属师心之举。

吴澄《易》学多本朱熹，但他对象数之学亦很重视，“澄为《纂言》，一决于象，史谓其能尽破传注之穿凿，故言《易》者多宗之”（《四库全书总目·经部》）。《易纂言》之解释卦爻辞，分两部分，一部分是象，一部分是占。例如解释乾卦卦辞云：“三画皆奇之卦名乾而象天，三画之乾重为六画，上下皆乾，则阳之纯、健之至也，故乾之名不易。元亨，占也……占者，有长人之大德者必亨。利贞，占也……占者，宜于正主其事也。”解释九二爻辞云：“见龙在田，象也。出而可见曰见。田，地上也。二，地上之位。九居二，犹龙之出见而在地上也。利见大人，占也。见谓身亲见之。凡卦，阳为大，阴为小，以三画卦言，二为人位，九居二为大人，而占者利于见大德之人也。”吴澄以象解《易》的原则和方法与朱熹《易》学不同。

吴澄“解释经义，词简理明，融贯旧闻，亦颇赅洽，在元人说《易》诸家，固终为巨擘焉”（《四库全书总目·经部》）。他对象数之学尤其是象学的运用和发扬表现了元代《易》学发展的新倾向，对当时及其后的《易》学影响很大。

《易纂言》的常见本有《通志堂经解》本、《四库全书》本。

周易集解纂疏

《周易集解纂疏》十卷，清李道平撰。

李道平，字遵王，一字远山，号蒲眠居士，湖北安陆人。嘉庆二十三年（1818 年）举人，与修《安陆县志》二十余年。道光二十三年（1843 年）任嘉鱼县教谕。邃于汉《易》，为继惠栋、张惠言之后的又一位吴派《易》学代表人物。少时尝取李鼎祚《周易集解》读之，觉辞隐义奥，深邃难窥，辄欲有所阐发，以通窔宣幽，卒以多所滞碍而止。久之，得惠栋之书，觉向之滞者十释四五。又久之，得张惠言之书，觉向之滞者十释二三。又久之，广览载籍，旁及诸家之说，觉向之滞者即有未释，盖亦无几矣。遂荟萃众说，句梳而字栉之，义必征诸古，例必溯其源，务使疏通证明，关节开解，读者可一览而得其旨趣。旧注间有未应经义者，或别引一说以申其义，或旁参己虑以备一解,终于道光二十二年(1842年)著成《周易集解纂疏》十卷。其于道光四年(1824年)所著成之《易筮遗占》一卷,多附于《周易集解纂疏》之末。

《周易集解纂疏》是疏通李鼎祚《周易集解》之作,对《周易集解》逐句进行疏解,旨在发明汉《易》象数之学。此书卷一前有《周易集解纂疏自序》、《周易集解序》、《周易集解纂疏凡例》、《周易集解纂疏诸家说易凡例》,卷一至卷七为上下经,卷八、卷九分别为《系辞》上、下,卷十为《说卦》、《序卦》、《杂卦》,卷十后有《易筮遗占》。李道平崇尚汉《易》,反对晋《易》老庄之谈和宋《易》图学之说。他认为,象数乃《易》之根本,作《易》者不能离象数以设爻象,说《易》者亦不能外象数而空谈性命。周秦人之说《易》,言象数而义理在其中,汉儒踵周秦而兴,《易》师授受一脉相承,恪守典型毋敢失坠,凡互卦、卦变以及卦气、爻辰、消息、纳甲、飞伏、升降之说皆所不废,盖去圣未远,古义犹存,故其说往往与伏羲、文王之旨相契合。汉儒之后,一变为晋《易》,而老庄虚无之焰炽;再变为宋《易》,而陈李图学之说兴。老庄之虚无、陈李之图学断不能远出汉儒象数之上。李氏对王弼注尤为贬斥,认为王弼之注论象数不及汉儒之确,论义理不及宋儒之醇,进退无所据,有识之士多摈斥不肯道;深憾孔颖达之黜郑、虞而宗王、韩,取王弼"野文"疏而行之,使其书得藉以独尊于世,而汉学浸微。

《周易集解纂疏》对李鼎祚《周易集解》所集各家注解及

李鼎祚本人的注解逐条疏通，不唯发明了《周易集解》所引汉至唐人《易》说之义，且发明了李鼎祚的《易》学思想。李道平对《周易集解》诸本做了比较研究，辨明其优劣，选定木渎周氏枕经楼本，据以纂疏，此本间有未尽善者，悉改订于各条之下。李氏深受惠栋、张惠言学说影响，其纂疏于此二人著作多所采择。李氏认为，自宋以来，汉《易》几成绝学，即间有留心象数者，皆自摅己见，不必根据儒先。清朝经学昌明，名贤辈出，如惠栋承其家学，说《易》尤精；张惠言接踵而兴，如骖之靳。大抵皆谨遵汉学，于荀爽，虞翻诸儒之旨多所发明，其所征引总不外《周易集解》一书。故其《纂疏》所采，虽广录诸家，而于惠栋、张惠言两人之说尤多。李氏之著《纂疏》，义取其当，不尚苟同。于《周易集解》中注之义未协经旨者必详加辩证。亦有旧义不详不确者，或另申一说以备参考。其于书中，兼引诸家者但加"案"字，自摅己见者则加"愚案"以别之。孔颖达《正义》专释王、韩之注，李氏之著《纂疏》，所引王、韩注有全用《正义》者，则书以"孔疏"以别之，间引数语者不书。李鼎祚《周易集解》于诸家《易》说兼收并蓄，李氏之著《纂疏》，亦对其兼释之。他认为，古人说《易》，各有宗派，《易》含万象，不可一例拘也。故李鼎祚《周易集解》兼收并蓄，多两存其说。其《纂疏》亦两释之，以备学者采择。至诠解诸家，亦各遵其例，不相混淆，重家法也。李氏之著《纂疏》，重视阐明诸家说《易》体例。他认为，诸家体例，渊源各别，如郑玄言爻辰、荀爽主升降、虞翻明消息之类，若不详其端委，读之每多扞格而难通。故其于诸家说《易》体例，撮其尤要者列于卷首，俾读者开卷了然，庶于各家宗旨得其梗概。其所列诸家说《易》体例，为卦气、消息、爻辰、升降、纳甲、纳十二支、六亲、八宫卦、纳甲应情、世月、二十四方位，凡十一条，其说解皆深入浅出，简明扼要，能使读者知汉《易》中孟喜、京房、马融、郑玄、荀爽、虞翻学说之要例，而由此以读全书，则势如破竹。李氏之疏通《周易集解》，于京房的五行说、飞伏说，《易》纬的九宫说、八卦方位说，郑玄的互体说、五行生成说，荀爽的乾升坤降说、中和说、虞翻的旁通说、卦变说、月体纳甲说所据尤多，所言尤明。对汉《易》诸说，或阐发，或运用，或独用，或会通，今可知之唐前汉《易》义例及解《易》方法，于李氏《纂疏》可谓一览无遗。

《周易集解纂疏》恪守汉《易》诸家之说，罗列资料，以疏通诸说，证明汉《易》注解之确切。虽对诸说加以融合，但缺少分析，无多创建。然其训诂严谨，逻辑清晰，征引繁博，阐释汉《易》细致周密，确乎难能。李道平对《周易集解》的整理和疏解，功不可没。欲知汉《易》，不可不读李鼎祚《周易集解》，而欲读通李鼎祚《周易集解》，不可不读李道平《周易集解纂疏》。

《周易集解纂疏》有三余草堂刻本、《湖北丛书》本（《丛书集成初编》收）、思贤书局本、中华书局 1994 年出版之《十三经清人注疏》本最为流行。

读易会通

《读易会通》八卷，清丁寿昌撰。

丁寿昌，江苏山阳（今淮安）人，丁晏之子。生于嘉庆末，卒于同治初，享年未及五十，曾为官于户部。幼而好学，从其父丁晏受经，尤笃嗜《易》。道光初年，同乡《易》学家苏秉国每至丁晏家，昕夕谈论，寿昌甫七八岁，侍侧倾听，苏秉国极爱之，抚其顶曰："此儿沉默敏慧，不仅为科第中人，它日必能读我书。"后寿昌所著《读易会通》中所引蒿坪（苏秉国号）说皆是也。丁晏初授之以《周易正义》、程颐《易传》、朱熹《周易本义》以导其原，寿昌既长，乃综览汉唐宋元诸儒之说及清朝惠栋诸书，博观而约取之。三十以后，宦于都中，公余稍暇，即手一编，荟萃汉宋之学，不主一家，择精语详，明白晓畅，俾读者豁然贯通，无有隔阂，此《会通》之所为作也。是书首列同治五年（1866年）丁晏叙，卷一为总论，卷二至卷八为上下经及《彖》、《象》、《文言》，《系辞》以下不及焉。

丁寿昌继承其父的《易》学观点，认为《周易》经传是一个有机整体，经是伏羲、文王所作，传是孔子所作，《周易》的内容不容分割。十翼乃孔子所以释《易经》，凡孔子所已言者，后之说《易》者遵而守之可也；孔子所不言者，后之说《易》者辞而辟之可也；学者亦仰承孔子而已。故学《易》必始于十翼，熟读深思而其义自见，此外凡求之十翼而不合者皆曲说也。他认为孔子之后的《易》学历史有混乱衰落的现象和趋势，即其所谓自微言既绝，大义亦乖，《易》未亡于秦火而乱于诸儒。天道悠远，孔子所不轻言也，而汉儒以爻辰、卦气、纳甲、五行之说乱之；图书神秘，孔子所未详言也，而宋儒以九言、五行、先天、后天之说乱之。宋元以降，舍孔子之传，人自为书，家自为说，至谓有伏羲之《易》，有文王之《易》，有孔子之《易》，四德非文王之意，十翼非孔子所作。其高者驰骛空虚，入于异端而不知；卑者沉溺象数，入于小道而不悟。非圣疑经，而《易》学之榛芜极矣。

丁寿昌少而受《易》于其父，于《周易正义》和《伊川易传》用力甚勤，受二书之影响甚深。后尝泛滥于汉魏唐宋以下诸家说《易》之书，见其于十翼或离或合，而卒折中于《周易正义》和《伊川易传》，乃认为汉儒以后不言纬谶者惟王弼，宋儒之中不言图书者惟程颐。是以程子教人学《易》先看王弼，而朱熹《周易本义》每曰程传备矣，诚以王弼、程颐之书实能阐先圣之精心，扫诸儒之曲说。“惟学者未尝研精覃思，妄有出入，乃谓辅嗣以老庄说《易》，程颐为不明象数，以致微言大义湮晦不明，蒙窃惧焉”（《读易会通·自叙》）。

丁寿昌之著《读易会通》，意在排除《易》学史上的支离附会之说，理清正确的《易》学源流，从而恢复其心目中的《周易》及《易》学的本来面貌，故先以文王之经，次以孔子之传，溯之王注孔疏以穷其源，求之程传朱义以竟其委，参之《释文》音训以考其异同，稽之《说文》石经以正其讹误。大传十篇，取法吕祖谦，古音十部，旁采顾亭林，以及历代诸儒之说凡有发明无不取附。以圣继圣，以经解经，而一切支离附会之说、孔子所不言者，未尝参焉。他认为汉儒未尝不明义理，宋儒未尝不精训故，而汉《易》多训故，宋《易》多义理，故其书大抵训故宗汉，义理宗宋，实事求是，不尚专门，融汉宋为一家，合理数为一学，题曰《读易会通》，以见宋儒之《易》即汉儒之《易》，汉儒之《易》即孔子之《易》，孔子之《易》即文王之《易》，文王之《易》即伏羲之《易》。

《读易会通》的体例是择引诸家之说按以己见，其按语若简明注解和说明者随引文出之，阐述观点者则于所引文后单列之。如《总论·先天之学》引《说卦传》及孔颖达《正义》、朱熹《周易本义》、黄震《黄氏日钞》，于《黄氏日钞》"《易》之以卜者今无其法"下按曰："昌案：黄氏意谓其法不备耳。若筮法尚可考见，不可谓无也。"《黄氏日钞》后引归有光《易图论》、《序卦》及干宝注，后单列按语："昌案：惠定宇《易例》云：干令升此注，若豫知后世有陈抟、种放、穆修、李之才、邵康节诸人造先天图以乱圣经者而谆谆言之如此，其卫道也深矣。"然后再引他书并按以己见，如于其所引《四库全书总目·易类四·周易爻变义蕴四卷》后单列按语："昌案：宋元人言《易》不信图学者，自程子以后惟黄东发、陈泽云二人，而泽云之书世所罕觏，仅于《提要》见之崖略，可谓特立之士矣。"于其所引钱大昕《十驾斋养心录》后单列按语："昌案：'帝出乎震'《正义》云益卦六二'王用享于帝，吉'，辅嗣注云：'帝者，生物之主，兴益之宗，出震而齐巽者也。'则辅嗣之意以此帝为天帝也。钱氏以帝为伏羲，可破先天之谬，似较《正义》为优。"再如上经乾卦"乾：元，亨，利，贞"下，低一格为《彖传》"大哉乾元"至"万国咸宁"，下有按语："《释文》、唐石经、岳本俱作'强'，闽、监、毛本作'彊'。"《象传》下低一格为《程氏易传》，后为朱熹《周易本义》，后低一格单列按语："案虞仲翔曰：乾健固强，天一日一夜过周一度，故自强不息。《正义》谓惟天运动，日过一度，本虞义也。干令升曰：言君子，通之于贤也。"以下体例同此。

《读易会通》对诸家《易》说评判的原则是实事求是，不守一家。丁氏认为汉《易》、宋《易》皆有正和误或精华与糟粕。他说："（孟喜）卦气之说，即阴阳灾异之书，实《易》学之支流，不当取以说《易》。"（《总论·卦气》）但他又深以孟氏《易》学之亡为憾，例如他说："西京《易》学，唐初尚存三家（今按：孟、京、费也），自《正义》行而诸家皆废，惜哉！"（《总论·周易授受源流》）他对王注、孔疏、程子《易传》、朱子《本义》多所赞誉，但也认为其解说有不妥处。他反对"王弼以老庄说《易》"的说法，但又不能不承认王弼确有以老庄说《易》处，例如他于《总论·易象（互体、半象、逸象）》所引《朱子语类》下按曰："昌案：《困学纪闻》云《易》者象也。小过'有飞鸟之象焉'，余卦可以类求。王辅嗣忘象之说，蒙庄绪余耳。"丁氏注重训诂，尤重以声求义，反对穿凿牵强，他吸收了惠栋的一些讲法，但也对惠栋之说有所否定（例如《总论·上下经》中的按语）。丁氏训诂，注重推求古义（即原始意义或接近原始的意义）。例如《总论》之《重卦》以伏羲画八卦还自重卦之说最古而从之，其《卦辞爻辞》以孔颖达之以卦为悬卦、以爻为仿效非古义而非之。丁氏对诸家之说的取舍，主要本于推求本义和"遵守孔子所言"以理清原委，凡不合者，盖加批评。例如《总论·筮法》："昌案：过揲乃七八九六之源，卦扐乃七八九六之委，朱子之说未免倒置，归氏辨之当矣。"又《总论·占法贞悔》："汪瑟莽先生云：《启蒙》谓四爻五爻变，则占之卦之不动爻，此乃朱子一人之说，与古不合，与己说亦不合，诚非后学所敢从矣。"《总论·元亨利贞》："昌案：四德之义，文王言之，古语载之，孔子述之，自子夏以至伊川无异说也。以四德为孔子之说，非文王之说，自朱子始，不可以不辨。"对于孔子作十翼之说，欧阳修曾提出疑问和加以否定，而丁氏仍坚持认为十翼是孔子所作，对欧阳修的讲法进行了否定（见《总论·十翼》），这固然与朱熹的观点相通，但根本在于对孔子和十翼的权威的维护。丁氏对荀爽、虞翻《易》说多所批评，认为王弼《易》学与汉《易》相合（见《总论》之《卦气》及《升降》、《纳甲》等），同样本于推求古义和"遵守孔子所言"的原则。丁氏之推求本义往往陷入臆断，其"遵孔"往往导致守旧。

《读易会通》中有一些明显的错误，例如《总论·卦辞爻辞》引《周易正义卷首》"故史迁云'文王囚而演《易》'"下按曰："昌案：《史记·日者传》司马季主曰：文王演三百八十四爻，此褚少孙补，孔以为史迁，误。"其实孔颖达所言不误，《史记·周本纪》："西伯……囚羑里，盖益《易》之八卦为六十四卦。"又《太史公自序》："昔西伯拘羑里，演《周易》。"《汉书·司马迁传》载司马迁报任安书："盖西伯拘而演《周易》。"皆孔颖达之所据也。丁氏认定孔颖达所据者为《史记·日者列传》，遂致以不误为误之误。

《读易会通》评判之功多而独创之处少，其很多观点属因循守旧，但其实事求是、融会贯通、排除支离附会之说、正本清源的原则和精神标志着《易》学研究由专门走向会通，由保守走向科学，体现了《易》学研究的新倾向。

《读易会通》有《丁氏遗稿六种》本。常见本有商务印书馆 1935 年版《国学基本丛书》本，成都古籍书店 1988 年据以影印出版。

易通释

《易通释》二十卷，清焦循撰。

焦循（1763—1820），字理堂，又作里堂，江苏甘泉（今扬州）人，嘉庆六年（1801 年）举人。曾祖父焦源、祖父焦镜、父焦葱，世传《易》学。循少颖异，既壮，雅尚经术，名重海内，与阮元齐。阮元督学山东、浙江，俱招循往游，钱大昕、王鸣盛、程瑶田等皆推敬之。博闻强记，识力精卓。每遇一书，必究其源，以故经史、历算、声音、训诂无所不精。幼好《易》，父问《小畜》“密云”二语何以复见于《小过》，循反复其故不可得。既学洞渊九容之术，乃以数之比例求《易》之比例，渐能理解，著《易通释》二十卷。又有《易章句》十二卷、《易图略》八卷，与《易通释》合称《易学三书》。自谓所得悟者，一曰旁通，二曰相错，三曰时行。又以古之精通《易》理，深得羲、文、周、孔之旨者莫如孟子，生孟子后，能知其学者，莫如赵岐，伪疏踳驳，未能发明，著《孟子正义》三十卷。谓为《孟子》作疏，其难有十，然近代通儒已得八九，因博采诸家之说，而下以己意，合孔、孟相传之正旨，又著《六经补疏》二十卷。以说汉《易》者每屏王弼，然王弼解箕子用赵宾说，读彭为旁，借雍为瓮，通孚为浮，解斯为厮，盖以六书通借，其解经之法，未远于马、郑诸儒，为《周易王注补疏》二卷。以《论语》一书，发明羲、文、周公之旨，参伍错综，引申触类，亦与《易》例同，为《论语何氏集解补疏》三卷。又著《尚书孔氏传补疏》二卷、《毛诗郑氏笺补疏》五卷、《春秋传杜氏集解补疏》五卷、《礼记郑氏注补疏》三卷、《书义丛钞》四十卷、《禹贡郑注释》一卷、《毛诗地理释》四卷、《毛诗鸟兽草木虫鱼释》十一卷、《陆玑疏考证》一卷、《群经宫室图》二卷、《论语通释》一卷、《雕菰楼文集》二十四卷及词三卷、诗话一卷等。殁后，阮元作传，称其学“精深博大，名曰通儒”，世谓不愧。

焦循《易》学立足于阐发汉《易》象数之学，但他不同于惠栋、张惠言，惠、张单纯倡导恢复汉《易》，而他则主张博览众说，会通百家，择善而从，独立思考，由辞通道，发展汉《易》。他说："学者述孔子而持汉人之言，惟汉是求，于是拘于传注，往往扞格于经文。是所述者汉儒也，非孔子也。"（《雕菰楼文集·述难》）"学经者，博览众说而自得其性灵，上也；执于一家而私之，以废百家，唯陈言之先入，而不能自出其性灵，下也。"（《里堂家训》）这实际是对惠栋、张惠言一路治《易》学风、态度和方法的否定。焦循是汉《易》学家，但他对汉《易》有所舍弃而对宋《易》有所吸收。例如他认为"《易》者圣人教人改过之书也"，"《易》之用于筮者，假筮以行《易》，非作《易》以为筮也。《易》为君子谋，用《易》于卜筮则为小人谋，此筮之道即《易》之道也"（《易图略·原筮》）。可见，焦循接受了宋《易》义理学派尤其是张载《易》学的影响，而不赞成汉《易》中神秘主义的占候方术之说。

焦循视《周易》经传为一整体，认为伏羲、文王、周公、孔子之《易》一气贯通，因此他要用会而通之的方法揭示其中的一贯原理。他说："窃谓卦起于包牺，八卦成列，因而重之，命之以名。文王以其简而不易明也，系以彖辞。周公以其简而不易明也，系以爻辞。'密云''庚''甲'，以爻辞释彖辞也；'笑''号''马壮'，爻辞自相释也。然而犹不易明。我孔子韦编三绝而后赞焉，且不一赞而至于十赞者，佐也，引也，佐文王、周公之辞引而申之也。包牺之卦参伍错综，文王、周公之系辞亦参伍错综，故小畜、蛊、明夷之辞互见于小过、巽、涣之辞也。文王、周公之辞以参伍错综系之，孔子十翼亦以参伍错综赞之，所以明《易》之道者备矣。”（《易通释叙目》）《易通释》所阐释的核心问题是爻卦象和卦爻辞之间的逻辑关系，这是历代《易》学研究的中心问题。焦循认为前人所用的体例和方法都不能解决这一问题，他说：“惜乎！汉魏诸儒不能推其所闻，以详发圣人之蕴，各持己见，苗莠杂糅，坐令老、庄异端之流出而争之矣。”（同上）他既学代数学，乃以其比例说贯通《周易》文辞，探讨象辞之关系，“举经传中互相发明者会而通之”（同上），并进一步将《周易》内容数学化，从而建立起以汉《易》象数之学为基础的抽象的《易》学体系。

《易通释》用以数之比例求《易》之比例的原则和方法，将《周易》经传当中的概念、术语、范畴和命题等，如元、亨、利、贞、悔、吝、吉、凶、厉、无咎等等，会而通之，广征博引，进行解释。不仅根据经书和文字、音韵、训诂著作，对其他文献如《史记》、《汉书》、《吕氏春秋》、贾谊《新书》、《淮南子》、扬雄《法言》、王充《论衡》、《楚辞》等史、子、集著作也充分利用。焦循认为：“易为变更反复之义，即一阴一阳之谓也。易与交义同而有异，交者二五相交，如乾二之坤五、归妹二之五是也。易者既交之后易而变通。”（《易通释·易》）这种变通说认为《周易》六十四卦通过刚柔爻象的互易可互相转化，一卦可转化为多卦，这样《周易》中的卦爻象和辞就被串通起来。对前人的解释，《易通释》往往加以辨析，如其释无妄云：“《序卦传》云：‘复则不妄矣，故受之以无妄。’马融云：

‘妄犹望，谓无所希望。’虞仲翔辨之云：‘妄，亡也。谓雷以动之，震为反生，万物出震，无妄者也。京氏及俗儒以为大旱之卦，万物皆死，无所复望，失之远矣。有无妄然后可畜，不死明矣。’（按：虞翻之言引自李鼎祚《周易集解》，“无妄者也”引作“妄无者也”，今据《周易集解》所引改）虞氏之辨是也。”接着，焦循运用其所悟得的旁通、相错、时行的原理阐述了自己的见解。

焦氏所谓“旁通”，本于《文言》之“六爻发挥，旁通情也”，将六十四卦按其爻象六画相反而分为三十二对，如乾坤、震巽、坎离之类，每对卦之刚柔爻象相合相易。其互易规则为二五、初四、三上相易，或两卦之刚柔互易，或一卦中之刚柔互易。互易的程序是先二五，后初四、三上，如此变动而形成的爻象为当位，若不俟二五，则初四、三上先行，则为失道，当位则吉，失道则凶。刚柔互易可使不当位之爻当位，并可使一卦引出多卦而串通互释。这样，《周易》中语句重复的现象就可以得到解释。焦氏所谓“相错”，本于《说卦》之“天地定位，山泽通气，雷风相薄，水火不相射，八卦相错”。焦循认为，天、地、山、泽、雷、风、水、火这八种自然现象相错，然后能变化，既成万物，这八种卦象相错，则成为六十四卦。天地为乾坤，山泽为艮兑，雷风为震巽，水火为坎离。天地相错，上天下地成否，二五已定为定位。山泽相错，上山下泽成损，二交五为通气。雷风相错，上雷下风成恒，二交五为相薄。水火相错，上水下火为既济，六爻皆定，不更往来，故不相射。此否则彼泰，此损则彼咸，此恒则彼益，此既济则彼未济，而统括以八卦相错一语。六十四卦皆此天、地、山、泽、雷、风、水、火之相错。相错之卦，如同比例之关系，不知相错，则比例之义不明。由于相错，其卦爻辞即可互释，如咸、艮两卦之辞发明咸、损为艮、兑相错尤为明了。艮六五“艮其辅”即咸六五“咸其辅颊舌”。咸六二“咸其腓”即艮六二“艮其腓”。损《象传》：“一人行，三则疑也。”兑《象传》云：“行未疑也。”“行未疑”之“行”即“一人行”之“行”。兑以朋友讲习，正发明损之得其友。非明乎八卦相错之比例，咸艮两卦取象之同将莫能知其妙。旁通说讲爻象之升降，相错说则讲卦象上下二体之交错，后者当中包括有前者。焦氏所谓“时行”，本于大有卦《彖传》之“应乎天而时行”，时行说强调变通。焦氏认为变而通之即是时行，他说：“传云：变通者，趣时者也。能变通即为时行，时行者元亨利贞也……凡二五先行，初四应之，为下应；三上应之，为上应。二五得中，而上下应之，乃为元亨。”（《易图略·时行图》）二五先行为元，初四、三上应之为亨，元亨表示刚柔相推而无阻塞，于是爻象之互易由不通而趋于通。《易通释·元》中说：“凡六十四卦之生生，皆从八卦而起，而八卦之生生，则从二五而起。初四、三上未行，而二五先行，乃谓之元。由乾、坤、震、巽、坎、离、艮、兑之元，而有同人、比、随、渐之元，因而有师、大有、蛊、归妹之元。由同人、比、随、渐而初四、三上从之，为家人、屯、革、蹇，则由元而亨。初四、三上不先二五，皆不失为元。”旁通之卦，其刚柔相易不在二五之先者皆可称为元；二五先行，其后初四、三上应之皆可称为亨。无论当位失道，一经变通，则元亨者更加以元亨，不元不亨者改而为元亨。六十四卦本诸乾、坤、震、巽、坎、离、艮、兑之八卦，而八卦之生生不外元亨利贞四字，而所以元亨利贞，则“穷则变，变则通，通则久”九字尽之，括以一言则谓之易而已。焦氏所论述的刚柔相推，以二五互易为准则和核心，并归结为二五之是否当位，故《易》学之总原则是二五变通。

焦氏以数之比例求《易》之比例，从而通释文句之间的关系，主要是词句相同或类似的现象。如睽二之五为无妄，井二之噬嗑五亦为无妄，故睽二之噬肤即噬嗑之噬肤。坎三之离上为丰，噬嗑上之三亦为丰，故丰之日仄即离之日仄，丰之日中即噬嗑之日中。大有二不之五而比出之大有四，即泰二不之五而否四之初之比例。大有二不之五而比三之大有上，即泰二不之五而否上之三之比例。比成既济，即否成既济；大有成泰，即泰二不之五。比之匪人即否之匪人（《易通释·否之匪人、比之匪人》）。他认为：“事有万端，道原一贯，义在变通，而辞为比例，以此求易，庶乎近焉。”（《易通释·比例图》）焦氏精通声音训诂之学，他将《周易》中的文字依六书的假借和转注进行了解释。他认为《易》之取象多用六书假借，卦象所取之物象多出于引申。例如明夷六五爻辞“箕子之明夷”，焦氏以“箕子”为“其子”，云：“古之其字，既为箕之籀文，则箕字正是其之本字，则中孚、鼎亦可作箕子。以明夷之其子作箕子解可也,以中孚、鼎之箕子作其子解可也。《易》以六书假借为引申,帝乙、鬼方皆非实事,何疑于箕子、其子之不同乎!"(《易通释·箕子之明夷、其子和之、得妾以其子》)明夷王弼注以"子"为"兹",以"箕"为"其",然焦氏之所解,意在与中孚、鼎之其子"一气"相通,说明其中的比例关系,即其所谓:"中孚二之小过五,变柔为刚,故云其子和之;乃中孚二不之小过五,而小过四之初成明夷,故云其子之明夷,谓小过所成之明夷也。"(同上)

《易通释》之以数之比例求《易》之比例的原则和体例同《周易》的内容并不完全相合,其本身也并不周密完备,不能对所有的词句相同或类似的现象都做出合理的解释,因而焦氏之通释往往不可避免地陷入主观臆断,得出牵强附会的结论。焦氏假借引申之说意在说明其《易》学变通和比例的体系,往往带有主观随意性。焦氏《易》学在很大程度上将《周易》的内容抽象化和公式化。但是,焦氏《易》学之融会贯通以独辟蹊径的开创精神,《易通释》之以其代数学原理举经传中互相发明者会而通之的研究方法,在《周易》学史上独树一帜,对后世有极为重要的影响。

《易通释》有《雕菰楼易学》本、《焦氏丛书》本和《皇清经解》本,其中《皇清经解》本最为通行。

周易述

《周易述》二十三卷,清惠栋撰。

惠栋(1697—1758),江苏吴县人,字定宇,号松崖,人称小红豆先生。元和县学生员,吴派经学奠基人。惠氏自栋曾祖父有声、祖父惠周惕、父惠士奇,世邃古学,而栋所得尤精。栋自幼笃志向学,家多藏书,日夜讲诵,于经、史、诸子、稗官野乘及七经毖纬之学靡不津逮。讲诂训古字古音,非经师不能讲,作《九经古义》二十二卷。尤邃于《易》。其撰《易汉学》八卷,掇拾孟喜、虞翻、荀爽诸论,以见大凡,其末篇附以己意,发明汉《易》之理,以辨证《河图》、《洛书》、先天、太极之学。《易例》二卷,乃熔铸旧说以发明《易》之本例,实为惠栋论《易》诸家发凡。撰《明堂大道录》八卷,谓禘行于明堂,明堂法本于《易》。《古文尚书考》二卷,辨郑玄所传之二十四篇为孔壁真古文,东晋晚出之二十五篇为伪。又撰《后汉书补注》、《渔洋山人精华录训纂》、《九曜斋笔记》、《松崖文钞》诸书。

惠栋认为:"《易》道深矣,一言以蔽之,曰'时中'……知时中之义。其于《易》也,思过半矣。"(《易汉学·荀慈明〈易〉》)"时中者,《易》之大要也……子思作《中庸》,述夫子之意曰:君子而时中。时中之义深矣。故《文言》申用九之义曰:知进退存亡而不失其正者,其惟圣人乎!是时中之义也。""一阴一阳之谓道,元、亨、利、贞皆道也。《中庸》曰:苟不至德,至道不凝焉。故云人行之则为德。中庸即中和也。《易》尚中和,君子之德合于中和,故能行此四者以赞化育,与天地合德也。"(《周易述·文言传疏》)"《易》尚时中",是

《周易述》解《易》所本的核心观点。

惠栋治《易》，专宗汉学，反对王弼、韩康伯和宋人的《易》学，他所推崇的汉代《易》学，实际上主要是以孟喜、京房为代表的象数之学和卦气说。惠栋之撰《周易述》，以荀爽、虞翻为主，参以郑玄、宋咸、干宝等等诸家之说，融会其义，约其旨而自为注，演其说而自为疏，逐句解释《周易》经文传文。例如《周易述·乾卦辞》注："元，始；亨，通；利，和；贞，正也。乾初为道本，故曰元。息至二升坤五，乾坤交，故亨。乾六爻二、四、六匪正，坤六爻初、三、五匪正。乾道变化，各正性命，保合太和乃利贞。传曰利贞，刚柔正而位当也。"其疏略云："元，始；亨，通；利，和；贞，正"之解乃取《子夏传》之义。"乾初"谓初九爻，初、元皆始，依何休《春秋公羊解诂》。其初九爻是乾卦之始，也是乾道之始，所以《彖传》称"乾元"，取荀爽《易》说。乾初为道本，故曰元，亦本董仲舒《对策》所谓"谓一为元者，视大始而欲正本"。乾坤交通为亨，本荀爽、虞翻义。乾卦之二、四、六爻为阳居阴位，坤卦之一、三、五爻为阴居阳位，皆不当位，故云"匪正"，取虞翻义。又云："乾变坤化，六爻皆正，故'各正性命'。乾为性，巽为命也。乾、坤合德，六爻和会，故'保合太和'。正即贞，和即利，故'乃利贞'。《传》曰'利贞，刚柔正而位当也'者，既济《彖传》文。六爻皆正，故'刚柔正而位当'。经凡言'利贞'者，皆爻当位，或变之正，或刚柔相易。经惟既济一卦六爻正而得位，故云'刚柔正而位当'。"这些讲法皆出于荀爽、虞翻之学。但《周易述》对虞翻等人的讲法并非一概遵从，其中间有通过考证否定虞翻等人所解之处，例如咸卦上六爻辞疏对于辅、颊进行了考证，从而断言："虞以权为辅，《说文》以辅为颊，皆非也。"

《周易述》之注疏《周易》经传辞句，吸收了京房的纳甲说和五行说、《易》纬的九宫说和八卦方位说、郑玄的互体说和五行生成说以及爻辰说、荀爽的乾升坤降说和中和说、虞翻的卦变说和月体纳甲说，等等，而以《易》汉学之取象说和卦气说为纲领和主要依据。《周易述》之解说六十四卦卦象主卦气说，以六十四卦代表一年十二月阴阳消息的变化过程。如解说乾卦云："八纯卦，象天，消息四月。"解说坤卦云："八纯卦，象地，消息十月。"解说屯卦云："坎宫二世卦，消息内卦十一月，外卦十二月。"解说蒙卦云："离宫四世卦，消息正月。"解说需卦云："坤宫游魂卦，消息内卦正月，外卦二月。"解说讼卦云："离宫游魂卦，消息三月。"解说师卦云："坎宫归魂卦，消息四月。"解说比卦云："坤宫归魂卦，消息四月。"如此等等，皆用孟喜的卦气说和京房的八宫卦说。

惠栋认为，"自唐人为《正经正义》，传《易》者止王弼一家，不特篇次紊乱，又多俗字"（《九经古义·周易古义》），主张恢复《周易》中的古字，因此《周易述》对通行本《周易》的文字颇多改动。其据《说文》改字者，例如乾卦九三爻辞"夕惕若，厉无咎"，《说文·夕部》："《易》曰：夕惕若夤。"《周易述》据以改为"夕惕若夤，厉无咎"，注云："俗本脱'夤'，今从古。"屯卦上六爻辞"泣血涟如",《说文·心部》:"《易》曰:泣涕連如。"《周易述》据以改为"泣血連如"。需卦九二爻辞"需于沙"改为"需于沚",云:"沚,古文沙。《说文》(按:《水部》):沚,沙或字。谭长说沙或从沚。当据古文《易》也。"

其据陆德明《经典释文·周易音义》者尤多,例如讼卦上九爻辞"或锡之鞶带,终朝三褫之","鞶",《经典释文》云:"徐云:王肃作'槃'。""带",《经典释文》作"帶",云:"音带。亦作'带'。""褫",《经典释文》云:"郑本作'拕'。"《周易述》据以改为"或锡之槃帶,终朝三拕之"。小畜卦九三爻辞"舆说辐","辐",《经典释文》云:"本亦作'輹'。"《周易述》改为"轝说腹",注云:"腹读为輹。"疏云:"腹,古文輹,故读为輹。"又上九爻辞"月几望","几",《经典释文》云:"《子夏传》作'近'。"《周易述》据以改为"月近望",注云:"近,读为既。"疏云:"近读为既,谓既望。"遁卦之"遁",《经典释文》云:"字又作'遯',又作'遁',同。"《周易述》据以改为"遯"。此外,泰卦初九爻辞、六四爻辞、上六爻辞、同人卦九四爻辞、大有卦九二爻辞、剥卦六三爻辞、上九爻辞、咸卦初六爻辞、晋卦六五爻辞、明夷卦六二爻辞、六五爻辞、睽卦上九爻辞、萃卦卦辞、井卦卦辞,等等,也都依据陆德明《经典释文·周易音义》做了改动。

《周易述》中有些训解出于主观臆断,例如《系辞下》疏云:"庖牺,孟、京作伏戏,许慎以《易》孟氏为古文,故知古文作伏戏。伏读为服,戏读为化,古训音与义并举,故云伏,服也;戏,化也。伏戏为太昊有天下之号,伏戏画八卦以治天下,始于幽赞,终于赞化育,故天下伏而化之。”惠栋以“伏戏”义为“伏而化之”,实属牵强。《周易述》对《周易》文字的改动有些是不合理的,颇受后人非议。惠栋对汉《易》学家之言往往偏信,由此也造成其训释的一些错误。

《周易述》垂成而惠栋之病危,遂缺革至未济十五卦及《序卦》、《杂卦》两传。书虽未臻于善,然汉学之绝者千有五百余年,至是而粲然复明。其自为注而自疏之的解经方式,具有创新的意义,实开清人经书注疏之风气。

《周易述》的常见本有《四库全书》本、《皇清经解》本、《四部备要》本。

周易虞氏义

《周易虞氏义》,清张惠言撰。

张惠言(1761—1802),字皋文,一作皋闻,江苏武进人。少受《周易》,即通大义。年十四为童子师,修学立行,敦礼自守,人皆称敬。嘉庆四年(1799年)进士,时大学士朱珪为吏部尚书,以其学行特奏改庶吉士,充实录馆纂修官。六年,散馆,改部属,朱珪复特奏授翰林院编修。七年,卒。生平精思绝人,其学要归六经,而尤深《易》、《礼》。《易》主虞翻,著有《周易虞氏义》九卷、《虞氏消息》二卷、《虞氏易礼》二卷、

《虞氏易候》一卷、《虞氏易言》二卷，又著有《周易郑氏义》三卷、《周易荀氏九家义》一卷、《周易郑荀义》三卷、《易义别录》十四卷、《易纬略义》三卷、《易图条辨》二卷，皆以羽翼虞氏《易》者。《礼》主郑玄，著有《仪礼词》一卷、《读仪礼记》二卷。又有《茗柯文》五卷、《茗柯词》一卷。

张惠言自述著《周易虞氏义》的缘起说："翻之学既世家，又具见马、郑、荀、宋氏书，考其是否，故其义为精。又古书亡，而汉、魏师说可见者十余家，然唯郑、荀、虞三家略有梗概可指说，而虞又较备。然则求七十子之微言，田何、杨叔、丁将军之所传者，舍虞氏之注，何所自焉？故求其条贯，明其统例，释其疑滞，信其亡阙，为《虞氏义》九卷；又表其大旨，为《消息》二卷。"(《周易虞氏义序》)张惠言深受惠栋《易》学的影响，他说："清之有天下百年，元和征士惠栋始考古义孟、京、荀、郑、虞氏，作《易汉学》，又自为解释，曰《周易述》。然掇拾于亡废之后，左右采获，十无二三。其所自述，大抵祖祢虞氏，而未能尽通，则旁征他说以合之。盖从唐、五代、宋、元、明，朽坏散乱千有余年，区区修补收拾，欲一旦而其道复明，斯固难也。"(同上)可见张氏著《周易虞氏义》尽量系统全面地再现虞翻《易》学面貌，实为对惠栋研究的补充、修正和发展。

张惠言反对王弼《易》学和宋《易》，他说："自魏王弼以虚空之言解《易》，唐立于学官，而汉世诸儒之说微，独资州李鼎祚作《周易集解》，颇采古《易》家言，而翻注为多。其后古书尽亡，而宋道士陈抟以意造为《龙图》，其徒刘牧以为《易》之《河图》、《洛书》也，河南邵雍又为先天、后天之图，宋之说《易》者翕然宗之，以至于今，牢不可破，而《易》阴阳之大义，盖尽晦矣。”（同上）因此，他以恢复汉《易》尤其是虞翻《易》学为己任，同时对王弼《易》学和宋《易》进行了批驳。

张惠言之著《周易虞氏义》，凡经文，陆德明《经典释文》可考者，则从之，余悉依李鼎祚《周易集解》，有用他读者则注出之。《彖》、《象》、《文言》分附各卦。注文采自李鼎祚《周易集解》，有自他书者则言其书。虞氏注之见载者，则直引之；其不见载者，则依虞氏义补之。

张惠言认为：“翻之言《易》，以阴阳消息六爻，发挥旁通，升降上下，归于乾元用九而天下治。依物取类，贯穿比附，始若琐碎，及其沉深解剥，离根散叶，畅茂条理，遂于大道，后儒罕能通之。”（同上）《周易虞氏义》吸收了旁通说、卦变说、乾坤升降说、飞伏说、纳甲说、五行说、卦气说、互体说，而归结为取象说，以虞翻的阴阳消息说为纲。例如，其解乾卦象云：“乾盈象天，与坤旁通，候在四月，爻变成既济。”解乾卦辞云：“《子夏传》云：元，始也；亨，通也；利，和也；贞，正也。《文言》注（按：即李鼎祚《周易集解》所引之《文言》“乾元者，始而亨者也”虞翻注）云：乾始开通，以阳通阴，故始通。义与《子夏传》同。”以旁通说明阴阳消息之义。解乾卦初九爻辞云：“乾为龙，阳精变化之象。《文言》注（按：即李鼎祚《周易集解》所引之《文言》“确乎其不可拔，潜龙也”虞翻注)云:坤乱于上,君子勿(《周易集解》一本作“弗”)用,隐在下位。”解乾卦九二爻辞云:“阳息至二,兑为见,故称见龙。《易》有三才,初二地道,地上故在田。大人谓二,有君德,当升坤五。时舍于田之正,体离,物皆相见,与五同义。”用乾升坤降说。解乾卦九三爻辞,采李鼎祚《周易集解》载虞翻注云:“谓阳息至三,二变成离,离为日,坤为夕。”张惠言疏云:“三四人道,故不称龙;三得位,故曰君子;三终下体,故曰中日。乾成泰尽,否道将反,三体复初,接乾生乾,故曰乾乾。体坎为惕。厉,危也。泰否之际,阳道危,故夕惕若,厉。正位,故无咎。”充分运用了卦变说和互体说。解乾卦九四爻辞云:“四失位之正,承五,体坎为渊,震足动为跃。失位疑之,故曰或。得正,故无咎。”谓阳息至四,九四不当位,故爻辞云疑惑。九四之上皆阴爻则为震卦象,九四为震之足,表示跳跃。九四与六五易位则为互体坎象,坎为渊,故爻辞云“跃在渊”。居五为得位,故爻辞云“无咎”。此爻辞之虞翻注不见载,张氏乃据虞氏义补解之。解乾卦九五爻辞,采李鼎祚《周易集解》载虞翻注云:“谓四已变则五体离,离为飞,五在天,故‘飞龙在天,利见大人’也,谓若庖牺观象于天,造作八卦,备物致用,以利天下,故曰‘飞龙在天’,天下之所利见也。”张氏疏云:“《象》曰:‘大人造也。’故举庖牺言之。《系》注云:文王书经,系庖牺于乾五是也。”以庖牺位于乾五。解乾卦上九爻辞云:“穷高曰亢,四已变,体巽为高。震无咎者存乎悔,明当之正也。《系》注云:乾盈动倾,故有悔。”此爻辞之虞翻注不见载，张氏乃据虞氏义解之。解用九云：“爻不正则道有变动。乾、坤用九、六，所以立消息，正六位也。乾二、四、上失正，用九变成既济。离为见，坤为群，乾为龙为首。乾坤交，离乾象不见，故见群龙无首。乾道变化，各正性命，故吉也。六十四卦皆乾、坤用九、用六，通乎二篇之爻也。”用九之虞翻注不见载，张氏乃据虞氏义解之。

上述张惠言对虞氏义的阐发，核心在于以阳生于坤之序解释乾卦爻辞与其爻象之联系，从而发明虞翻的阴阳消息学说。

《周易虞氏义》以虞翻《易》学为《易》之正宗，力求恢复虞翻《易》学之原貌，严守虞翻《易》义，故不事创新，未免烦琐和牵强，然其述虞翻《易》学之详备，实有宋以后所仅有。

《周易虞氏义》的常见本是《皇清经解》本。

（董治安主编《经部要籍概述》，
江苏教育出版社2008年）

附录

怀念恩师庄大钧先生

马晓乐

对老师的怀念是一种难以名状的惆怅，有的时候是生活中一瞬间的错觉，有的时候是无尽的回忆与酸楚，有的时候是自己学习思考中涌上心头、漾在耳边的老师的教导。……不期而遇，又难以释怀。有一天午后，走在校园的小树林，阳光透过或疏朗或浓密的枝叶，倾洒下初秋的斑驳。抬头远望，一个熟悉的身影推着自行车走进校园。哦，老师下午有课，刚想跑过去请安，瞬间又没有了。一个人站在斑驳光影中稍事停留，原来又是幻觉，一阵酸楚涌来，未夺眶，泪先流。两年来，每每去看望师母，敲门时也总是幻觉老师会像往常一样笑盈盈地开门，伴着熟悉的脚步声和打招呼的声音："哈哈，小乐！"老师驾鹤西去已经三个年头了，这种怀念也是一种幸福。在这个世界上，血缘和学缘都是非常珍贵的情感，一日为师，终生为父！怀念，让我们体会到师生情谊的深邃与真挚,我相信老师的弟子们,都会在生活中有像我一样类似的幻觉和怀念。

我是2000年考入山东大学投奔到庄门的,非常幸运,是老师的开山弟子。那个时候研究生招生数量少,山东大学古籍研究所2000级一共才招生六名学生,庄门只有我自己,所以能够得到老师更多的教导和关爱。庄大钧先生培养学生有几个基本要求:一是要尽可能多选课,因为不同的任课教师有不同的治学风范,上课既是学习的线索,也是了解教授们治学思路的门径;二是要多读书,多多益善,原典和后世研究著作都要读;三是要背诵经典,最好脱口而出;四是加强写作实践,只读不写难以消化。老师的学术造诣有家学渊源,从三岁起就开始背诵经典,所以不论是课堂教学还是茶余饭后的闲谈,总能应时应景大段背诵,这让我们每一个弟子都佩服不已,又难以企及。一开学,老师就要求我背诵《论语》,告诉我《论语》需要不断地含咀品咂;《尚书》呢,首先让我们自己通读,然后自己选择认为应该背诵的重点段落。我们六个选的内容各不相同,背得也不是很熟练,老师一一点评。无论选得是否恰切,都是只有鼓励没有批评。选不准肯定是理解不到位,老师在疏解的过程中重点就自然明了了,选择的是否准确自己会晓悟。现在想来,老师这一招是很妙的教学方法!

当时的教学条件和环境与如今相比有不小的距离,古籍所的教室在生命科学院教学楼上,记忆中是一间狭长的屋子，只能容下十人左右，去那里上课的机会和次数有限，更多有关上课与学习的记忆是在老师家中。每次去，老师都是衣帽整齐，白色或者天蓝色的衬衣，西裤，油亮的黑色皮鞋，天凉的时候老师在家也穿西装或者夹克，完全是上班的服装规格。上课对教师而言就是工作，在家上课也要着装正式而严谨，有仪式感和敬畏感，这些细节都加深了我对教师职业的理解。老师家就像个小型图书馆，四间房子三间有书柜。上课的屋子三面墙都是书，是两代人的收藏和积累，很多是庄爷爷留下的。书柜上半部分有玻璃门，放置的大多是古籍，不少是古雅的函套版本；下半部分则比较杂，多为后世研究著作。其余一面墙有窗户，窗下摆放着两张写字台，桌面上也堆满了书和学术期刊。研究生一年级的时候，老师坐在一边，我坐在另一边，颇有点先生和书童的角色。文献学研究，需要很多工具书，经常援引典籍或者核实原文。老师会让我到不同书柜上去帮忙找典籍或者查阅资料，这让我受益颇丰，学习到很多新知，不明白的地方及时就请教了。很多时候一忙就是一上午，通常师母中午都会回来给我们做好吃的，对于每日混迹于食堂的我来说是一个美好的期待。师母把学生都当孩子，只要知道去家里上课或者学习，前一天就会做好佳肴的准备，有的时候是一条鱼，有的时候是水饺馅，有的时候是胶东炖菜。师母慈爱而贤惠，做事麻利，一顿佳肴一会就做好，那种香味和融洽的气氛记忆犹新。老师喜欢喝啤酒，也爱喝浓茶。上课前，总要用一个硕大的白色瓷杯子冲浓浓的绿茶,说喝下去才有精神,要冲开思路。午饭的时候,则喜欢小酌一下,通常是啤酒。我是女生,不会喝酒,幸亏后来师弟们都可以陪老师喝几杯,推杯换盏,把酒抒怀,谈谈学问也说说生活。略有酒意,老师总会鞭策我们:“何不策高足,先据要路津。”喝高兴了,就直接瓶吹,颇具魏晋之风。后来我参加工作后,每年夏天都要搬点啤酒过去,以前都是青岛啤酒,2015 年夏天换了桶装的德国黑啤酒,想让老师尝尝以表孝心。听师母说就是我去的第二天,老师的腰椎就出现了问题,连续卧床三个多月,那些啤酒也成了遗憾之一。

老师特别强调写作实践能力,认为看书固然有博览的收获,但是写作才是综合的训练。写作是思考的线索,也是读书的经脉,为了解决问题,需要围绕主题阅读大量书籍,是高效率的治学路径。所以研究生一年级,老师就要求我动脑的同时也要动笔。当时没有类似“CNKI”一样的文献数据库平台,读期刊文章要去图书馆,特别是过期期刊阅览室,研究生阶段的很多时光是在那里度过的。老师让我反复阅读经典文献,自己给文章“做手术”,解剖文章结构,看看文献学的学术论文大概有几种写法。这个过程太重要了。我做了很多读书笔记,把文章归纳为几种类型,每隔一段时间就去给老师汇报。因为仔细研读的第一本经典是《论语》,老师要求我把读书的心得和思考凝练为问题写成文章,我自己对《论语》中“叩两端”的阐述方式很感兴趣,就以此为题写了

第一篇作业。令我感动和难忘的是，老师逐字给我修改、讲解，鼓励我投稿发表。当我第一次看着自己写的文章变成公开发表的铅字时，学习的自信心大增。今天，这篇略显稚嫩的文章就放在我的书柜里，想念老师或者自信心不足的时候，会拿出来看看，去寻求鼓励和前进的信心。不断的写作训练，使我渐渐意识到写作对于阅读来讲是一种积极的转换过程，她会固化知识、训练学术思维，写文章用过的知识和资料基本不会遗忘。这一点对我影响太大了，现在我也成了一名大学教师，觉得这是研究生培养中的重要"法宝"，感谢恩师的教导。因为没有间断练笔，所以硕士论文从开题到成稿都非常的顺利，印象中大约写了八万多字，老师也是逐字逐句给我做的批注和修正。恩师对学生的悉心培养以及治学的严谨，是我终生收获的财富。现在我也要每年面对研究生论文，无论多忙，我都会逐字逐句尽力去做，因为恩师榜样的力量一直默默地鞭策和激励着我。

可贵的是，老师注重带领我们出门向专家请教。当我的硕士论文题目确定为庄子以后，老师就说要带我去拜访一位庄学研究的专家，也是他的师兄王世舜教授。王教授当时住在聊城，我们驱车专程去拜访，第一次去时只有我自己，后来一次去还有庭兰、照海、长红、王震等几位同门。王世舜老师耐心地给我们讲他的治学心得，甚至还回复书信给我讲解相关问题，感激不尽，书信也一直珍藏着。两次去聊城，老师都带我们去了山陕会馆和著名的藏书楼海源阁。行走间给我们讲戏台，讲透雕艺术和古树，还专门请香让我们祭拜文曲星，说读书人要拜一拜的。我们师生在聊城大学门前的合影也定格了那个美好的初秋时日。

师从先生十五年，老师居然一次也没有批评过我，永远都是面带微笑的鼓励、鞭策和指导，总给人如沐春风的慈爱之感。老师培养我们，更关心学生们的生活，嘘寒问暖，关怀备至。非常荣幸的是，老师和师母都参加了我的婚礼，还专门给我们夫妇撰写了一副对联："花开双蒂三生缘元乐天成之和，带结同心二姓好遂欢人作于飞。"楹联中既有我们夫妇的名字，也有燕燕于飞等美好的典故，婚礼上这幅对联大增其彩。感谢老师给我这么珍贵的礼物。

在生活中，老师颇具仙风道骨之范，有不食人间烟火的气质。不争不抢、不怒不怨，一切顺任自然，率性而为。有一次师母让老师去菜市场买"根"黄瓜，他真的拎着一根黄瓜回来了，搞得师母哭笑不得。早上刷牙突然想起哪本书就去翻，禁不住坐下看起来，一个小时了牙膏还在嘴里，浑然不觉。师母经常把老师这些生活中的"迂腐糗事"当笑话讲给我们听。老师早年专攻经学，后来儒道并举，但是始终偏爱老庄之学。他说自己不是积极入世的性格，但是特别希望学生能够弘扬儒家入世精神，多为社会做贡献。

老师的教导弟子们都铭记在心。庄门是一个团结的师门，大家友爱互助、相互激励，都在各自的工作岗位上自强进取，孜孜以求。学生是导师学识、风范和精神的承传，相信大家会在生活和实践中去继承、去光大。

逍遥游是生命的一种境界，老师选择以飞翔的姿态去结束自己的人生，对一个儒雅书生来讲不能不说这是一种勇气，率性之至，与天地并生，与万物为一。愿恩师安息！不思量，自难忘，弟子们永远怀念您！

追念恩师

王　震

我是恩师庄大钧先生的第三届弟子，那时整个庄门只有四人，平时老师经常召集我们同师母、师妹一起聚会，很融洽、很温暖的一家人。学生少，接触导师的机会就多，从学业到生活，再到怎样做人，老师对我们的教诲、关心是多方面的。老师的言传身教让我至今受益。直至今天，每每用到我学术知识结构中最基础的那部分，总能跟当年在老师家面对面聊天的场景对应起来。我在多年工作中养成了一种谦和、真诚、淡泊名利的处世原则，从渊源上说，也是十多年来受了老师的影响。

我原是新闻学专业的本科生，对古代文学有一点兴趣，但仅限于唐诗宋词明清小说之类，对于国学典籍则一无所知，更完全谈不上喜欢。当时正好有一个中国古典文献学专业的研究生推免名额，根据成绩刚好排到了我，我不太喜欢，但又觉得考研风险太大，就选择接受推免，后来成了庄师的学生。从跟随老师学习开始，我才渐渐对这个专业有了兴趣。因为老师那种由内而外的人格魅力，不由你马虎。他总是以一种和蔼慈祥的语气同学生交流，学业上总是不断鼓励我，偶尔的批评也很平和真挚，非常让人容易接受。他总是鼓励学生个性自由的发展，允许和提倡各种不同的观点认识，让人觉得心里有什么话都可以跟老师讲。正因如此，我总喜欢滔滔不绝地跟老师聊学问，一谈就是大半天，现在想来，当时很多观点认识都多么幼稚，但那时是初生牛犊，一知半解就敢跟老师争论一二。老师从不批评打压，也不敷衍应付，而是鼓励我畅所欲言，并认真地交流他的观点。这种交谈竟成了我读书的动力，每读点新书，就有冲动想去跟老师交流一二，而交流之后又回来继续读书，不知不觉竟渐渐深入进来，喜欢上了这个学科。所以，是老师把我领上了这条路，不仅是形式上成了他的研究生，更是实实在在地在他的鼓励教诲下深入进来。现在有些研究生导师跟学生哪有什么交流，稀里糊涂弄篇论文混个文凭的不在少数，别说引导学生喜欢上专业，有的连基本常识也没怎么学到。跟现在的这些学生相比，我遇到庄老师，真是幸运极了！

我与恩师间的默契交流，十多年来一直没有间断，直至他的离去，现在我真的尝到了莫名的孤独。老师离我们而去，而且走得那样突然，我当时一下子感到天塌下来似的，很长一段时间都不能释怀。这时候我突然感到老师给我留下的是一笔何等宝贵的财富！

老师曾经对我说，有位老先生向他称赞我，说“夔一足”①，老师引以为豪。我想，师门那么多优秀的学生，我哪里当得起这个说法？但是，从老师那种天真而骄傲的语气里，我分明感受到了他对学生付出的真心，学生当不起“夔一足”，而幸此恩师教诲，的确足矣！

---

① 《韩非子·外储说左下》：“哀公问于孔子曰：‘吾闻夔一足，信乎？’曰：‘夔，人也，何故一足？彼其无他异，而独通于声。尧曰“夔一而足矣，使为乐正”，故君子曰“夔有一足”，非一足也。’”又《吕氏春秋·察传》：“鲁哀公问于孔子曰：‘乐正夔一足，信乎？’孔子曰：‘昔者舜欲以乐传教于天下，乃令重黎举夔于草莽之中而进之，舜以为乐正。夔于是正六律，和五声，以通八风，而天下大服。重黎又欲益求人，舜曰“……若夔者，一而足矣”，故曰夔一足，非一足也。’”

谦谦君子，温其如玉

——追忆恩师庄大钧先生

石　静

初见恩师，是在2004年春天。研究生面试时，先生温和的目光，让忐忑的我慢慢平静下来。先生微笑着看着我，时不时点点头，当时自己觉得是因为回答得还可以，后来翻书才明白先生纯粹是为了鼓励我。在陌生的环境中，在人生的重要时刻，先生的这般鼓励，于我而言，确如春雨，温润无声。

甫一入学，先生便布置任务，让我读前四史并做读书笔记。在读史中，我找到了自己的兴趣点——经学与史学，并在先生的指导下逐渐深入，后来成为了我的研究方向。可惜，当年终是玩心太重，没有将先生所列书目读完，有负先生所望。硕士期间，修完三十几个学分就可以毕业，但先生为晓琼和我选了五十多个学分，因此那三年我们一直忙着上课。正是那段充实的学习生活，让我能够聆听文史哲研究院各位老师的教诲，先生之深思正在于此。每每学有所惑，晓琼和我便去先生家里请教，先生从未推辞，每次都爽快地说："好，来吧。"在书房中，先生坐在书桌前，我们俩坐在对面椅子上，一聊就是一下午，告辞出门，已是华灯初上。当时只有思路畅通后的惬意，却未曾想到先生的疲倦。等自己当了老师，处在备课、上课、科研的忙乱中，才真正体会到那一句"好，来吧"是多么难得，况且先生的睡眠一向不好，白天需要喝大量浓茶提神。先生端着大茶缸，慈祥地为我们解惑，书房窗外，风吹叶动，树影摇曳桌上，那时那景，终身难忘。

先生待学生十分温和，从未见过先生发火，甚至连高声都未曾听过。讨论问题时，学生们在先生面前都可畅所欲言，先生耐心倾听后再予以指点。2007 年夏天，晓琼和我毕业，先生为我们送行。想到即将远去，我们非常难过，席间忍住没有落泪。先生把我们送上出租车，车开的一刹那，我们俩就再也忍不住了，哭了一路。不管是在济南，还是在北京，先生时刻关注着我的成长，竭尽全力帮助我解决生活中和学业上的困难。在我心中，先生不是严师，而是慈父。

每次从先生家出来，先生都会看着我离开才进门。最后一次和先生道别时，先生亦是点头微笑，送我出门。回首挥手，先生的目光柔和、慈爱，一如既往，却不曾想竟成永别。先生离去后的很长一段时间，经常彻夜难眠。先生点头微笑的样子，先生一饮而尽的豪爽，先生父亲般的关心，总是浮现眼前，恍若昨日。

得入先生门下，是我的幸运。在庄门之中，我感受到了家的温暖、情的真挚。虽然与先生的师生情份只有短短的十一年，但先生对我的教诲，我会一生谨记。先生博学儒雅，淡泊名利，至情至性，不语他人是非，待人温厚真诚。谦谦君子，温其如玉，乃吾师也。

师恩如山，恩师如父

——忆恩师庄大钧先生

续晓琼

庄大钧先生是我在山东大学文史哲研究院求学时的导师，他和蔼可亲，温文儒雅，温和中有严谨，可亲中有可敬。三年里，老师总是嘘寒问暖，既关心我的学业，又操心我的生活，使我在异乡感受到了家的温暖。

犹记得第一次见到老师是在研究生复试时。当面对七八位先生时，我非常紧张，但这时我隐约看到坐在最边上的一位老师总是微笑地看着我，这时我注意到他面前的桌牌，竟然是我报考的导师庄大钧先生，正是在导师无言的鼓励下，我慢慢平静下来。接着老师们开始提问，现在回想起来只记得庄师让我回答关于齐人有一妻一妾的寓言，当我听到这个问题时，因为不知道，顿时感觉天旋地转，庄师也许看出了我的尴尬，他及时说："晓琼，不要紧张，会多少说多少。"我意识到老师在教我怎样回答不理解的问题，在导师的提醒之后，我如实回答，虽然有点失误，但实事求是的学习态度对我影响至深，这也是老师给我上的第一课，我永记在心。直到走上教师工作岗位后，面对《孟子》诸多名篇，我只讲《齐人有一妻一妾》，因为它是我对庄师的记忆，它有着老师的关爱，更有着学无止境的启迪。

进入山东大学文史哲研究院后，更加体会到庄师对学生的爱护与关心。每当我与师妹去老师家上课，他会先问我们最近的生活，然后再问学习情况，如果时间太晚，还会留我们在家里吃饭，他总是用语言传递着温暖与关爱，用行动表达着豁达与执着。在文史哲研究院，我跟着导师研习文献学，但是专业对我来说太陌生了，所以在学习中有时会倍感艰难，但是每次告诉老师时，他总是微微一笑，只是让我多看书，多思考，随笔记，然后用邮件仔细告诉我应该粗略读的书和精研的书，并指出相关问题的学界观点，让我自己斟酌，这种鼓励式教学增强了我在困难面前不放弃、不气馁的勇气，潜移默化中培养了我独立思考的能力，而且使我养成了随手记的看书习惯，这些都使我受益匪浅。《礼记・学记》有言曰：“道而弗牵，强而弗抑，开而弗达。”我想，这也许是对恩师教学方式最好的注解了。

在论文写作中，由于所需资料较多，当时我没有充裕的资金买书，庄师毫无保留地将他收藏的相关书籍全部交给我，记得其中有庄师先父庄维石先生留下来的《颜氏家训集解》，上面有老先生的批注，实为珍贵，老师还是让我拿去翻看，并且一看就是三年，期间从未过问书的情况。对于喜书爱书的庄师来说，他知道此书的意义，但他更多地是为我们着想，只要我们需要，他一定会竭尽全力、尽其所能地帮助我们，作为老师的学生，我深有体会，能遇到庄师，是我的幸运。

在山东大学的三年是我人生当中最值得回忆，也最为珍惜的时光，因为这里有庄师的指导，也有庄门的温暖。记得老师给我们讲疏《庄子》时，从字句到文风，从历代研究到庄学史，每个问题分析都很精到，使我们在庄子的世界里遨游，也深刻领会到庄子的梦蝶与养生，直到现在回想起来，记忆犹新。通过庄师的讲解，不仅开阔了我们的学术视野，更加激发我们对古代经典研读的兴趣，使我对专业有了更深入的理解。除学业之外，老师也尽力为我们营造一个大家庭的氛围，在这里有师母的嘘寒问暖，有师兄师姐的倾力相助，也有师弟师妹的相亲相爱，而这种爱现在还在延续。

毕业工作后，由于家庭的变故和初入职场的不适应，我心情跌落到谷底，当老师知道情况后，多次打电话安慰我。我知道他是一个不善言辞的人，但他一直鼓励我，使我重新鼓起勇气追求自己的理想，正是在老师的帮助下，我得到继续深造的机会，也完成了我的心愿。现在想来，他是我在那段黑暗时光中的指引者，让我勇往直前。在北师读博士期间，老师一如既往地关心着我，时常问我和同学们关系好不好、研究方向喜欢否、论文进展如何，并时刻提醒我，如有问题一定告诉他。他像父亲一样，不管孩子们离他有多远，总是牵挂于心。记得老师有一次到北京,他顶着凛冽的寒风带我们逛书城,当看到《日知录》时,叮嘱我要好好读它,又带我们拜访王世舜先生,在那里聆听王先生讲《尚书》,这些都是我与老师美好的回忆。庄师像慈祥的父亲般希望我在学业上有所成就,也希望我在生活中一帆风顺,这也使我养成了在遇到挫折时首先想起老师的习惯,但现在老师已经离开了,我还会向谁诉说呢?唯有等待时间去解答。

老师毅然决然地带着无争而飘逸的气质去了远方,他那“独与天地精神往来,而不敖倪于万物”的人格值得我一生去品读。面对终将逝去的人生,我从老师那里得到了无尽的财富,有学业上的严谨,有处事中的谦虚,也有为人时的豁达,我会谨遵老师的教导,在生活和工作中积极努力,乐观面对一切。

师恩如山,恩师如父,如山如父的庄老师,是我一生的指路人,是我不可忘却的记忆。

人世几回伤往事,山形依旧枕寒流

——深痛悼念我最敬爱的庄老师

孙晓英

十年之前承师恩,惊闻噩耗欲断魂。

但愿吾师似老庄,逍遥自在胜仙人。

——2015年9月29日惊闻噩耗

老师离开这个世界已经两年有余,虽然当时于老师灵前痛哭一场,然而至今心中仍然是满满的悲伤,常日思之,热泪盈眶。脑海里满是老师微笑谦和的样子,挥之不去,悲伤益甚!

无力回天,我只能时时祈祷——祈祷另一个世界真的存在,祈祷我的老师在那个世界里安心幸福!

去年,因参与老师书籍出版的细微工作,我对老师的几篇关于老庄的文章有了一点深入的理解,越发佩服我的老师,也愈发明白:老师为何采取令人心痛的方式离世,实在是非我之凡夫俗子能一探究竟的，一切只能是妄加揣测而已。

老师之所学所思所得，已是超于世俗，绝不会因为凡尘之小事而决然弃世。只是老师心境能达凡人之所不及，其身却未能摆脱凡体之苦。中年时的老师因尽孝道，长期衣不解带侍奉父亲于床前，作息全乱，终陷失眠之苦海，常年服安眠药以求入睡。也许酒亦可缓解老师失眠之苦，老师常以饮酒为乐，却饮酒有度，从未失谦谦君子之形象。但家人却以为酒与安眠之药相互冲突，常劝老师戒酒，或设法阻止老师饮酒。拜访老师时，师母便会说起老师饮酒之事，希望假学生之口引老师戒酒。我曾在某年春节，担忧老师健康状况，情之所至，仿汉乐府作诗一首，诗的前半部分表达了我对老师的感激和祝福，后面则是劝老师戒酒。这首诗的原文已不记得，只是记得老师回复赞赏了这首诗，我还有些小小的得意之情。本以为能为老师戒酒一事出一份力，能为老师的健康出一份力，现在想来，老师后来真的是如众所愿戒了酒，可是老师并没有如吾辈所愿健康长寿，反而意外地决然离去。我常常反思：也许，这酒戒错了，如不戒酒，老师还可能成为老寿星，我们在古稀之年依然能去拜访我们敬爱的老师，再听他谈笑风生，再见他儒雅可亲的面容，再感受他春风般的关怀。但是，现在，一切只能是变成了也许！于这反思中，我更加理解“智者不言”——如果对人对事不是真的了解，妄言劝人，实在是害人匪浅！

看老师的文章，想老师离世的前前后后，读过的心理学理论常常跃出脑海:人有时可以调控自己的内心,却不能控制身体的反应。也许,老师的心能超然于物外,却不能控制自己的身体,不能摆脱失眠与颈椎病之苦,所以才毅然决然离世而去。

当然,这也是我的妄加揣测,但是这种揣测让我不再那么纠结于老师离世的苦痛,就让这揣测留存于此吧!

怀念恩师

吕兆厂

常常想起老师，但说到写点和老师有关的东西，又感觉茫然，不知从哪里入手。如此，只好因情之所至说一下我记忆中那可敬的恩师吧。

师恩难忘，于我更是如此。本来，我是无缘山大的。还记得入学前的面试，现在想起来还深感汗颜，几位老师提出的最基本的专业知识，我都是如坠云雾，所以回答很是可笑。面试结束后，我很沮丧，自忖失败是必然的了。但是，我却被老师录入门下。峰回路转的原因，我在三年后才知道。那是在毕业典礼聚餐结束后，我与王老师、刘老师闲谈，两位老师说我当初面试时的表现实在太差，以至于没有谁愿意做我的导师，只有老师体谅我考研的一番辛苦，认为能通过初试，进入面试，很不容易，他愿意接收我做他的学生。老师改变了我的人生，这一恩情，自当铭记在心，而老师的仁慈宽容、不矜不伐更让我敬仰。

2005年9月我入学山大,成为庄门弟子,和老师有了更多的交流。到现在我还清晰地记着和老师第一次吃饭。大概是刚入学的第二天,照海师兄毕业到北京工作——也许是广州,记不清楚了,向老师辞行,而我是刚入门。老师说:“算是辞旧迎新吧。”于是,师母做了几个菜,再加上王震、长红两位师兄,在老师家相聚了。那一刻,原本踧踖不安的我找到了家的感觉。吃饭时,谈起了学术上的问题,谈起了人文精神,这一切我无从置喙,所以也没什么印记,倒是老师喝酒的风范让我永远记住了。老师挺直腰端坐,面前的高脚杯,满溢着金色的啤酒。“来! 干!”没有什么客套话。老师端起了杯子,凑到唇边,仰起头,一杯酒便入口了。常人喝酒,边喝边下咽,老师这杯酒则是先留存在口中。只见老师的两腮鼓了起来,然后嘴唇一嘬,似乎在品味,接着胸膛前挺,喉结一动,口中酒就入腹中了。轻轻放下杯子,一句话:“倒!”然后还是一口入腹。当时我想起了鲸吞豪饮这个词。后来读书稍多,知道了什么是魏晋风流,也了解了一些和竹林七贤有关的故事。这时,再想起老师,不禁莞尔。魏晋时人所具的疎旷率真岂不就如老师一般?

说起老师喝酒,我想起老师喝茶的情形。老师爱喝浓茶,尤其是在家中见到他时。一个饭碗,碗中是棕褐色的茶水,老师正襟危坐着,一碗茶后,精神则大为振奋。老师的风貌姿态向来潇洒飘逸,可是喝茶却不是我想象中的恬淡雅致。起初，我很是不解，后来听长红师兄说起往事，才明白原因。老师事亲极孝，前些年，因为照顾病重的庄爷爷，夜不安枕，久而久之，患上了神经衰弱，加之腰椎和颈椎也有些毛病，所以需要借助安定才能入睡，而这碗浓茶，则是解除困倦的良药了。老师一直向往精神的自由——栩栩然蝴蝶也，可是现在却要靠喝这碗浓茶来醒脑提神，对此，他是不是会报之苦笑呢？现在老师离开了，逍遥于另一个绵渺无垠的世界，在那里，想来他的酒兴依然浓，而茶味则要淡得多了吧。

师恩难忘，老师的风姿、性情让我们永远追慕。

回忆我与老师的最初相识

石　玉

第一次与老师见面，是在2006年山东大学古典文献学专业硕士研究生入学面试上。本科毕业后我在一所高中工作了一年，之后才考的研究生，高中教学任务的异常繁重，让我在课业之余无暇去看与考研无关的书籍，因此，虽然很幸运地以不算很差的成绩通过了笔试，但很清楚自己对文献学的掌握有几斤几两，由此不可避免地导致面试时异常紧张。庄老师是第一个提问，“你来说一下你对《庄子》的理解吧”。哦，此题好像不难，我暗自思忖，于是按照文学史教材所列照本宣科地说出了我的“理解”。老师听后，面带笑容，对我连连点头，看起来对我的答案好像还算满意。在老师的鼓励下，我的心情逐渐平复，之后的作答算是中规中矩。或许是我的回答都比较简短、用时不长的缘故，最后，坐于中间的一位面试老师看了看表，说：“还有时间，再给你加道题吧。你来背一下《论语》。”结果不难想象，七拼八凑之下我只背出了寥寥几篇。在门外等待结果的过程心里异常忐忑，感觉这次恐怕凶多吉少。不知过了多久，就在我透过楼道的窗户呆呆地望着校园之际，有人从后面拍了一下我的肩膀，我回头，见对方是一个穿着浅棕色皮衣、高大帅气的男士。他笑容和煦地问我：“愿不愿意做我的学生？”稍加愣神之后我随即恍然，原来他是刚才那位提问关于《庄子》问题的面试老师。峰回路转的喜悦溢于言表。就这样，在我几近心灰意冷之下，非常幸运地成了“庄门”的一员。

那年，文献学除了几个推免生外，共招收了十五名通过考试进来的硕士生，其中公费名额只有五个，另外大概有四个省府委培名额（这个或许是山大独有的培养方式，即省政府出资培养，毕业后原则上要在省内服务五年）。院里的领导在宣布了笔试加面试的综合成绩排名后，将这一情况向所有考生说明了一下，问谁想申请省政府委培，我不假思索地举手，庄老师旋即问我：“如果申请不下来，你还继续来读硕士吗？”我说：“来读是一定的，但我家里经济状况确实一般，非常希望能尽最大努力争取到这个名额。”老师点头不语。

面试后我回到就职的高中，按部就班地继续那个学期的授课。在这期间，经常会收到老师发来的短信，有时会问我近期的读书情况、有没有为入学做些准备，我都如实相告，老师报以最大的理解。老师知道我白天需要上课、备课，所以，每次都是晚饭之后才发短信，聊得差不多时，我会在短信之末注上“收到免复”,唯恐耽误老师宝贵的时间,而老师则会照例发来“晚安”二字作为结束。直到正式入学后,和老师接触时间久了,我才发现,老师在与人交往时,总是在礼数周到的同时又不让对方产生拘谨之感,如沐春风,也许,对学生一句简单的“晚安”结束语,正是这种温厚谦和气质的体现吧。

在面试后等待通知书的日子里,我对能否申请到省府委培名额一直心心念念,有时,在与老师的短信交流中,也会不自觉地表露一下自己的想法。有一天,在我刚刚上完课以后,老师就打来电话(在那段时间,这种情况是极其罕见的),告诉我省府委培名额这几天就能确定了,让我联系一下一个名叫王长红的师兄,称他在院里办公室帮忙,为人热心,或许能够在这件事情上帮上什么忙。老师对刚刚收入名下、还算不得正式“入门”的学生能够提供如此无私的帮助,让我倍觉感动,也对即将到来的研究生生活心驰神往。我的委培名额,最终如愿以偿地批了下来。

事情已经过去了十一年,至今每每念及,各种细节仍历历在目。

读庄的日子

李　林

在 2012 年保研之前，我没想到和先生会有别样的缘分。记得当时因保研到山大面试，本来报的是古代文学，但在面试前，院办老师问如果调到文献是否愿意。当时对文献所知不多，仅仅读过几本相关教材，知道是一门很基础的学科，入得其门，方得治学之门径。于是答以愿意。也因此而进入庄门。

先生姓庄，治学上，于老庄道家之学颇为留意。而我因个人心性，也颇好道家之说。所以得入庄门，跟着先生治庄学，自是一件颇为适意之事。确定录取后，我继续回到本科学校，准备后期的毕业论文之事。在此期间，先生就开始对我进行学问上的指导了，开了一些基本的书目，嘱我在研究生开学之前读完，以建立起对研究对象的整体印象。书单中有一些是介绍学术方法的书，以使我能较早地寻得学术之路，避免虚度时间。另外，在平日的邮件、电话中，亦谈及师门的学术传承，谆谆告诫，使我受益匪浅。

正式入学之后，第一年没有先生的课，但我和同门常到先生家里去，和先生闲聊。这样的聊天多是在书房，几人随意地坐在书架旁，有时按照一定的主题闲谈，有时就读书过程中的疑难请教先生。有时候，先生也会和我们谈些学林掌故，间或谈些学界新闻。这样的日子过得很快，有好几次，我们从下午三点开始，不知不觉已至饭点，师母都已经备好晚饭。先生谈兴上来时，我们一起用过饭，又到书房叙谈，竟有至颇晚的，而先生欣然忘倦。至第二年，先生给我们开了“文献讲疏”的课程，跟随在先生身边的时间更多了。课后，有时先生让我们邀上同门的师兄师姐们一起吃饭，询问我们的学习和生活情况，对我们多所鼓励。

在准备论文阶段，我想写和《庄子》相关的文章，恰好当时正读姚明辉《汉书艺文志注解》，至术数、方技二略，见注解中多提及《庄子》，因拟考查《庄子》中的方术思想。将想法告知先生。先生颇为首肯，但亦指出方术所涉甚广，恐不好作。余答以文章主要是以方术为切入点，研究《庄子》的思想渊源，非欲对方术有所论列。先生思之再三，许之，并提示可结合商宋的文化背景（巫文化）来加以讨论。以后每次见到先生，必询问有何新得，有时也会询问某某书可曾读到，某某人的某某观点可曾留意。于是方知先生对于相关学术问题了若指掌。后在论文写作过程中，再次阅读先生的相关文章，才知我所要讨论的问题，有些先生已经解决，而感叹之前读书不留心。

毕业后不再从事学术，多埋首于案头，但是那段读庄的日子，却总是萦绕在我的心头。那不仅仅是我的阅读史，也是一段阅读先生的历史。我的读《庄》，是伴随着读庄的，是与先生的“共”读。这不仅仅是同一时间段上对《庄子》问题的探讨，更有先生心性品德上对我的指引，而这种指引，则契合着庄子的精神。

离开学校的五年时间里，虽还是从事和文献相关的工作，但是，《庄子》竟然没有再读。曾有朋友问我，作为一个古籍编辑，又是研究《庄子》的，有没有考虑整理一部有关《庄子》的作品。我答以业余时间太琐碎，没空闲。其实是《庄子》深奥，离开学校后再没有机会与先生“共”读，怕整理出错。以后，与先生“共”读的日子终究不会再有了，我也终于应朋友之邀，开始整理马叙伦的《庄子义证》。这一以纪念过去与先生“共”读的日子；一以提醒自己，以后在读《庄》这件事上，我就只是一个独行者了。

老师的酒道

王绪福

老师于治学之余，喜好饮酒，尤钟情于啤酒。多为小酌，间或畅饮。畅饮则三五亲朋师友共围一桌，略治菜肴（多为时令菜蔬，且为师母亲馔），于朗月微星之下，闲谈叙语之中，初用杯，次用碗，后竟用瓶，各凭酒量取其所需，务求尽兴而后已。老师兴起，则侃侃而谈，或慕古贤士大夫之遗风，或论各家学术之源流发展，综其大概，不拘小节，然自有草蛇灰线、一隅三隅之意。所言尽乎风月，无关门派之优劣，不闻人物之臧否。终其席，虽无竹林啸咏之放浪，却含玉山将倾之意态。小酌则不拘于形式，或独酌，或与师友共饮，师友可开怀畅饮，而老师则以一瓶为度，适可而止，虽为微醺，却已怡然自得、笑容可掬矣。酒品折射人品。要之师之于酒，张弛之间，以意为上。兴来则有抟扶摇而上之期许，纵无丝竹之悦耳，亦有与古人相交之雅兴；兴尽，则有弱水三千只取一瓢之从容，虽有杯盘之狼藉，却无恋世之俗心。师之为人，于此只为一斑。老师冰心之情，近于圣人所谓“君子儒”者。于此物欲横流之世，尚存此一介清儒，殆非庄生之遗爱欤？司马氏曰：“想见其为人。”自后之人，仰慕吾师者，亦当有此慨叹。

师本佳人，名士风流。谨记小事，以念恩师。

回忆恩师庄大钧先生

马　菲

人生是一场奇妙的旅行，遇见仿佛是一种神奇的安排，它是一切的开始。就从我与恩师的遇见说起吧。

初识庄老师，是在我研究生面试之时。庄师风度翩翩，和蔼可亲，给我留下了非常深刻的印象。我自知才疏学浅，每每问起老师为何选择我做关门弟子，老师总是微笑着说是缘分，但我内心十分清楚，老师见我渴望继续学习，心地善良，便成全了我。投身庄师门下，是我人生之幸。

一入师门，庄老师就让我恶补，开了一系列书单，譬如《中国近三百年学术史》、《中国经学史》、《中国庄学史》。读研期间，庄老师更常常关切地询问学习进度。为了使我有扎实的文学功底，庄老师让我在假期将《论语》、《孟子》、《大学》等著作熟记于心。直至今日，那些发人深省的句子还会不时浮现在脑海之中来影响我的思想，指导我的生活。现在想来,那时下的功夫确实大有裨益。读研期间硕士论文当然尤为重要,闲谈之中,庄老师为我指明了方向。庄爷爷在北师大学习期间曾以钱玄同、高步瀛为师,庄老师让我择其一人选一角度进行研究,后来,在庄老师的指导下选定高步瀛《文选李注义疏》学习研究。在研究过程中,遇到许多问题,譬如高步瀛作《文选李注义疏》时选取了现存李善注本、六臣注本以及唐写本、古钞本进行校对,但其所用《文选》正文和李善注的底本却未曾交代,是否为胡刻本成为一大疑虑,为了弄清楚这个问题,需要将《文选李注义疏》中《文选》正文、李善注与胡刻本进行校对。我虽学过如何校对,但未曾实践,并不专业,庄老师见状,费心安排,让我跟随杜泽逊老师"十三经注疏汇校"项目组学习校勘。我虽然未进一步深造,未从事与文献学相关的工作,但是庄老师对我的用心指导,我深深地感受到了,相信跟随庄老师学习的师兄师姐们也深有此感。

往事并不如烟,过去的一幕幕仿佛又拉回到眼前,跟老师相处的点滴瞬间变成永恒,难以拂去。庄老师心思恪纯。他是真诚的,真实的。他视学生为子女。老师曾对我说:"一日为师,终身为父。"从他身上,我真切地感受到了父爱的深沉与宽广。他是善良的,与我是,与你也是。他给了"厚德载物"最好的诠释。他是美好的化身。他风度翩翩,儒风大雅,令人神往。

每每想起老师走了,心情总是不能平静。文章没有结尾,亦如对老师的思念永不停止。